武汉颂大教育科技股份有限公司资助出版

武汉大学教育研究

Wuhan University Educational Research

2018年卷第1辑（总第7辑）

武汉大学　主办

WUHAN UNIVERSITY PRESS
武汉大学出版社

图书在版编目(CIP)数据

武汉大学教育研究. 2018 年卷. 第 1 辑:总第 7 辑/武汉大学主办 . —武汉:武汉大学出版社,2018. 6
ISBN 978-7-307-20249-8

Ⅰ. 武… Ⅱ. 武… Ⅲ. 教育—文集 Ⅳ. G4 – 53

中国版本图书馆 CIP 数据核字(2018)第 119313 号

责任编辑:陈 红 责任校对:李孟潇 版式设计:汪冰滢

出版发行:**武汉大学出版社** (430072 武昌 珞珈山)
(电子邮件:whu_publish@163. com 网址:www. stmpress. cn)
印刷:湖北金海印务有限公司
开本:880 × 1230 1/16 印张:9. 5 字数:276 千字
版次:2018 年 6 月第 1 版 2018 年 6 月第 1 次印刷
ISBN 978-7-307-20249-8 定价:30. 00 元

《武汉大学教育研究》
编辑委员会

目　　录

CONTENTS

·高端论坛·

新时代高等教育改革发展的行动指南

——学习党的十九大报告的体会

娄延常

（武汉大学　教学督导团，湖北　武汉　430072）

摘　要：党的十九大报告是新时代高等教育改革发展的行动指南。新时代高等教育改革发展坚持社会主义政治方向，突出应坚持党对高等教育和高校的领导、习近平中国特色社会主义思想指导、立德树人放首位；坚持教育强国的战略方向，要实现高等教育大国向强国、高等教育后大众化向普及化、高校规模型向质量效益型等的战略转型；坚持高教改革发展工作的重点方向，重点是加快世界一流大学和一流学科建设、实现高等教育内涵式发展、健全资助制度使劳动力更多接受高等教育、促进高校毕业生就业创业、加强马克思主义理论和哲学社会科学与智库建设、加快科技人才培养与创新等。

关键词：十九大报告；高等教育；改革发展；行动指南

Action Guide for the Reform and Development of Higher Education in the New Era

—Learning from the Party's Nineteenth Congress Report

Lou Yanchang

(Teaching Supervision Group, Wuhan University, Wuhan, Hubei, 430072)

Abstract: The party's nineteenth report is a guide to the development of education reform in the new era. The reform and development of higher education in the new era should adhere to the direction of socialist politics, highlight the party's leadership over higher education and universities, and follow Xi Jinping's socialist ideology with Chinese characteristics, and put the concept of moral values establishment and people cultivation into first. Persist in the strategic direction of a powerful country in education, we must achieve a strategic transformation from a large country of higher education to a stronger country, from the popularization of post-secondary education to universalization, and from a university's scale to quality and efficiency. Adhere to the key direction of the reform and development of higher education, focusing on accelerating the construction of world-class universities and first-rate disciplines achieving the connotative development of higher education, improving the funding system so that the labor force can receive more higher education, promoting the employment of college graduates, and strengthening the construction of Marxist theory and philosophy and social sciences and think tanks, and accelerating the cultivation and innovation of scientific and technological talents.

Key words: The party's nineteenth report; Higher education; Reform and development; Action guide

在中国共产党第十九次全国代表大会上，习近平同志所作《决胜全面建成小康社会 夺取新时代中国特

收稿日期：2018-01-12

作者简介：娄延常（1945—　），男，河南通许人，武汉大学教授，享受国务院政府特殊津贴专家，主要从事高等教育管理和党建研究。

色社会主义伟大胜利》的报告(以下简称党的十九大报告)，鲜明提出中国特色社会主义建设进入新时代，深刻揭示我国社会主要矛盾发生新变化，明确指出实现中国特色社会主义现代化的新思想、新目标、新战略、新部署，是新时代各族人民建设小康社会，实现社会主义现代化的行动纲领。

党的十九大报告高度重视教育。在总结成绩时充分肯定“教育事业全面发展，中西部和农村教育明显加强”，在讲到存在的不足时专门指出“群众在就业、教育”等方面“面临不少难题”，在提出新时代的基本方略时要求使“幼有所育、学有所教”、“不断促进人的全面发展”，在发展战略目标中强调教育强国、科教兴国、人才强国等，每部分都有教育内涵和要求。在“提高保障和改善民生水平”部分，将“优先发展教育事业”作为第一条，对包括高等教育在内的整个教育事业改革发展作出具体部署。党的十九大报告历史地成了新时代高等教育改革发展的行动指南，指出新时代应坚持的社会主义政治方向、战略发展方向和高教改革发展工作的重点方向等。本文拟就此谈点粗浅的学习体会。

一、坚持新时代高等教育改革发展的社会主义政治方向

坚持高等教育改革发展的方向，首要的是坚持社会主义政治方向。为谁培养人才、培养什么样的人才，是高等教育改革发展和高等学校办学的根本问题，是坚持社会主义政治方向的核心问题。在党的十九大报告中，习近平同志指出：“要全面贯彻党的教育方针，落实立德树人根本任务，发展素质教育，推进教育公平，培养德智体美全面发展的社会主义建设者和接班人。”这就从根本上回答了为谁培养人才和培养什么样的人才两个根本问题。“全面贯彻党的教育方针”必须坚持教育为社会主义现代化建设服务、为人民服务。教育为人民服务，就要“办好人民满意的教育”。培养“社会主义建设者和接班人”，所培养人才要姓“社”，具备社会主义的“德”和社会主义政治思想素质，在高等教育改革发展中把社会主义政治方向放在首位。

新时代坚持高等教育改革发展的社会主义政治方向，重点应突出坚持以下几点：

一是坚持党对高等教育和高等学校的领导。政党是政治组织，政党就要讲政治。中国共产党是执政党，讲的是社会主义政治、马克思主义政治。党的十九大报告指出：“旗帜鲜明讲政治是我们党作为马克思主义政党的根本要求。”“党政军民学，东西南北中，党是领导一切的”，党的领导是高等教育改革发展坚持社会主义政治方向的组织保证。我国普通高等学校实行“党委领导下的校长负责制”，党对高等学校的领导是中国社会主义高等教育体系的特色之一。坚持党对高校的领导，就要不断完善党委领导下的校长负责制，发挥党委的领导核心、政治核心作用，由党委管办学的方向和改革发展中的重大问题，支持校长依法开展工作。坚持党对高校的领导，要不断加强学校党的建设，“要以提升组织力为重点，突出政治功能”，使高校基层党组织成为学校“推动改革发展的坚强战斗堡垒”。

二是坚持习近平新时代中国特色社会主义思想对高等教育改革发展的指导。这是坚持高等教育改革发展的社会主义政治方向的思想保障。党的十九大报告指出：“新时代中国特色社会主义思想，是对马克思列宁主义、毛泽东思想、邓小平理论、‘三个代表’重要思想、科学发展观的继承和发展，是马克思主义中国化最新成果，是党和人民实践经验和集体智慧的结晶，是中国特色社会主义理论体系的重要组成部分，是全党全国人民为实现中华民族伟大复兴而奋斗的行动指南。”新时代高等教育改革发展的实践，迫切需要中国特色社会主义思想的理论指导和把关定向。例如，如何办好人民满意的高等教育，如何解决高等教育发展不平衡不充分的矛盾，如何建立和完善中国特色社会主义高等教育体系，如何在高等教育改革发展中沿着正确健康方向前进等，都需要习近平新时代中国特色社会主义思想的理论指导，才能坚持社会主义政治方向。

三是坚持“立德树人”并把德育放在首位。立德树人，“德”是树人前提、根本和根基。培养德智体美

全面发展的社会主义建设者和接班人，要坚持将德放在首位，发展素质教育应将政治思想素质和道德品质教育放在优先地位。立德树人，要抓“德”的核心即社会主义核心价值观教育。党的十九大报告指出：“社会主义核心价值观是当代中国精神的集中体现。”立德树人，要加强高校思想道德建设，对青年学子开展理想信念教育和爱国主义、社会主义、集体主义教育。立德树人，要坚持对青年大学生的世界观、人生观、价值观教育，使他们在成长道路上把握好发展成才的总开关。立德树人，要建立高校全员育人的体制机制，党政工团等齐抓共管、各司其职，发挥政治辅导员和导师的主导引领作用。

二、坚持新时代高等教育改革发展的战略方向

党的十九大报告指明了新时代教育发展的总目标和战略方向，即科教兴国和建设教育强国。这一战略目标，是建成小康社会、实现中华民族伟大复兴与中国特色社会主义现代化建设总目标、总战略的重要组成部分。正如党的十九大报告所指出的：“建设教育强国是中华民族伟大复兴的基础工程。”少年强、青年强需教育强的基础支撑，科教兴国、人才强国更需教育强作基础支撑，其中高等教育具有引领、先导和示范作用。

在建设教育强国新征程中，高等教育要发挥引领作用须实现下述战略方向的转型发展：

首先，要实现由高等教育大国向高等教育强国转型发展。据统计，2016 年我国高等教育在学总规模已达 3699 万人，占世界高等教育总规模比例达到 20%，成为名副其实的世界高等教育大国。但是，必须清醒看到我们还不是高等教育强国。在高等教育服务贸易中，我们还有不小的逆差。在世界著名大学排行榜上，我国高校进入前百位者甚少，与美英等高等教育强国还有较大差距。在世界高等教育舞台上，我国高等教育和大学的影响力、吸引力、核心竞争力等还不强，话语权和国际化程度还有待提升。实现我国由高等教育大国向强国转型发展，一要如党的十九大报告所指出的：“优先发展教育事业”，建立制度保障体系，切实保证国家财政对高等教育投入逐年增长。二要在“中国特色”上下工夫，完善以国家办学为主体以民办高校和中外合作办高校为两翼的中国特色社会主义高等教育体系。三要提升高等学校核心竞争力，大力提高高等教育质量和科学技术水平，培养大批拔尖创新人才，占领世界科学技术与文化的制高点。四要加快高等教育国际化步伐，引进国外优质高等教育资源补短板，同时走出国门办学或合作办学，向世界展示优质中国高等教育。

其次，要实现高等教育后大众化阶段向普及化阶段转型发展。2002 年我国高等教育毛入学率达到 15%并迈进大众化教育阶段。经过近 15 年改革发展，高等教育毛入学率 2016 年达到 42.7%，已进入后大众化阶段，现正向国际公认的高等教育毛入学率 50%的普及化阶段逼进。如何实现发展阶段战略由后大众化向普及化的转移？一是适当和稳步发展高等教育规模。我国有 13 亿多人口而高等学校仅有 2000 多所，高校数量比人口仅 3 亿多的高等教育强国美国少许多。我国人口基数大，高校数量和规模扩大还有一定空间。二要采取多种形式多开放办学。适当发展民办高校，给民办高校适当发展本科和研究生教育空间。三是发展高等职业技术教育和社区大学，加快应用型高校建设。倡导校企合作办学，给新增劳动力以更多接受高等教育机会。四是注重高等教育区域结构的调整，补区域发展短板。重点在欠发达的中西部适当扩大办学规模，解决区域高等教育发展不充分不平衡问题。

最后，高等学校教育要实现规模型向质量效益型转型发展。在高等教育大众化进程中，有的高校注重规模扩张，办“航母高校”；有的移地办分校，或办有培养学生任务的“研究院”；有的就地实行“圈地运动”，或办多个新校区等，这些做法虽为我国高等教育大众化作出了积极贡献，但因办学主体人力、财力、物力、精力和领导执行力分散，对提高办学的质量和效益有一定影响。在高等教育由后大众化向普及化转型发展新阶段，高等学校必须实行由规模型向质量效益型转型发展。一是办好人民满意的高等教

育的需要。解决人们由“有学上”转向迫切需要“上好学”、享受优质高等教育的需求。二是办学效益提高的需要。高校为适应高等教育大众化、普及化需要，适当扩大规模是必要的，但必须正确处理好规模与质量效益的关系，不注重质量和效益提高，就会缺失对受教育者的吸引力，在高等教育激烈竞争中因生源不足等会有倒闭风险。三是走内涵式发展的需要。内涵发展的核心是提高教学质量和人才培养质量，调整结构、控制规模以提高办学效益，更好地为社会主义现代化建设服务、为人民服务。

三、坚持做好新时代高等教育改革发展工作的重点方向

党的十九大报告不仅指明了新时代高等教育改革发展应坚持的政治方向、战略发展方向，还指出了改革发展工作的重点方向。根据党的十九大报告总要求和“优先发展教育事业”整体部署，当下高等教育改革发展工作应把握以下几个重点：

1.“加快一流大学和一流学科建设”

党的十九大报告明确指出要“加快一流大学和一流学科建设”。“双一流”建设工作是未来高等教育改革发展工作的重点重大任务之一，是建设高等教育强国的战略举措。20 世纪后期我国提出并实施了“211 工程”和“985 工程”，迈出建设世界一流水平的大学和学科的坚实步伐。新时代要“加快”双一流建设步伐：一是国家承担着加快建设的主体责任。2017 年 9 月 22 日教育部等《关于公布世界一流大学和一流学科建设高校及建设学科名单的通知》发布。“双一流”建设共涉及 137 所高校，其中有 42 所大学整体进入世界一流大学建设名单，另有 95 所高校进入世界一流学科建设高校名单。此前，国家已推出《统筹推进世界一流大学和一流学科建设总体方案》及其实施办法和政策。二是社会有关方面合力推进，加快建设步伐。各级政府及高教管理职能部门，要有详尽保障措施，保证经费、精力投入和政策落实，靠有效管理加快建设步伐。三是有关行业、企事业单位负有重大责任，主动配合、大力支持加快“双一流”建设。四是有关高等学校要高度重视“双一流”建设。“加快”建设最终落实到大学和学科，高校自身努力加快建设是根本。要加快高端优秀人才引进，加速教学质量提高和教学团队建设，加速培养一流人才。要加速学科专业建设步伐，建设一流科研团队和科研创新平台，加速出世界一流水平的科研成果等。“双一流”建设的基础在高校，要充分调动师生员工的主动性、积极性和创造性。

2.“实现高等教育内涵式发展”

党的十九大报告把“实现高等教育内涵式发展”，作为“深化教育改革，加快教育现代化，办好人民满意的教育”的重要内容。这是高等学校又一重点重大工作任务。党的十八大报告提出“推动高等教育内涵式发展”，党的十九大报告改为“实现高等教育内涵式发展”。由“推动”改为“实现”，任务更艰巨更具体更紧迫了，宣传促进为主让位于脚踏实地加油干为主，使目标变成现实。“实现”内涵式发展，要真正做到以人才培养为根本任务、以提高人才培养质量为核心深化教育教学改革，落实立德树人。国家“双一流”重点建设的高校和学科，内涵式发展中要稳定规模、提高办学效益，要对学校的学科专业结构进行调整优化、突出办学特色，适应国民经济和现代化建设需要。实现内涵式发展，要注重创新，以创新为动力促进人才培养模式、课程结构体系、教学内容方式方法等改革。根据高校实际，要加强教师队伍和学科专业、科研平台、质量保障体系、教学基层组织建设等。实现内涵式发展，关键要充分调动教和学两个积极性，没有教师学生的积极主动参与，内涵式发展就难以“实现”。

3. “健全学生资助制度”，使新增劳动力“更多接受高等教育”

党的十九大报告指出：“健全学生资助制度，使绝大多数城乡新增劳动力接受高中阶段教育、更多接受高等教育。”这是交给高等教育的又一重点工作。我国一直有贫困学生资助制度。改革开放后，高等学校实行“奖、贷、助、补、免”等多种形式资助贫困生完成学业。“健全学生资助制度”重在“健全”。一要健全贫困生科学评价制度体系，不让一个贫困生游离在资助名单之外。评价要科学、准确、公开、公平，“精准资助”，“精准扶贫”。二要健全对贫困生的资助管理制度，跟踪资助、动态资助、及时资助。三要健全资助运行机制和重点，资助重点应向非义务教育尤其是高等教育倾斜，资助区域重点向老、少、边、穷等深度贫困区倾斜。四要严控严管学生贷款，给学生校园贷上“安全锁”，杜绝诱骗贷款使贫困生再陷贫困。

4. “提高就业质量”，“促进高校毕业生”“多渠道就业创业”

党的十九大报告指出：“提高就业质量”，“提供全方位公共就业服务，促进高校毕业生等青年群众、农民工多渠道就业创业”。就业创业作为“最大的民生”涉及社会诸多方面，需社会“提供全方位”服务，这里还专门点出“高校毕业生”，高校对毕业生就业创业负有不可推辞的责任，应将其作为一项重点工作抓落实。首先，高校是人力资源的供给方，必须深化供给侧改革。要以提高人才培养质量促进就业质量提高和创业，以社会发展对人才需求为导向，优化学科专业结构、人才培养模式、课程体系、教学内容。其次，要为学生提供创业就业的基本理论、知识、技能，加强在校大学生就业创业教育。武汉大学多年开设有大学生人生规划和就业指导课，帮助学生做好人生规划和就业指导；开设系列创业教育通识课，请创业成功校友回母校给学弟学妹讲课，让其分享创业经验，收到较好效果。最后，发挥教师对学生创业就业指导作用。不论实行全程导师制、专业导师制，还是学术导师制、烛光导航制，或者辅导员制，教师都有义务和责任指导学生就业创业。高校要与社会企事业单位建立人才培养合作制度，通过实习等实践环节，加强学生技能培养，多方拓展就业渠道。武汉大学等有条件的高校，还设有大学生创业中心和创业基金，搭建创业平台、指导和资助学生创业。要建立健全大学生就业创业制度体系，广开就业创业门路，完善线上线下信息沟通渠道，共促大学毕业生就业和创业。

5. 加强马克思主义理论和中国特色哲学社会科学与新型智库建设

党的十九大报告指出：“深化马克思主义理论研究和建设，加快构建中国特色哲学社会科学，加强中国特色新型智库建设。”这里虽未点出“高等学校”四字，但其应该而且必须作为高等学校改革发展的重点工作。首先，“深化马克思主义理论研究和建设”高校义不容辞。任何一所高校都有一支马克思主义理论研究和教学的专职队伍，都担负对大学生进行马克思主义理论教育、研究和建设的历史责任。中国人民大学、北京大学和武汉大学等马克思主义理论研究基础雄厚大学，更应该和能够在马克思主义理论研究和建设中作出创新性贡献。武大马克思主义理论学科水平评估位居高校榜首，更应继续起示范、引领作用。其次，“加快构建中国特色哲学社会科学”是高校应有之责。高校是哲学社会科学研究的主力军。有统计表明，全国哲学社会科学研究力量80%集中在高校，研究成果80%来自高校。北大、复旦、人大、武大等一批哲学社会科学积淀深厚、门类齐全、大师云集、精品迭出的研究型高校，有能力、实力在“加快”上发力，为构建中国特色哲学社会科学体系上做出创新性贡献。最后，“加强中国特色新型智库建设”。在已公布的首批国家高端智库建设试点单位中，就有武汉大学国际法研究所等六个高校的研究机构入选。哲学社会科学研究力量较强的高校，成立有诸多研究机构，为各级政府和企事业单位决策当参谋，提咨询建议，已发挥智库作用，并取得较好效果。武汉大学海洋与边界研究院，在南海国际争端中为维护我国主权与海洋权益，做出突出贡献，就是智库效益的体现，受到领导和社会的肯定。高校不少研究机构，经“加强建设”都可能在新时代成为国家智库。总之，马克思主义理论研究和建设、构建哲学社会科学与新型智库建设，都应作为高校改革发展工作的重点，在建设中要突出“中国特色”，注重原创、创新和新型。高校哲学社会科学工作者，要联系学科专业实际学习党的十九大报告，从中选择新的研究方向、重点、课题，寻找新的研究切入点和突破口，以习近平新时代中国特色社会主义思想为指导，为深化马克思主义理论研究和建设、加快构建中国特色哲学社会体系、加强中国特色新型智库建设创造新业绩。

6. 加强科技人才培养和科技创新，为建设科技强国做新贡献

科教兴国、科技强国是新时代我国改革发展的战略和国策，建设创新型国家是社会主义现代化发展目标之一。高等学校在贯彻党的十九大精神中，必须将此作为改革发展工作的经常性重点。一是培养优秀科技人才是高校的核心工作。党的十九大报告指出“加快建设创新型国家”，要“培养造就一大批具有国际水平的战略科技人才、科技领军人才、青年科技人才和高水平创新团队”。谁去“培养造就”？高等学校作为培养高级专门人才的场所，义不容辞地应为党担责为国担责，发挥育人职能去培养优秀人才。党的十八大以来，高等学校为国家培养了3400万大学毕业生。二是高等学校是我国科学技术研究的重要方面军，有能力实力潜力开展科技创新。据统计，高校承担了80%以上自然科学基金项目和一大批“973”、“863”等国家重大科技任务，依托高校建设的国家重点实验室占总数的60%，高校获国家科技三大奖数量占授奖总量的60%以上，年度发表科技论文数量占全国总量的80%以上，发明专利授权量占全国发明专利授权总数的28%，牵头承担国家“十二五”规划中5项重大科技基础设施建设。基于此，高校应该而且必须倾力组织科技工作者，联系学校和学科专业实际学习党的十九大报告，增强责任感使命感。高校应根据国际高等教育和科学技术发展趋势，深化人才培养模式改革，着力培养跨学科、新工科卓越人才，多出科技战略、科技领军、青年科技人才；着力选择新的科研方向、领域、课题与突破口，多出原创性创新性具有国际先进水平的科技成果。各高等学校还可按党的十九大报告要求从师德师风建设、继续教育、产教结合、职业技术教育等方面，选择教育改革发展工作的重点，办出学校特色，在新征程中为现代化建设作出新贡献。

◎ 参考文献

[1] 习近平. 决胜全面建成小康社会 夺取新时代中国特色社会主义伟大胜利[M]. 北京：人民出版社，2017：10.

[2] 董鲁皖龙. 教育部晒出5年教育成绩单 我国教育跃居世界中上行列[N]. 中国教育报，2017-09-29(1).

[3] 杨三喜. 这5年，教育贡献率显著提升[N]. 中国教育报，2017-10-23(9).

[4] 世界一流大学和一流学科建设高校及建设学科名单[N]. 光明日报，2017-09-22(10).

·高端论坛·

斯坦福大学成功经验对我国“双一流”建设的启示

陈晓会　王碧云

(武汉大学　教育科学研究院，湖北　武汉　430072)

摘　要：办学历史只有126年的斯坦福大学，如今已是闻名遐迩的世界一流大学，被称为美国西部的“哈佛”。本文结合《2017年斯坦福大学的事实》的最新数据，从办学理念、师资队伍、学科、生源、人才培养模式和管理者这六个方面来分析斯坦福大学的成功经验，以期我国百年高校能够从中获得启示，早日实现“双一流”建设目标。

关键词：斯坦福大学；成功经验；启示

The Enlightenment of Stanford University's Successful Experience to Chinese Universities

Chen Xiaohui, Wang Biyun

(Research Institute of Educational Science, Wuhan University, Wuhan, Hubei, 430072)

Abstract: Stanford University has been established about only 126 years, but now it has become a famous world-class university and been called "western Harvard University". Based on the latest data of "Stanford Facts 2017", the successful experience of Stanford University is analyzed from six aspects: university ideal, faculty, discipline, student source, talent training mode and manager. It hopes that our centurial universities can learn something from Stanford University, and early achieve the goal of "World-class" university.

Key words: Stanford University; Successful experience; Enlightenment

斯坦福大学，由利兰德·斯坦福夫妇创办，始建于1885年，1891年正式开学。时至今日，仅有126年的历史，与哈佛、牛津、剑桥相比，斯坦福大学要年轻好几百岁，然而它却并没有落后，而是奋勇直追，与这些历史悠久的大学一起，成为世界一流大学。2017年《美国新闻与世界报道》全球最佳大学排行榜中斯坦福大学排名第三。[1]英国《泰晤士报高等教育特刊》公布的2016—2017年世界大学排行榜中，斯坦福大学也是排第三名。[2]英国2017年《QS世界大学排名》中斯坦福大学排名第二，仅次于麻省理工学院。[3]从这三大世界较权威的大学排行榜来看，斯坦福大学都是名列前茅的。为何一所如此年轻的大学可以在这短短一百多年的时间里成长为世界一流大学？它的成功经验对于我国如今“双一流”建设，是具有

收稿日期：2017-06-05

作者简介：王碧云(1967—　)男，湖北汉川人，武汉大学教育科学研究院副教授，教育学博士，主要研究方向：高等教育学。陈晓会(1991—　)女，湖北阳新人，武汉大学教育科学研究院高等教育专业，硕士研究生。

非常重要的借鉴意义的。

1998 年，斯坦福大学校长卡斯帕尔在北京大学百年校庆上的讲话指出："斯坦福大学作为伟大河流的一部分，毫无秘密可言。有的只是奋斗并坚持一所注重研究的大学的基本目标和特色；在教学与研究中树立追求一流的意识；在无数的诱惑面前把握科学和研究的联系；自由制订研究计划；积极寻求工业界的合作，以丰富研究的进程而又不偏离学校的方向；保持一个相互渗透的环境，以及坚持研究的开放性，以把握机遇，不断创新。这就是斯坦福大学的成功之道。"[4]这是斯坦福大学自己人对其成为一流大学的经验总结。

一、斯坦福大学的成功经验

（一）一流的办学理念

斯坦福大学是斯坦福夫妇用他们的资源、智慧、信念和勇气在太平洋西海岸建立起来的一所伟大的、卓越的大学。斯坦福出生于纽约，学习法律，后来去西部淘金并兴建铁路，成为铁路大亨，还担任过加州的州长。1884 年，他唯一的儿子去世了，为此他决定用他所有财富为别人的孩子做点什么。于是决定建立一所大学。在访问了东海岸的哈佛大学、麻省理工学院、康奈尔和约翰·霍普斯金大学后，他就决定建一所有别于东部的，非传统的大学：男女混校，那时大部分私立学校全是男学生；不限于一种宗教派别，那时大部分学生只能加入一个宗教组织；培养有文化、有用的公民，那时大部分学校只关注前者——有文化。[5]这一办学理念也就决定了斯坦福大学注定与众不同。不仅要有文化知识、有教养，还要能为社会和国家所用。

斯坦福大学的校训是："让自由之风吹拂。"利兰德·斯坦福十分重视自由教育，提倡思想自由，这样才能更有创造力。他声称："我对于旨在扩大人们的头脑和提升人们的工作能力的普通文化十分重视。我想，我注意到了受过技术教育的年轻人并不能成为最成功的企业家，他们需要培养和发展想象力以便保证生活中的成功。人绝不可能造出他想象不到的东西。"[5]后来斯坦福大学的人才培养目标定位于：使学生具备个人成功的条件，掌握生活中直接有用的知识，从而通过影响人类文明来增加公众福祉。[6]在日后的发展过程中斯坦福大学一直坚持这一办学理念，培养"有文化的公民和实用人才"。斯坦福大学的工学院始终占据着重要的位置；确立建设工业园区的发展战略；硅谷的崛起以及斯坦福大学技术的迅速转化都是其教育理念的体现。

（二）一流的师资队伍

哈佛大学文理学院院长亨利·罗索夫斯基认为：迄今为止，衡量大学状况最可靠的指标，是该校教师队伍的优秀程度，这几乎能决定其余的一切：一支优秀的教师队伍能够吸引优秀的学生、基金以及校友和公众的支持，并能博得国内和国际的承认。保持和提高学校声誉的最有效的办法，就是改善教师队伍的质量。[7]清华大学老校长梅贻琦曾说过："所谓大学者，非谓有大楼之谓也，有大师之谓也。"哈佛大学校长南科特也曾说："大学的荣誉不在它的校舍和人数，而在它一代代教师的质量。"这告诉我们拥有一流的师资对于一所大学来说是多么的重要！斯坦福大学拥有一批杰出优秀的教师。2017 年斯坦福大学师资力量状况见表 1。

表 1　　**2017 年斯坦福大学师资力量状况**

奖项	诺贝尔奖	普利策奖	菲尔兹奖	美国国家教育学院院士	美国国家科学奖得主	美国国家科学院院士	美国国家工程院院士	美国艺术科学院院士
人数	51	4	2	29	19	171	109	288

资料来源：2017 年斯坦福大学的事实，http：//facts. stanford. edu/pdf/StanfordFacts_2017. pdf.

2017 年，斯坦福大学共有教职工 2180 人，其中获得最高学术奖项捐赠讲座席位的有 583 人，约占教职工总数的 26. 7%，学术委员会成员有 1659 人，99%的教职工在他们的领域获得了最高学位。[6] 2180 名教职工中有 30. 9%的教师获得了上述奖项。斯坦福大学为何能够吸引如此多的出色的教师呢？这依赖于斯坦福大学特别的人才招揽方式。

在教师的聘用方面，斯坦福大学在建校之初就着力于物色优秀的教师，坚决不要那种徒有虚名或游手好闲的人担任教授，始终坚持高选拔性原则。[8] 同时，斯坦福大学不拘一格降人才的做法，使得斯坦福大学吸引了大量的一流师资。在第一任校长乔丹时期，学校想聘任地质学教授布兰那，但当时布兰那刚刚被聘为阿肯萨斯地测局局长，年薪为 4000 美元，校长乔丹为了能聘请到布兰那将年薪提升到 5000 美元，真心诚意地聘请布兰那，布兰那被乔丹的诚意所感动，接受了斯坦福大学的聘请，后来他成为美国当时最优秀的地质学家，而且在 1913 年，成为斯坦福大学的校长，是继乔丹之后的一任校长。[5]

第二次世界大战后，斯坦福大学的统计学系获得了相当数额的政府资助。该系的主任艾伯特・鲍克也通过拉大薪水差异的方法，从哥伦比亚大学挖人，这些他所挖来的人和他自己一样都是很优秀，很有名气的人才，从而使斯坦福大学统计学系获得了长足的发展。一所大学最重要的资本是教师，有了一流的教师才能培养一流的人才，斯坦福大学这样一批优秀的教师队伍为斯坦福大学成为一流大学，建设一流学科奠定了基石。

（三）一流的学科

世界上任何一所一流大学都有其一流的学科，但是世界上各个一流大学的学科特点是不一样的，有的大学学科非常齐全，如康奈尔大学。有的大学学科不一定齐全，但是却把自己的各个学科都办得很好，如普林斯顿大学。谈及中国建设世界一流大学和一流学科时，中国科技大学前校长朱清时曾说，任何一所一流大学都有若干学科是一流的，然而任何一流大学不一定所有的学科都是一流的。斯坦福大学秉持着要办就办一流学科的理念，取消了建筑学院。在斯坦福大学，建筑学院是一个比较小的学院，在美国数千所大学中，斯坦福大学建筑学院在分专业排名中总是在第 10 名左右。于是斯坦福大学做了一个研究，他们将为了使建筑学院进入美国高校的前五名所需要的投资与将同样的投资用于其他的学科，如电子工程、计算机科学技术等建设的效益进行比较，结果他们决定取消建筑学院，集中人力、物力、财力、精力办好其他学科。后来电子工程、物理这些学科成为斯坦福大学的一流学科，拥有一些国家重点实验室。正是由于斯坦福大学一直秉持办一流学科的理念，才使得今天的斯坦福大学有着如此多的优势学科。斯坦福大学学科在 2017 年 USNEWS 中的排名如表 2 所示：

表 2　　**斯坦福大学学科在 2017 年 USNEWS 中的排名**

排名	学　　科
第 3 名	计算机科学、社会科学与公共卫生、环境与生态学、神经病学与心理学、数学
第 4 名	生物学与生物化学、化学、经济学与商学、神经系统科学与行为、材料学

续表

排名	学　　科
第 5 名	分子生物学与遗传学
第 7 名	艺术与人文、物理
第 8 名	工程学、空间科学
第 9 名	临床医学
第 11 名	免疫学、微生物学
第 17 名	药理学与毒物学
第 24 名	地球科学
第 31 名	植物与动物科学

资料来源：2017 年《美国新闻与世界报道》世界一流大学学科排名，https：//www. usnews. com/education/best-global-universities/stanford-university-243744.

斯坦福大学共有 21 个学科，学科门类比较齐全，在这 21 个学科中，由上表可知，排在前 5 名的学科占大多数，共有 11 个，约占总学科数的 52. 4%，也即斯坦福大学一半以上的学科排世界前五名。斯坦福大学的学科优势也体现在其科研成果上。仅 2016 年，斯坦福大学在 SCI、SSCI、A&HCI 三大引文索引收录的期刊上发表的文章数量就达到 12622 篇，其中《科学引文索引(SCI)》收录 10529 篇，《社会科学引文索引(SSCI)》收录 1826 篇，《艺术与人文引文索引(A&HCI)》收录 267 篇。由图 1 可知，QS 排名前 5 名的美国五所大学中，斯坦福大学被 SCI、SSCI 收录的论文数仅次于哈佛大学、被 A&HCI 收录的论文数次于哈佛大学和加州大学伯克利分校，居第 3 位。可见斯坦福大学学科优势整体上都是很强的，无论是在基础学科领域，还是在社会科学以及人文与艺术科学领域。

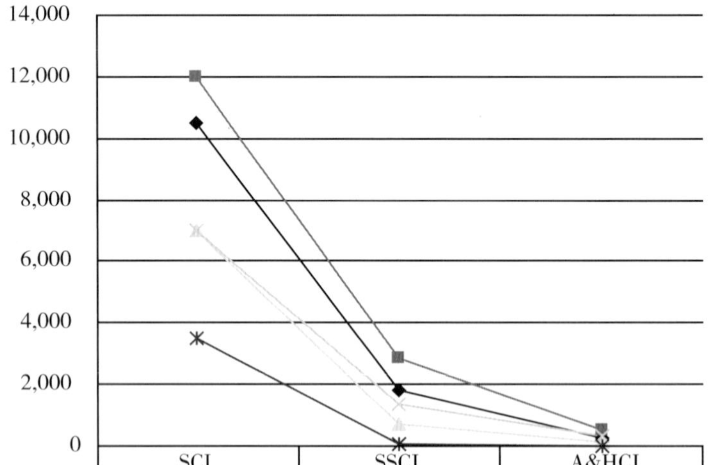

	SCI	SSCI	A&HCI
斯坦福大学	10,529	1,826	267
哈佛大学	11,970	2,854	489
麻省理工	6,986	731	121
加州大学伯克利分校	7,024	1,367	344
加州理工	3,512	89	20

图 1　美国 5 所高校 SCI \ SSCI \ A&HCI 论文数对比

资料来源：Web of Science 核心合集数据库，http：//apps. webofknowledge. com/WOS _ GeneralSearch _ input. do? product = WOS&search_mode = GeneralSearch&SID = X1u4aUdE1EGMsSIEW6s&preferencesSaved = .

（四）一流的生源

斯坦福大学录取学生有三个标准。首要标准是学习成绩优异。因此，高中成绩单就是最重要的参考依据。2017 年，斯坦福大学录取的本科生中高中学习成绩是班级前 10 名的学生人数占比为 95%，高中学习成绩是班级前 20 名的学生人数占比为 98%。而且在学生入学前，斯坦福大学校方还希望，这些学生至少学习了 4 年的英文和数学，3 年的实验科学、外语、历史和社会科学。2017 年，有 43997 人申请斯坦福大学，有 2118 人被录取，最后注册入学的仅有 1739 人，斯坦福大学 2017 年本科生录取率不到 5%。斯坦福大学在本科生招生上坚持高选拔性的原则，坚持追求优异。斯坦福大学招生的另外两个标准是学生的智力活力和个人背景。学校希望看到学生的好奇心和对于知识的热情，希望学生能够参与创造新的知识；同时希望了解学生的家庭背景、教育差异、就业以及生活经历，以及学生是否有参与社区服务、担任班干部或文体特长。这样一种全方位的、高标准的选拔人才的模式，确实为斯坦福大学选拔到了一流的生源。2017 年斯坦福大学学生中，有 116 人获得了有“全球本科生诺贝尔奖”之称的罗德奖学金，90 名学生获得了马歇尔奖学金，有 63 人获得了杜鲁门奖学金。

（五）一流的人才培养模式

“优异与广博相结合”是斯坦福大学培养人才的模式，这与其培养目标——培养有教养的公民和实用的人才，是相呼应的。

斯坦福大学工程师的培养计划就充分体现了“优异与广博相结合”的人才培养理念。在大学成立之初，斯坦福大学土木工程系的系主任马科斯反复强调：“工程师必须在语言、社会科学、书写，以及技术方面接受广泛的教育，工程师的事业必须超越专业并要顾及整个社会的需要。”后来他的思想成为斯坦福大学工程教育的哲学基础，也使得斯坦福大学成为“世界上少数高度重视工学院而又使其与很强的人文和社科环境融合在一起的大学之一，在这里有独特的机会培养当前急需的具有社会觉悟和意识的工程师”。[9]

为了培养出“优异与广博相结合”的人才，斯坦福大学奉行“小即好”的方针，实行小班教学，70%的本科生班级规模为 2~19 人（如表 3 所示）。同时生师比仅为 4∶1，而与其一样排在世界大学前列的加州大学伯克利分校和洛杉矶分校生师比为 17∶1，普林斯顿大学为 5∶1。小规模班级，低的生师比，使得教师可以关注到每一个学生，对个别学生可以进行单独的辅导。老师不再只是高高在上为学生传授知识，而且可以走进学生，与学生进行更多的互动，解答人生方面的困惑，培养出优异且广博的人才。

表 3　**2017 年斯坦福大学本科生班级规模**

班级规模	2~9	10~19	20~29	30~39	40~49	50~59	100+
比例	38%	32%	10%	5%	3%	8%	4%

资料来源：2017 年斯坦福大学的事实，http：//facts. stanford. edu/pdf/StanfordFacts_2017. pdf.

斯坦福大学人才培养的另一个特色是，始终将教学和科研结合起来。斯坦福大学从创建之初，就认识到大学不是独立于社会之外的“象牙塔”，人才的培养不应该局限于校园内的课堂上。[10]斯坦福大学为本科生（从大学一年级就开始）提供在小班与教师一起工作的机会，让学生和教师、研究者一起工作。斯坦福大学校长卡斯帕尔在北京大学百年校庆的讲话中曾说：“斯坦福大学成功的第二个因素是，尽管面对无数的诱惑，斯坦福大学始终坚持把教学和科学研究结合看做是它的主要任务，这也是它的优势。我比洪堡的思想更要激进，我的观点是大学的教学建立在研究的基础上，不仅有利于研究生教学，甚至本科生一年级的教学也能从中受益。斯坦福大学工学院前院长吉玻恩斯曾说，学生在课堂中参与科学研究，获得的正是‘运用基本原理进行思考的能力，而这种能力培养可以产生创新的种子’。”[4]在校方积极的鼓励下，学生可以根据自己的兴趣选择参与教师的科研项目，非常优秀的学生也可以自己独立地申请科研项目。除了有学科的科研项目外，斯坦福大学还会开展许多跨学科的科研项目，这不仅打破了学生的学科狭隘性，而且使学生在探索未知的领域中学习和巩固知识，同时也使他们习得一种合作精神。

（六）一流的管理者

斯坦福大学能成为世界一流大学，离不开一些关键的人物，他们为这所学校贡献着自己的智慧。陶行知说：“校长是一所学校的灵魂，要想评论一个学校，先要评论它的校长。”[11]谈起校长就不得不谈斯坦福大学的第一任校长：戴维・S. 乔丹。老斯坦福作为精明的企业家深知聘任一个能理解自己的办学思想和大学本质特征的人的重要性。于是老斯坦福找到了康奈尔大学校长怀特，在怀特的推荐下，老斯坦福找到了乔丹。乔丹毕业于康奈尔大学，是美国著名的科学家，具有令人惊讶的文字表达能力、极强的组织能力和良好健全的知识。老斯坦福会晤过乔丹后，发现两人的教育思想很相近，认定乔丹就是他要找的人，并任命其为斯坦福大学的首任校长。[9]乔丹在任斯坦福大学校长期间，积极为斯坦福大学选聘一流教授，选拔一流学生，为斯坦福大学后期的发展奠定了坚实的基础，乔丹没有让老斯坦福失望。

第二位不得不提的人物是弗里德里克・特曼，他于 1954 年担任斯坦福大学的教务长。特曼出身于书香世家，3 年读完小学，着迷于无线电。在词典里还没有“电子”一词时，他就已经撰写了有关无线电工程的著名教科书。1920 年他在斯坦福大学获得化学学士学位，之后在麻省理工学院攻读博士学位。拘谨简朴的他，周日从不休息，全年也不休假，偶尔打次桥牌都觉得是堕落。作为杰出的学者，他身边有许多电子方面的人才，他和爱迪生、贝尔等合作过。特曼是电子工程师，其职业生涯的大部分是在斯坦福大学做管理者。正如人们所公认的，要研究斯坦福大学就不能忽略特曼在引导斯坦福大学发展和帮助斯坦福大学跻身全国前列上所起的作用。作为斯坦福大学的管理者，他有意识地使企业家精神成为大学教授的规范行为。[12]他认为：“大学是高度理性化的，是科学技术知识和‘人力资源’的高效生产者，但在本质上又是远离私人工业和联邦政府而自治的，这应该是一种三方合作的伙伴关系，他称之为‘三赢’关系。”[12]他的这种理念使得斯坦福大学赢得了全国性的影响、学术声誉和财富。特曼将从联邦政府那里拉来的资助以高薪承包给工程系，继而打造了一个现代式的技术学者团队，让他们在象牙塔和企业工作坊之间自由发挥，其招募人才的宗旨是“打造卓越的尖塔”，这不仅使斯坦福大学的电子工程成为一流的学科，而且使斯坦福大学成为高科技人才的孵化器，他培养了一整代的工程师。特曼被称为“硅谷之父”，是斯坦福大学成为世界一流大学的关键人物。

二、斯坦福大学的成功经验对我国“双一流”建设的启示

斯坦福大学经过努力成为世界一流大学。我国大学正在以这些一流大学为参照物，希望有一天可以达到它们那样的高度，成为世界一流大学。但是我们在努力的时候，那些已经是一流的大学也仍然在不断地努力，让自己变得更好。我们何时能赶上呢？有人提出了“跨越式”的发展，但是任何事物的发展都有其节奏，我们不能太急功近利，而是应该摸索出一条属于我们自己的发展道路，走出自己的特色。世界一流大学是彼岸，我们站在此岸，相信每一所大学达到彼岸的道路都是不一样的，只有不一样，才不会迷失自己，才能建成具有自身特色的、世界认同的一流大学。我国大学应从以下几方面努力：

第一，思想有多远就能走多远，树立正确的教育理念，确定科学的大学定位对于一所大学的发展至关重要，这关系到这所大学今后的走向，要办一所怎样的大学以及办成怎样的大学。“罗马不是一日建成的”，每一所大学都应依据自身的理念坚定不移地沿着这条道一直走直到成为世界一流大学。斯坦福大学从建校之初就将自己定位于不同于东部的传统大学，要办新的、具有自己特色的大学，用了不到100年的时间成为美国西部的“哈佛”。

第二，强大的师资力量是一所大学成为一流大学的关键。我国各高校应制定各种特殊政策以吸引海内外优秀人才。提高师资待遇，给予教师自由的学术环境。

第三，在学科建设方面，不仅要大力发展学校自身的优势学科，建设一流学科，同时其他学科也不能落后，办强优势学科，办好一般学科。此外，国内研究型大学要加强交叉学科建设。在 Web of Science 数据库中，检索到斯坦福大学 2016—2017 年(检索时间为 2017 年 3 月 14 日)在 *Nature* 和 *Science* 上发表的文章数分别为 69 篇和 86 篇，这两大世界级的顶级期刊上的文章大部分来源于交叉学科。我国每年在这两大期刊上的发文数屈指可数，原因主要是我国在交叉学科方面还处于弱势，所以要大力发展交叉学科。

第四，在选拔人才时，从多个方面来选拔，不唯“分数论”。实施小班化教学，达到合理的生师比，这样教师不仅可以在学习上为学生授业解惑，而且有更多的时间在生活、人生方面给予学生指导，从而将学生培养为德才兼备的人才。

第五，在人才培养方面，注重对本科生的科研能力的培养，将科研与教学结合起来，高等教育与职业教育相结合，从而使学生对于未来的职业选择可以实现多种可能。

第六，有一个好的舵手，才能为船保驾护航，才能使船沿着正确的方向走得更远；一个好的领头人才能使一个团队团结互助，产生惊人的力量；所以一个学校同样需要好的校长，好的管理者，这样学校才能沿着正确的方向走得更远，我们“双一流”大学的目标才会实现。

◎ 参考文献

[1] 《美国新闻与世界报道》全球最佳大学排名[EB/OL]. [2017-02-28]. https://www.usnews.com/education/best-global-universities/rankings.

[2] 《泰晤士报高等教育副刊》世界大学排名[EB/OL]. [2017-02-28]. https://www.timeshighereducation.com/world-university-rankings/2017/world-ranking #! /page/0/length/25/sort _ by/rank/sort _ order/asc/cols/stats.

[3] 《QS 世界大学排名》世界大学排名[EB/OL]. [2017-02-28]. https://www.topuniversities.com/university-rankings/world-university-rankings/2016.

[4] G. 卡斯帕尔. 斯坦福大学的成功之道[J]. 夏洪流，周刚，等，译. 高等教育研究，1999(3)：4-8.

[5] 王英杰. 在创新与传统之间——斯坦福大学的发展道路[J]. 北京大学教育评论，2004(3)：80-86.

[6] 《2017 年斯坦福大学的事实》(Stanford Facts 2017)[EB/OL]. [2017-02-28]. http://facts.stanford.edu/pdf/StanfordFacts_2017.pdf.

[7] [美]亨利·罗索夫斯基. 美国校园文化——学生·教授·管理[M]. 谢宗仙，周灵芝，马宝兰，译. 济南：山东人民出版社，1996：204-205.

[8] 张安富，刘兴凤. 斯坦福大学创建高水平研究型大学的经验与启示[J]. 高教发展与评估，2008(4)：75-80.

[9] 刘宝存，王英杰. 世界一流大学的形成与发展[M]. 太原：山西教育出版社，2008：72，75.

[10] 蔡亭亭. 斯坦福大学的人才培养模式研究[D]. 长春：东北师范大学，2009：21-22.

[11] 穆建成．校长文化的本质、特点与结构构成[J]．教育科学，2014(3)：28-32.
[12] [美]洛温．创建冷战大学：斯坦福大学的转型[M]．叶赋斌，罗燕，译．北京：清华大学出版社，2007：17-18.

·高端论坛·

以学生发展为中心 加强大学生学习指导

陈学敏[1] 张春燕[2]

(1. 武汉大学 本科生院，湖北 武汉 430072；2. 中南财经政法大学 心理健康中心，湖北 武汉 430073)

摘 要：大学是学习的最好场所，学习指导是大学教育的重要内容。教师承担着教书育人的基本职责，同时负有指导学生学习的基本义务。我国大学生学习指导工作还处在起步阶段，从学生发展需要出发，以学生发展为中心，大学应逐步建立起专门机构专职从事这一工作，在探索过程中不断深入研究，并推动学习指导工作向专业化方向发展，切实提高大学生学习成效和学习质量。

关键词：学生发展；学习指导；大学生学习

Strengthening Students' Learning Guidance with the Development of Students as the Center

Chen Xuemin[1] **Zhang Chunyan**[2]

(1. Wuhan University, Wuhan, Hubei, 430072; 2. Zhongnan University of Economics and Law, Wuhan, Hubei, 430073)

Abstract: University is the best time and place for study, and learning guidance is an important content of university education. Teachers bear the basic responsibilities of teaching and educating students, and have the basic obligation to guide students to learn. Chinese college students' learning guidance work is still in the initial stage, starting from the development needs of students, student-centered development, university should establish specialized agencies full-time engaged in this work, go deep into research in the exploration process, and promote the learning guidance for professional development in order to improve students' learning effect and learning quality.

Key words: Student development; Learning guidance

自20世纪90年代末我国高等教育大规模扩招以来，社会各界对高等教育的关注度不断增强。高等学校教学工作中普遍存在的四个“投入不足”，使人们对“高等教育质量”产生更多质疑。21世纪初开始，各级政府和教育行政部门均把“提高高等教育质量”提到议事日程。高等学校通过“本科教学工程”等项目形式，积极推动教育教学改革，取得了一定成绩。

众所周知，教育教学是教师和学生的双边互动过程，要达到理想的教育教学效果，一方面要积极调

收稿日期：2017-11-15

基金项目：湖北省高校人文社科重点研究基地——大学生发展与创新教育研究中心科研开放基金项目“基于大学生发展的创新学习指导研究”(项目编号：DXS20160006)。

作者简介：陈学敏(1974—)，女，湖北老河口人，博士，六级职员，武汉大学本科生院质量管理处副处长，主要研究方向：高等教育管理，教育法学。张春燕(1974—)，女，湖北鄂州人，硕士，讲师，中南财经政法大学心理健康中心主任，主要研究方向：大学生心理健康，大学学习科学。

动教师教书育人的内在动力，不断提高教师教育教学能力；另一方面要充分调动学生学习发展的内在动力，不断提升学生创新学习能力。但现实情况表明：当前大学学风建设存在不少问题，在校大学生学习状态并不令人满意。有相当一部分学生缺乏比较长远和稳定的学习动力，对所学专业和课程兴趣不大，没有掌握科学的、适合自己的独特学习方法，学习成果和质量不尽如人意等。因此，作为人才培养的重要阵地，大学理应以学生发展为中心，承担起大学生学习指导的重任，从而促进学生全面发展。

一、大学开展学习指导工作的重要意义

大学是学习的最好场所，学习指导是大学教育的重要内容。教师承担着教书育人的基本职责，也同时负有指导学生学习的基本义务。

(一)学习是大学生的第一要务

学生是学习的人，学生的天职是学习。大学生风华正茂，精力充沛，在以探究知识、追求真理为目的的大学，当以学习为第一要务。古希腊著名哲学家苏格拉底说，“知识即美德”。我国古代杰出政治军事家诸葛亮说：“非学无以广才，非志无以成学。”一个人的成就和幸福，归根到底，取决于他展现出来的才能。而才能是从学习中积累起来的，不学习就难以增长才干。

玉不琢，不成器；人不学，不成才。2014年“五四”青年节，习近平总书记到北京大学，勉励青年学生要树立社会主义核心价值观，在学习上要下得苦工夫，求得真学问。他号召同学们要为“人生出彩”而读书，为实现中华民族伟大复兴的“中国梦”而学习。青年学生是国家和民族的未来，习近平给在校大学生提出了“勤学”、“修德”、“明辨”、“笃实”的殷切希望。他说：“为学之要贵在勤奋、贵在钻研、贵在有恒……有老师指点，有同学切磋，有浩瀚的书籍引路，可以心无旁骛求知问学……要勤于学习、敏于求知，注重把所学知识内化于心，形成自己的见解，既要专攻博览，又要关心国家、关心人民、关心世界，学会担当社会责任”[1]。

大学的青春时光，值得青年学生好好珍惜。大学生要充分利用好这段人生中最宝贵的时间，不仅增进自己的知识和才干，学好专业；还要锻炼自己的各项能力，积极参与实践活动。学做事学做人，既成才又成人，全面提升自己的综合素质。千万不可贪图享受，在该奋斗的年纪选择了安逸，以至于陷入“黑发不知勤学苦，白首方悔读书迟”的境地。大学生认识到学习的重要性，就应该坚持不懈，奋斗不止，让学习成为大学生活的主旋律，积极、主动、创造性地投入学习，正确处理好学习与娱乐、学习与兼职、学习与创业之间的关系。

(二)学习指导是大学教育的重要内容

大学的基本职能是人才培养，学生为求学而来大学。对学生进行学习指导，不断提高学生学习能力，是大学教育的重要内容。《国家中长期教育改革和发展规划纲要(2010—2020年)》明确提出，要着力提高学生的“三大能力”，即学习能力、实践能力、创新能力。学习能力被放在首位，在实践能力、创新能力之前。可见，学习能力是最基本的能力，是其他各种能力发展的基础。

自20世纪60年代原芝加哥大学校长赫钦斯首次提出“学习型社会”以来，世界各国纷纷做出建设学习型社会、学习型城市等方面的决策。党的十八大报告把“形成全民学习、终身学习的学习型社会，促进人的全面发展”作为我国全面建设小康社会的奋斗目标之一。

在学习型社会，学习成为一种基本的生存方式和生活方式，人们只有不断地学习，才能适应社会的发展，才能成就有意义的人生。为适应学习型社会终身学习的时代要求，大学应该开展学习观念、学习

目标、学习行为、学习心理等全方位全过程的系统学习指导。

要引导学生从入校起，就认真思考并努力回答“什么知识最有价值”和“如何学习最有成效”等基本问题，知道“学什么”、“怎么学”，让大学学习真正成为终身学习的新起点。大学学习指导要努力让学生做到以下三个方面：第一，从学习态度来说，要“知学”，要主动地学；第二，从学习方法来说，要“懂学”，要科学地学；第三，从学习精神来说，要“善学”，要坚持地学。大学要帮助学生认清自身学习状况，引导学生端正学习态度，明确学习方向，养成良好学习习惯，稳步提升学习质量。

(三)学习指导是大学教师的基本职责

现代教学观认为，教学就是教学生学，教学生乐中学、做中学、思中学，教师的基本职责是指导学生学会学习[2]。正所谓“授之以鱼不如授之以渔”，一位好老师，只要引导得当，指导有方，学生不仅可以从老师那里获得知识、习得技能，而且能够掌握学习的方法、提升学习的能力。通过老师的言传身教，学生还能端正学习态度，提高学习兴趣，养成良好学习习惯，铸就较高的学习品质。这样的治学方法、精神的训练和熏陶才是学生成长成才的不竭动力。

教学活动中，学生不应只是消极的接受者，而应是积极的参与者。仅仅有教师的教学，仅仅推动教学改革，达不到促进学生成长和发展的根本目的。教师因学生而存在，教师教学以学生发展为目的，教学的效果和质量取决于学习的成果和成效。现代高等教育发展趋势之一是从“以教师为主”向“以学生为主”转变，从“重视教师的教学”向“重视学生的学习”转变，从“推进教学改革”向“推进学习改革”转变。任课教师结合自己的教学实际，对学生进行具有学科专业特点的学习指导，“教会学生学习和发展学生学习能力是教学活动的应有之义，也是提高大学教学质量的有效途径”[3]。

学习指导是大学教师的基本职责，有学者认为，教师要履行好这一职责，需要把握“四个重要”：第一，指导学生的学习方法比教给知识更重要；第二，养成科学的精神比传播科学知识更重要；第三，激发学生的兴趣比强制学生学习更重要；第四，引导学生学会应用知识比单纯传授知识更重要[4]。

二、国外高校大学生学习指导的基本情况

这里分别以牛津大学、哈佛大学、卡尔斯鲁厄大学为例，介绍英国、美国和德国的大学生学习指导开展情况。

(一)英国——以牛津大学为例

英国是世界上少有的拥有真正意义“贵族”的国家，英国大学的贵族精神和精英意识比较强，尤其对于历史比较悠久的大学来说更是如此。以牛津大学为例，它是英国最早建立的大学，也是最具有贵族气质的古老英格兰大学。牛津大学对学生的学习指导以“全面”和“精致”为基本特点，这就是被视为牛津大学核心特征的“导师制”，也是牛津大学为世界高等教育发展史所做的最大贡献。所谓“全面”，是指导师对学生的学习指导是全方位的，不仅关注学生学业进步，而且重视学生全面发展；所谓“精致”，是指导师对学生进行小规模的、较为频繁的具体指导和一对一、面对面的个人指导。

在牛津大学，无论是本科生还是研究生，每星期必须跟导师进行一次面对面的交谈，导师对学生辅导的主要内容是：确定主攻方向、为学生列出阅读书目、跟学生一起讨论并解答学生的疑问等。

(1)关于导师配备。录取为牛津大学的学生，同时成为某一个学院的成员，其学习和生活主要在学院完成，学院制是牛津大学的基础。学生在学院报到后，学院会为学生安排一位导师。导师一般是在一定学科领域有影响的品学俱佳的学者，一个导师负责指导 6~12 名学生。

(2)导师的职责。除了负责指导学生的学业，引导和协助学生安排学习计划、指导阅读书目和阅读方法训练、促进学生成才，还要负责学生的品德和人格成长，指导学生如何做人和成人。由于每个学生都要参加大学组织的统一考试，导师的任务还包括但不限于帮助学生为大学考试做准备。

(3)导师教学形式。导师对学生的指导一般在导师的书房、小型教室或实验室进行，每周一次，一次一个小时。传统的导师教学是一对一、面对面的教学，随着大学入学人数的增多，一对一的教学形式受到一定冲击，导师可以同时邀请2~4位学生一起来参与讨论，但仍主要针对其中一位学生的论文进行研讨和评论。

(4)导师课论文(the tutorial esssy)。导师课论文是导师制的基本构成要素，主要包括图书馆搜集资料、阅读、思考和写作[5]，导师教学围绕该论文进行研讨。导师课论文，也可称周论文，要求学生每周都要撰写一篇，可以是研究性论文，也可以是读书报告，一般为2000字左右。

(二)美国——以哈佛大学为例

美国是一个崇尚“创新”的国家，创新精神是推动美国高等教育发展的强大力量。由于大学自治程度较高，大学间竞争激烈，相应地，美国大学的创新精神和创新能力也比较强。作为美国第一所高校，哈佛大学的发展历史和学习指导发展历程很好地诠释了这一点。

哈佛大学是美国大学学习指导的发源地，艾略特校长(1869—1909年期间任哈佛大学校长)被尊称为“学习指导之父”。1869年，在艾略特校长领导下，哈佛大学全面推行由刚性统一的必修课制转向弹性个性化的选课制。1870年，艾略特任命专人协助校长专门负责指导学生选课，于是，以指导学生选课为核心内容的学习指导在哈佛大学首先出现。1889年，哈佛大学意识到新生的独特需求，认为有必要在新生入学时创造一个良好的氛围，以帮助他们解决在学习生活中遇到的问题和困难，于是专门设置了“新生指导者委员会”，为新生提供学习指导。自20世纪30年代起，哈佛大学出现了学生自发组织的朋辈辅导活动。1954年，在规范朋辈辅导活动，并整合资源的基础上，学校成立了“学习咨询局”，专门负责学生学习指导工作。

哈佛大学“学习咨询局”的工作人员包括专职咨询员、课程教师、顾问以及一些高年级学生。既有专职员工，也有兼职教师。他们的专业化程度很高，一般都接受过专门培训，并持有相关证书。按学生学业发展阶段，哈佛大学学习指导主要分为新生咨询项目、高年级选择建议以及研究生计划支持。从学习指导形式及途径看，哈佛大学学习指导主要提供四个方面的服务：

(1)个体咨询与辅导。一般由专业的学业辅导咨询师或课程教师为学生提供一对一的咨询服务，咨询内容偏向于同学习相关的认知、考试焦虑、学业复习等问题。

(2)团体咨询与辅导。通过提供一系列团体咨询和工作坊，为学生提供一个交流与分享平台，让参与者分享他们在学习或生活中遇到的问题、困难和挑战，以及解决思路与策略。

(3)开设学习辅导班。比如阅读和学习策略课，专门是为那些需要批判性阅读大量图书的学生设计的。通过辅导，学生可掌握更多阅读技巧和策略，还能提高阅读速度和质量。

(4)学生自助式辅导。朋辈辅导员既可由学生报名产生，也可由课程主讲教师推荐产生，一般为学业成绩比较优秀的高年级学生。学习咨询局负责辅导员的招募、培训和被辅导学生的申请、预约，以及他们之间的协调和管理工作。

(三)德国——以卡尔斯鲁厄大学为例

德国以“严谨”著称，德国大学的严谨性主要表现在：对教师上课要求高、对学生学习审查严。在卡尔斯鲁厄大学，讲课一般由教授担任。而成为教授有两个基本条件：第一，获得博士学位。德国博士生规定的在读时间为3~5年，但据说能5年毕业就是高手。对于外国学生而言，5~7年拿下博士学位也非常正常；第二，取得高水平的科研成果并出版成书。在德国，教授的评审是非常严格的。不仅要有水平，还要遇着机会。只有奇货才可居，由同行专家鉴定是否有水平，有教授岗位空出来才有机会争取。

由于注重教学的高品质，大学对课程考试和毕业要求非常严格。学生课程考试不及格率一般在6%~30%，有的课程不及格率甚至达20%~30%[6]。按规定，第一次不及格可以再给一次考试机会；若还不及格，则进行口试；口试不及格，则该课程确定为“通不过”。必修课如果有一门通不过，则取消学籍。如此严格的要求，如何对大学生学习生活给予指导呢?

卡尔斯鲁厄大学学习指导的具体做法有：

(1)提供全面的学习指导材料。学校将与学习有关的规章制度、教学科研管理系统、课程信息资源、注册与选课程序等汇编成册；各系结合自身情况编写更具针对性的学习指导书，包括转专业、学习方法、课程组等具体内容。学生可购买也可借阅。

(2)建立分层次学习指导机构。大学所在地卡尔斯鲁厄市设有专门的“信息与咨询中心”，有工作人员近10名，心理学博士居多。中心提供有关学习、心理健康以及求职等信息咨询和服务工作。卡尔斯鲁厄大学也设有“信息与咨询中心”，有专职人员若干名，为学生提供与学习相关的咨询服务。各系还设有学生办公室，主要由高年级学生志愿者组成，他们利用课余时间为低年级同学解决学习、心理和生活上的困难，提供力所能及的帮助。学生志愿者需经过城市、大学信息与咨询中心培训后才能上岗。

(3)建立教授咨询制度。学生遇到学习上的问题可以预约教授，进行面对面咨询。每位教授根据自己的实际情况，安排特定的时间用于接待学生，一般是每周1个小时。师生之间的这种近距离交流是师生课外交往以及学生学习经历中不可或缺的重要组成部分。

三、以学生发展为中心，加强我国大学生学习指导

我国大学生学习指导工作还处在起步阶段，从学生发展需要出发，我们应逐步建立起专门的机构专职从事这一工作，在探索过程中不断研究，并推动学习指导工作向专业化方向发展。

(一)确立理念，学生发展是根本目的

1998年，联合国教科文组织在世界首届高等教育大会上明确提出，“高等教育需要转向‘以学生为中心’的新视角和新模式”[7]，教育决策者应把学生及其需要作为关注的重点，应把学生视为教育改革的主要参与者。“以学生发展为中心”是“以学生为中心”理念的具体体现，如果说“以学生为中心”强调的是“学生”在教育过程中的主体性地位，“以学生发展为中心”则强调“学生发展”是教育的根本目的。“以学生为中心”内含或隐含了“以学生发展为目的”，以“学生发展为中心”则必然以尊重和发挥“学生的主体地位”为前提。

“以学生发展为中心”包括三层含义：第一，促进学生的全面发展，而不是单方面发展或片面发展；第二，促进全体学生的发展，而不是少数学生或一部分学生的发展；第三，学校一切工作都要围绕“学生发展”这个中心做好服务和管理工作，除了学生管理工作部门外，学校的招生管理、教学管理、后勤管理、就业指导等职能部门也要确立“以学生发展为中心”的管理和服务理念。

美国杜肯大学教授威廉·巴内罗(William Barone)认为，高等教育大众化以后，大学不再是只招收优秀学生和实行精英教育的地方，如何让众多学生成为主动的学习者，让他们对自己的学习更负责，是不同国家面临的共同问题[8]。

既然学习是大学生的天职，学生发展是大学教育的根本目的，大学的学习指导工作就应确立“以学生

发展为中心”的理念，真正从学生需要出发，以学生发展为根本目的，通过对不同年级阶段、不同学科专业、不同知识基础水平、不同兴趣特点的学生，进行全面的、有针对性的学习指导，切实促进学生的可持续发展。

(二)提高认识，推动学习指导专职化

随着我国高等教育进入大众化发展阶段，人们对高等教育质量的关注度持续升温。2005 年，时任国务院总理温家宝在接见国家教学成果奖获代表时，提出今后教育发展的三大任务之一就是“提高高等教育质量”，这是中央领导首次提出高等教育质量问题。此后，历年政府工作报告都将“提高高等教育质量”作为高等教育事业发展重点予以强调。

在高等教育质量问题中，大学生学习动力不足、学习兴趣不高、学习投入不充分、学习能力不够强等引起人们普遍关注。一所理工科大学一个学院对“您认为自己目前学习中面临的主要问题”的问卷调查显示，15.6%的学生选择“未养成良好的学习习惯”，29.8%的学生选择“失去学习信心”，36.1%的学生选择“未掌握有效的学习方法”，21.5%的学生选择“学习压力大”，12.6%的学生选择“学习动力不足”[9]。另据笔者对学生进行访谈得知，只有 1/3 的学生学习积极向上，学习动力比较充足；对自己学习状态和学习效果不满意的学生，几乎占到学生整体的 1/2。

加强大学生学习指导，提升学生学习能力，促进学生全面发展是大学教育的重要内容。但长期以来，我们重视发挥教师的主体地位，重视教学改革，重视教学成果，学生的主体地位却突显不够，学习改革还没有受到普遍重视，用学习成果来检验教育质量的机制还没有建立起来。由于对学习指导的意义认识还不到位，我国大多数高校学习指导工作并未受到足够重视，学习指导工作普遍分散零碎，还未从教学管理或学生管理工作中游离出来，成为一项专门工作。因此整体来说，大学学习指导还处在起步摸索阶段。

从国外大学习指导工作开展情况看，只有进入“专职化”阶段，学习指导工作才能稳步发展，如哈佛大学设立“学习咨询局”、卡尔斯鲁厄大学设立“信息与咨询中心”。为了进一步做好学习指导工作，我国高校也有必要成立专门的学习指导机构，并配备专门的学习指导工作人员，对学生学习指导工作予以统筹设计和系统安排，唯有如此，才能不断增强学习指导的针对性和实效性。

(三)积极探索，促进学习指导专业化

所谓专业化，通俗地说，就是有一批人同时专门地做一件事。学习指导工作专业化，就是指有一批经过培训后获得特定资质的工作人员，专门从事大学生学习指导工作，不断探索，认真研究，并推进学习指导工作向纵深化发展。以美国为例，美国高校学习指导在 20 世纪 70 年代就已经进入专业化发展阶段，他们召开首届全美学习指导会议，成立全美学习指导协会，创办全美学习指导协会专业刊物，发起建立大学生学习指导年度奖励计划，研究并建立学习指导国家标准等。不得不说，美国大学生学习指导的专业化发展，为美国高等教育质量的提高做出了很大贡献。

当大学建立专门学习指导机构，并配备一定数量专职工作人员以后，就要整体设计、通盘考虑大学学习指导工作。笔者认为，应从三个方面着手：

首先，要通过调查问卷、个别访谈等多种方式，深入了解目前高校大学生学习状态，包括学习态度与动力、学习习惯与方法、学习成绩与效果，甚至具体到不同年级和专业，学生课程考试不及格情况、课程重修或学籍下编情况、无法顺利毕业或获得学位的情况等。还要了解学校层面以及各院系学习指导工作的开展情况以及实施效果。

其次，可通过文献资料研究、召开教师和学生座谈会等形式，认真分析学生在学习方面存在的问题

和困难，特别要弄清楚存在这些问题的根源是什么，解决这些困难的办法有哪些等。

最后，要勇于探索和实践，通过建立学习咨询师、任课教师、辅导员、大学教育工作者、朋辈同学、毕业生校友等多方参与的学习指导工作队伍，开设大学生学习学、新生研讨课等课程，举办与学习相关的学术研讨、考研深造、求职创业等各类讲座，创建学习咨询室、工作读书坊、学习研讨室、在线学习平台等多种形式的服务设施，探索实行导师制度、教师值班制度、午餐会或下午茶制度等，开展一系列的学习咨询与辅导服务。

只有实现机构人员专职化，学习指导工作才能向专业化发展；只有提供专业化的学习指导服务，才能实现学生最大程度的发展。

◎ 参考文献

[1] 习近平：青年要自觉践行社会主义核心价值观——在北京大学师生座谈会上的讲话. 新华网，2014-05-04.

[2] 张德江. 大学生学习问题分析与创新学习[J]. 教学研究，2014(1)：4.

[3] 花向红. 内容与形式：优化我国大学新生学习指导的关键[J]. 当代教育论坛，2011(2)：66.

[4] 张德江. 大学生学习问题分析与创新学习[J]. 教学研究，2014(1)：4.

[5] 杜智萍. 牛津大学本科生导师制教学模式探析[J]. 大学教育科学，2006(6)：52.

[6] 林毓錡. 德国大学生的学习和学习指导系统介评[J]. 机械工业高教研究，1995(2)：83.

[7] 刘献君. 论"以学生为中心"[J]. 高等教育研究，2012(8)：3-7.

[8] 杜智萍."以学生为中心"——牛津大学本科生导师制的一个质量保障因素[J]. 河北大学学报(哲学社会科学版)，2014(1)：24.

[9] 温静，等. 基于大学生学习现状的学习与发展指导体系构建[J]. 重庆与世界，2015(5)：14.

·教育政策与管理·

高校环境素质教育的实践与探讨

李艳红　詹长根　胡将军　苏俊英

（武汉大学　资源与环境科学学院，湖北　武汉　430079）

摘　要：高校开展环境素质教育是实施国家可持续发展战略的重要途径，高校环境素质教育的内容包括环境意识态度、环境知识技能、环境行为习惯三个方面。本文结合多年实践经验，从利用课程教学、借助校园环境和开展社会实践三方面构建了提升大学生环境素质教育的实践模式；探讨了我国未来环境素质教育存在的机遇与挑战，设计了相应的发展策略：把环境教育与思想政治教育相融合，借助网络信息技术推广环境教育、加强环境教育师资队伍培训，建立多方合作的校内外环境教育机制。本文的研究对我国高校开展环境素质教育实践工作具有一定借鉴意义。

关键词：环境素质；环境教育；实践模式

Practice and Discussion on Environmental Quality Education in Colleges and Universities

Li Yanhong，Zhan Changgen，Hu Jiangjun，Su Junying

（School of Resource and Environmental Sciences，Wuhan University，Wuhan，Hubei，430079）

Abstract：To carry out environmental quality education in colleges and universities is an important way to implement the national strategy of sustainable development. The environmental education content consists of environmental attitude，environmental knowledge and environmental behavior. Combined with our own practical experience，the practice mode of environmental quality education is designed from course teaching，campus environment and the social practice. The existing opportunities and challenges of environmental education in our country is discussed and the corresponding development strategies is designed by means of integrating environmental education with ideological and political education，using network information technology，strengthening the training of teachers in environmental education and establishing the mechanism of multi cooperation in school and outside environment education. It has certain reference significance for the practice of environmental quality education in Colleges and Universities.

Key words：Environmental quality；Environmental education；Practice mode

---

收稿日期：2017-11-15

基金项目：武汉大学开放实验项目（WHU-2016-KFSY-08），武汉大学教学研究项目（2017JG013）。

作者简介：李艳红（1979—　），女，山东聊城人，博士，武汉大学资源与环境科学学院高级实验师，主要研究方向为地理环境分析的实验教学。詹长根（1964—　），男，江西抚州人，博士，武汉大学资源与环境学院副教授，主要研究方向为土地资源管理、现代地籍理论与方法。胡将军（1963—　）男，湖南株州人，博士，武汉大学资源与环境学院教授，主要研究方向为环境工程。苏俊英（1974—　），女，河南范县人，博士，武汉大学资源与环境学院高级实验师，主要研究方向为遥感图像处理。

环境问题是当今社会普遍关注的焦点问题之一，已成为影响社会进步的关键因素。环境素质是人对环境科学应有的认知和对环境应负有的义务和责任。高校大学生是国家未来建设和发展的主力军，其环境素质的高低在一定程度上直接影响未来可持续发展的水平。加强大学生良好环境素质的培养，促进社会的可持续发展，将成为未来教育发展的重心所在。

近年来，我国陆续开展了环境教育研究，但相关学术文章主要以论述环境教育的意义和介绍国内外环境教育动态为主[1-5]（尽管所论述的环境教育意义的内涵不断扩大、视野不断拓展），这说明我国的环境教育仍处于初级阶段。本文通过分析高校环境素质教育的内容构成，结合多年来的实践经验，针对提升大学生环境素质教育的实践途径进行了深入研究，并对我国高校未来环境素质教育的发展提出了自己的建议。

1 环境素质教育的内容构成

环境是一个包括自然环境和社会环境的复杂综合体，环境素质教育的内容十分丰富，几乎涉及自然学科领域的各个分支和社会学科的许多方面，如地理学、化学、物理学、生物学、历史学、经济学、伦理学、政策、法律等众多学科，各学科都在不同程度上与人类当前面临的人口、资源、环境等问题存在必然的内在联系。环境素质教育的内容可以概括为环境意识态度、环境知识技能、环境行为习惯三个方面[6]。其中，环境意识态度是基础，它通过唤醒学生的环境意识，帮助学生形成正确的环境态度，从而激发他们进一步了解环境、保护环境和解决环境问题的愿望，进而促使他们主动地接收、掌握相关的环境知识及技能。环境知识技能是达到良好环境行为的必备条件，良好的环境行为又是拥有环境意识的表现。环境素质教育的内容构成如图 1 所示。

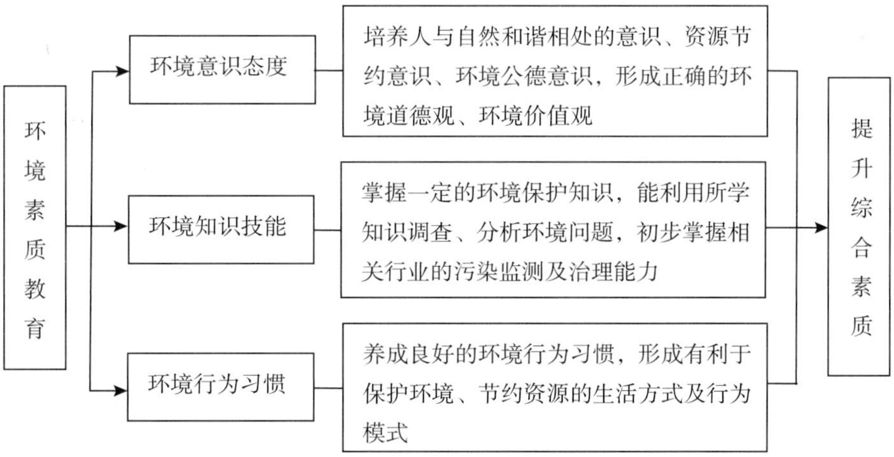

图 1　环境素质教育的内容构成

2 高校环境素质教育的实践途径

2.1 利用课程教学进行环境素质教育

第一，通过通识课程教育培养学生的环境意识态度。通识课程是旨在开发学生心智，培养学生独立思考能力，拓宽学生知识面的课程。通识课程面向所有专业学生开设，着重对学生进行人文精神和科学精神教育。可以将环境保护与可持续发展、环境学导论、环境管理学等环境类课程类同于数学、英语、计算机技术等课程，作为全校本科生的通识课程[7]，比较系统地介绍国内外关注的生态环境问题、环境与发展战略以及环境治理对策等基本知识，从而培养学生的环境保护意识和可持续发展的价值观，使学生具有评估和处理有关可持续发展和环境问题的初步能力。

第二，在不同专业课程教学过程中渗透环境知识技能教育。将与环境素质教育相关的知识和技能渗透到不同专业课程的教学中去，结合环保理念、节能减排、绿色技术等新的学科前沿，增强学生的环保意识，让学生结合自己的兴趣从不同的视角来了解环境保护与可持续发展这一课题，使学生在专业课程学习过程中获取与之相关的环境知识、技能和情感。比如，在环境化学课程中渗透环境污染物分析监测方面的内容，强调化学与环境、化学与日常生活的紧密联系，使学生从一开始就清楚地认识到生活中处处有化学污染，要改造我们的生态环境，务必从我做起，从身边的小事做起，自觉地、以实际行动来保护环境。

针对非环境类其他专业同学，同样可以根据不同专业特点来讲授一些针对性、实用性较强的环境保护方面的专业知识，如对于文科财经、政法类学生，可补充环境管理学、环境经济学、环境法学等方面的基础知识；对于农林类学生，可以渗透荒漠化治理、农业环境保护、绿色产品、生态农业等方面知识；对于理工科学生，可以讲授环境污染治理、清洁生产、环境评价、环境规划等方面的基本专业知识。

2.2 借助校园环境开展环境素质教育

将校园作为一个环境教育基地，系统地开发校园环境教育资源，为学校环境教育的实施提供了新的途径，可以弥补学生环境实践场所的不足，形成有特色的校园环境文化，提高学校环境素质教育成效。

第一，利用校园环境美培养学生的生态观。绚丽多彩的自然环境常常以一种特殊的方式唤醒我们的情绪，让我们不由为之惊叹与赞美，环境美对激发大学生主动获取环境知识起着重要的作用[8]。可以借助校园环境之美融入环境情感的审美化教育，组织学生们欣赏校园环境的“生态美”，通过自然美的感染，陶冶学生们的性情，激发其学习热情，提升其审美创造力和表现力，正确引导大学生善待自然，树立“真、善、美”的态度，进而培养他们的生态观。

我们面向全校学生开设了“校园地理景观调查及可视化表达”开放实验，组织学生对校园地质地貌、植被、水文等自然地理景观和校园特色建筑、交通廊道、雕塑、文体场所等人文地理景观进行调查。在开放实验中，学生所调查的环境对象与他们的日常学习生活密切相关，利于学生观察和感受大自然的美好和壮丽，建立人与自然和谐共处的意识和情感。通过实践，深入了解校园的地理环境及其综合作用对人们的影响，让学生深切体会到“美在珞珈、学在珞珈”，切实激发学生的学习热情，强化学生维护生态平衡和保护自然环境的意识，增强其社会责任感和使命感。

第二，通过监测校园环境提升学生的环境行动力。校园是大学生生活、学习和活动的场所，良好的校园环境对学生的身心健康和学习有着重要影响。环境监测是人们认识环境、评价环境的重要手段，对校园环境进行监测容易引起学生的好奇心和研究兴趣。我们面向全校学生开设了“武汉大学校园湖泊、大气、噪声监测”开放实验，实验内容包括：①校园水体生物监测，以校园湖泊的浮游生物为主，定期取样分析，研究校园湖泊水生生物种类及随季节、环境变化的规律。②校园大气环境监测，重点监测校园大气环境中 PM10、SO_2、NOx 的浓度，制作武汉大学校园大气环境质量地图。③校园噪声环境监测，制作武汉大学校园噪声分布规律地图。整个实验将教学实验与环境监测生产实际相结合，学生在老师指导下完成现场调查、监测设计、优化布点、数据采集、数据分析处理、综合评价等一系列工作，最后写出校园环境质量评价报告[9]。这样系统全面的训练，大大提高了学生的兴趣和积极性，使学生得到更接近实际的锻炼，提高了学生的环境实践能力和综合素质。

第三，借助校园文化建设渗透环境素质教育。学生良好环境行为的形成是一个长期的过程，需要有一个良好的环境氛围。校园环境及氛围会对学生产生潜移默化的影响，在校园文化建设中渗透环境素质教育，是环境素质教育的一种潜在而有效的方式。我们在校园文化活动中制定了切实可行的环保行为准则：①培养文明用餐习惯，不浪费粮食，少用或不用一次性餐具；②培养节约用水习惯，节水清洗，随手关闭水龙头；③节约用电，购买绿色学习及生活用品用具，延长物品生命周期，减少生活垃圾排放量。此外，利用大学生环保协会、社团等组织开展丰富多彩的环保活动。如在“世界环境日”、“世界地球日”、“世界水日”等重要纪念日期间，开展以环境素质教育为主题的系列讲座、举办环境保护知识竞赛、演讲赛、辩论赛等，使环境保护的思想深入人心[10]。通过生动活泼、寓教于乐的形式，将环保知识、环保法律法规深入普及全校园，号召大家共同参与环保，实践低碳环保。我们成立的学生社团组织“绿舟环保协会”，就是由一群热心于环保事业的志愿者组成的颇具特色的校级学生社团。该社团利用所学的专业知识，积极开展环境保护相关的科研创新和科学考察活动，向广大大学生和更多的老百姓宣传可持续发展的思想和理论，倡导绿色行为，提倡“自我清洁”的生活方式，树立绿色观念，普及绿色文明、生态保护和可持续发展的意识，展现当代大学生关注社会，以天下为己任的精神风采。

2.3 通过社会实践拓展环境素质教育

高校学生普遍存在环境意识超前于环境行为的现象，良好环境行为习惯的形成离不开后天的教育与实践，实践环节是最有效的环境素质教育途径。环境教育应由系统的知识教育转向基于现实环境与发展问题的教育，强调在实践的过程中加深认识，为环境的改善做出实际有益的行动[11]。学校应积极拓展环境素质教育的实践途径，多组织学生走出校门，到户外进行环境考察和数据调查，参与环境保护社会实践，用所学的环保知识对所在地区的生态、环境等问题进行分析并设计解决方案。

在这方面我们积累了丰富的实践经验，并取得了丰硕的成果。自 1999 年开始，我们每年暑假面向全校各个专业的学生，组织神农架及长江流域生态环境考察活动。在学生自主报名的基础上，经过层层选拔组成考察队，在指导老师的带领下对神农架地区和长江流域进行生态环境科学考察，学生利用所学理论知识对水体、生物、土壤、大气等进行考察，取得了很好的成果。其成果《全球变化和环境恶化对江汉湖群及神农架生物多样性的影响》先后获得湖北省第六届挑战杯一等奖和全国阿拉善基金项目评选二等奖。这种形式的生态科学考察队在国内是首创，其宗旨是通过考察，学习野外生态环境科考技能，拓宽知识面，培养本科大学生勇于探索，锐意进取，富于创新的精神，增强学生环境保护意识，提高综合素质。

3 高校环境素质教育的发展策略

3.1 把环境教育与德育、思想政治教育相融合

环境素质意识属于意识形态，只有通过教育活动才能形成。环境教育的实质是向学生灌输符合可持续发展的生态伦理观念，教育学生正确处理人与人的关系、人与自然的关系。这与学生德育和思想政治教育有着本质上的一致性。两者都是要使受教育者通过树立正确的世界观和人生观，指导其行为[12]。目前，我国高校德育和思想政治工作发展较为全面，并积累了丰富的工作经验和有效的实施方法。所以，我国高校环境教育应该与德育和思想政治教育相结合，这不但可以给德育和思想政治教育工作增加新的内容和活力，而且使环境教育找到了主渠道，有利于我国高校环境教育的发展。

3.2 借助网络信息技术推广环境教育

当今网络已经成为人们生活中不可缺少的组成部分，环境素质教育自然也需要借助网络这种强大的媒体力量，作为传播环境教育知识、组织环境教育活动和提供远程学习机会的平台。网络的互动性不仅为公众主动参与环境教育和及时反馈各种信息提供了便利，还为环境教育从学校教育的模式转变为全民教育模式提供了可能性。学校应引导学生利用网络课程、网络视频等多渠道获取多元化的环境教育信息，来拓展对环境相关知识的学习。如美国的项目学习树等相关的环境教育课程、加拿大以及墨西哥合作的北美环境教育协会 NAAEE 和全球江河环境教育网(Global River Environmental Education Network, GREEN)等课程。我国环境素质教育的推广也离不开现代信息技术的应用，它为环境教育工作者搭建长期稳定的交流、学习平台，实现优质教学资源的共建共享。

3.3 加强环境教育师资队伍培训

环境教育师资建设是实现环境教育目的的有力保障。相对西方发达国家而言，我国环境教育在师资培训方面比较薄弱，环境教育工作者的培训满足不了现实的需要。目前，我国对学校教育工作者的环境教育培训还没有全面普及，没有形成有本土特色适合我国国情的环境教育课程和教材[13]。因此，今后应该加大对环境教育专业人才和相关工作者培训的物质投入，由教育部和国家环保总局共同组织、领导，成立高等环境教育师资培养点或培训机制，有组织、有计划地举办各种类型的师资培训班或研讨班，鼓励和支持环境教育事业的可持续发展。

3.4 建立多方合作的校内外环境教育机制

环境素质教育离不开社会力量的配合和支持，应将学校与社区、企业相结合进行环境教育，建立多方合作的校内外环境教育机制。在教育部门、环保部门的支持下，选择有代表性的生态社区、生态企业建立多种类型的环境教育的实践基地[14]。以学校为依托率先开展环境教育，进而实现向社区的渗透和辐射；另外，政府应积极鼓励非政府环境教育组织的参与和支持，为学校开展环境教育提供人力、物力、财力和智力上的支援，加强绿色校园的建设。

4 结语

环境素质教育是一项复杂、系统的育人工程，本文充分利用和挖掘武汉大学本土的环境素质教育实践资源，从利用课程教学、借助校园环境和开展社会实践三方面，总结了开展环境素质教育的实践内涵，通过多元化的实践活动，使学生增强环境意识，掌握更多的环境技能，养成良好的环境行为规范，并内化为自身的行为准则；探讨了我国未来环境素质教育存在的机遇与挑战，提出了把环境教育与思想政治教育相融合、借助网络信息技术推广环境教育、加强环境教育师资队伍培训、建立多方合作的校内外环境教育机制的发展策略。本文的研究对我国高校开展环境素质教育实践工作有一定借鉴意义。

◎ 参考文献

[1] 郑文武，邓运员，刘晓燕，等．大学生环境素质调查与环境教育课程改革探索[J]．中国电力教育，2016，(4)：102-103.

[2] 张波，宣岩松，汪邦海，等．高职院校“多维度、立体化、系统性”环境素质教育模式的建构研究

[J]. 内蒙古财经大学学报，2016，14(2)：80-84.
[3] 崔凤，藏辉艳．美国环境教育及其对我国的启示[J]. 华东理工大学学报(社会科学版)，2009(2)：93-98.
[4] 花海蓉，尹卫东，周育红，等．高职院校环境素质教育现状及对策研究[J]. 职业教育研究，2012(29)：13-14.
[5] 田青，云雅如，殷培红．中国环境教育研究的历史与未来趋势分析[J]. 中国人口·资源与环境，2007，17(1)：130-134.
[6] 陈宜菲，邱罡，林燕如．构建高等师范院校环境教育课程体系的思考[J]. 江西化工，2015，(5)：132-135.
[7] 沈浩鹏．基于大学生环境素质提升的绿色教育课程体系设计[J]. 经济研究导刊，2012，(28)：272-273.
[8] 钟顺清，申秀英，刘沛林．环境审美教育——大学生环境素养提升的新视角[J]. 衡阳师范学院学报．2011，32(3)：112-115.
[9] 李艳红，詹长根，肖玫．"地理环境综合调查"开放实验教学的实践[J]. 实验技术与管理，2016，33(10)：185-187.
[10] 刘怀如，袁怡圃，曾丽莉．高校环境教育中促进公众参与有效途径的探讨[J]. 中国人口·资源与环境，2010，20 (5)专刊：241-242.
[11] 柴慈瑾，田青，杨珂，段玉山，宋旭红．全球环境教育的进展与趋势分析[J]. 北京师范大学学报(社会科学版)，2009(6)：135-137.
[12] 王磊．论我国高校环境教育存在的问题及解决途径[J]. 西安邮电学院学报，2009，14(1)：186-189.
[13] 卢晨阳，袁正平．试析美国的环境教育及其对我国的启示[J]. 兰州教育学院学报，2014(2)：89-92.
[14] 刘春元．中、美、日三国"学校—社区"环境教育模式之比较与思考[J]. 教育探索，2010，(8)：154-155.

·教育政策与管理·

遴选免试研究生网络系统设计浅析

王集成　朱　英

(武汉大学　教育技术与教学服务中心，湖北　武汉　430072；武汉大学　本科生院，湖北　武汉　430072)

摘　要：本文通过对武汉大学遴选应届免试研究生系统的简要分析，使大家能够了解到武汉大学推荐免试研究生工作的全部过程。文章从推荐免试研究生制度建设、推免指标分配原则、遴选学生基本条件、系统总体设计和搭建、后台数据库和程序设计语言的选择、实际中遇到问题的研究和具体解决办法以及今后有待完善和改进的方面进行阐述，旨在给从事这项工作的同行提供一点参考。

关键词：推荐免试研究生；推免指标；遴选学生基本条件；B/S 结构；GPA

Analysis of Network System Design for Exempt Graduate Students

Wang Jicheng, Zhu Ying

(Educational Technology and Teaching Service Center, Wuhan University, Wuhan, Hubei, 430072;
Undergraduate School Administration Office, Wuhan University, Wuhan, Hubei, 430072)

Abstract: Through the brief analysis of the graduate system in Wuhan University, this paper aims to make everyone understand the whole process of the work of Wuhan university. Articles from the system construction of exempt graduate students, the principle of assigning imposing indicators, the basic conditions for selecting students, the design and construction of the overall system, the selection of back-end database and programming language, the research of practical problems and the specific solutions, and the future. The aspects of improvement and improvement are elaborated, aiming to provide a reference for colleagues who are engaged in this work.

Key words: Recommended exemption for graduate students; Push-for-exclusion; Selection of basic conditions for students; B/S structure; GPA

自 1997 年国家实施推荐免试研究生工作以来，全国高等学校通过这项制度为本校或其他高等学校输送了大量优秀应届本科生和一些有特殊专长以及有突出培养潜质的本科生进入研究生阶段深造，在很大程度上提高了研究生的生源质量，搭建了多学缘结构培养的平台，有利于培养多知识结构体系交融的人才，促进了研究生阶段人才培养的健康发展。

一、我校推荐免试研究生的基本情况

推免研究生的制度建设是：2006 年教育部制定了《全国普通高等学校推荐优秀应届本科毕业生免试攻

收稿日期：2018-01-11

作者简介：王集成(1968—　)，男，河南新乡人，武汉大学教育技术与教学服务中心六级职员，主要从事教学管理与教学服务方面工作。朱英(1971—　)，女，湖北武汉人，武汉大学本科生院七级职员，主要从事本科生教学管理方面工作。

读硕士学位研究生工作管理办法(试行)》(教学[2006]14号),我校根据教育部文件精神,2007年制定了《武汉大学推荐优秀应届本科毕业生免试攻读硕士学位研究生工作管理办法(试行)》,2011年对试行的推荐免试研究生工作管理办法进行修改,制定了《武汉大学推荐优秀应届本科毕业生免试攻读硕士学位研究生工作管理办法》(武大教字[2011]38号)。

推免指标的分配原则是:教育部确定的人文、理科等人才培养基地,按教育部批准的基地班招生人数50%左右确定;经学校确定的各类试验(实验)班,按学校批准的招生人数30%左右确定;其他专业按实际应届毕业生人数15%左右确定。对组织学生参加全国竞赛、向院外和校外推荐推免生以及毕业生就业指导等方面成绩突出的学院(系)给予适当名额奖励。

推免生遴选的基本条件是:(1)无任何违法违纪受处分记录;(2)成绩优秀,必修课中专业基础课、专业课无重修现象;(3)全国英语六级考试422分及以上或雅思成绩6.5分及以上或TOFEL成绩90分及以上。(4)英语专业通过专业八级考试;(5)对确有特殊学术专长或具有突出培养潜质者以及全国竞赛一等奖获得者,经三名以上本校本专业教授联名推荐,所在学院(系)推免生工作领导小组严格审查,可不受综合排名限制,但学生有关说明材料和教授推荐信要进行公示,英语要求适当放宽;(6)外语为小语种学生、艺术类专业学生、高水平运动员,要求全国英语四级考试422分及以上或雅思成绩5.5分及以上或TOFEL成绩80分及以上。

推免生综合评价体系结构是:按课程成绩占85%,科研活动能力占10%,文艺、体育及社会工作特长等占5%制定综合评价体制,全面评定学生。

通过基本条件筛选有资格参加推免生遴选的学生集,再经过推免生综合评价体系评分标准给有资格学生评分,按照评分依次从高到低排序,遴选出推免生候选人。

每年教育部下达到我校的推免生指标为1400~1500人,国家要求至少有35%学生外推到其他高校,因此,推荐到其他高校的学生为600~700人,留在本校的为800~900人。

二、系统提出的历史背景

新武汉大学成立之前,学校总人数少,推免指标也少(全校400人左右),学校对教育部下达的推免指标再分配计算、对各学院推免指标进行微调和对全校推免学生基本信息汇总的工作量不太大,基本依靠EXCEL表格完成。各学院获得推免指标更少,学院也是依靠手工或EXCEL计算学生成绩和GPA、人工核查学生四、六级成绩等信息,汇总推免学生基本信息报送学校,基本能够顺利完成这项工作。

2000年8月四校合并成新武汉大学后,推免人数翻了3~4倍,推荐人数成倍增加,以往的工作方式显然不能适应现在推荐免试研究生工作的要求,给这项工作带来了巨大的压力,同时也给学校和各学院带来大量琐碎繁重的工作。例如,学校层面存在:推荐指标分解、各学院之间指标微调和学生推免基本条件的审核、学生名单汇总、上报数据生成等方面问题;学院层面存在:成绩计算、GPA计算、学生信息输入、专业课程重修检查、国家英语六级核查以及学生综合排名等方面问题。为了使整个推免工作更加科学化、规范化、更加公正公平和高效,因此学校希望研究、设计和开发一个“推荐免试研究生网络系统”来实现全校推荐免试生的规范有效管理,从而解决好上述问题。根据问题来划分,我们重点着手解决3个层面问题,分别是:(1)学院层面问题;(2)学校层面问题;(3)上报省考试中心数据规范层面问题。系统也是依据这3个层面设计开发的。

三、问题研究和解决

1. 选择编程语言和数据库以及前期准备工作

系统总体设计开始设想采用 C/S 结构，后台数据库用 Oracle，软件开发工具为 Delphi，主要是由于我们有成功的开发经验，客户端程序开发和调试都会比较快。虽然客户端程序设计和开发变得容易了，但客户端必须安装 Oracle 的客户端驱动，用户只能在安装了 Oracle 驱动的电脑上使用，换台电脑就无法使用，需要重新安装客户端和 Oracle 驱动，给用户带来很多不便，这样系统的灵活性比较差。为了用户灵活方便使用系统，避免驱动程序安装调试，给用户呈现简单化操作，因此采用 B/S 结构开发系统，将复杂逻辑关系和驱动程序安装调试放到应用服务器上，用户可以在任意一台有浏览器的计算机上使用系统，甚至在智能手机上也可以使用。我们使用 Apache 作为 Web 服务器，后台数据库用 MySQL，用 PHP 脚本语言开发网页。由于教务管理系统后台数据库服务器是 Oracle，需要在 PHP 编程环境中安装 Oracle 驱动，PHP 才能顺利读出 Oracle 数据库的信息。

2. 解决学院层面问题

主要包括：学生成绩 GPA 计算、学生信息输入、专业课程重修检查、国家英语四、六级核查等问题。

我校 GPA(平均学分绩点)计算方法如下：

成　绩	绩　点
90~100	4.0
85~89	3.7
82~84	3.3
78~81	3.0
75~77	2.7
72~74	2.3
68~71	2.0
64~67	1.5
60~63	1.0
60 分以下	0.0

一门课程的学分绩点=该课程的绩点×学分数

平均学分绩点(GPA)=所修课程学分绩点之和÷所修课程学分之和

在实际计算 GPA 过程中，我们发现学生成绩有可能不是整数，带有一位小数，这时根据成绩判断绩点会出现问题，因此在编程时要考虑到这点。比如，学生有门课程的成绩是 89.6 分，这门课程的绩点是 4.0 还是 3.7？我们认为是 3.7，那么在设计计算绩点的函数时，应该是：成绩大于等于 85 分并且成绩小于 90 分时，绩点是 3.7。其他分数段转换绩点同理。

学生信息、专业课程成绩和国家英语四、六级成绩是通过武汉大学本科生教务管理系统获取相关数据，教务管理系统管理员从安全角度出发，同意提供 3 个只读权限的数据库视图，包括学生基本信息表、学生成绩成绩表、学生英语四、六级成绩表视图。我们的系统通过读取学生信息表视图，用户只需录入学号，就可以直接获得学生的姓名、性别、学院、专业、年级、身份证号等信息，用户不用录入这些数据，提高了录入效率，避免了错误信息录入。同时读取学生成绩表和国家四、六级成绩表的视图，经过系统处理，可以快速判断学生专业课程是否有重修，国家四、六级是否合格，不符合遴选基本条件的学生，系统会拒绝添加，弹出“不符合推免基本条件”的提示框，杜绝不合格学生进入推免研究生候选名单里。

3. 解决学校层面问题

主要包括：推荐指标分解、各学院之间指标微调等方面问题。

(1)我校推荐指标分解。按照我校制定的《武汉大学推荐优秀应届本科毕业生免试攻读硕士学位研究生工作管理办法》文件中的相关规定来分配各学院指标，为了方便计算指标，专门在 MySQL 中建立比例分配表，存储特殊专业(基地班、试验班、弘毅班)分配比例。比如，教育部批准的几个基地班，即人文科学基地班、历史学基地班、数学基地班、物理学基地班、化学基地班、生物学基地班、生物技术基地班、地理科学基地班、数学弘毅班、物理弘毅班、化学弘毅班、生物弘毅班、经济学弘毅班、计算机弘毅班分配比例是 50%(如实际人数少于招生人数，按实际人数作为基数计算；如实际人数高于招生人数，以教育部批准的招生人数作为基数计算)。还有经学校承认的各类试验(实验)班，分配比例是 30%，如数理经济与数理金融试验班、材料物理试验班等。通过这张表，可以灵活设定特殊专业分配比例，起到政策导向以及合理配置资源的作用。

建立专业人数表来存储实际各专业总人数，系统会自动剔除退学、保留学籍、休学、7 年制和 8 年制学生(7、8 年学制学生是本、硕连读或本、硕、博连读的学生)，根据年级和学制抽取当年应届毕业生，再计算出各专业实际人数。

通过比例分配表和专业人数表，计算特殊专业分配指标，从教育部下达的指标中扣除这些特殊专业的指标，剩下指标全部拿来分配给普通专业，由于普通专业太多，不可能一个一个设置比例，只需设置一个普通专业分配比例数据，系统自动按照这个比例计算所有普通专业分配指标，我们通过手动不断调整这个比例，直到将所有剩下指标全部分配完毕。在分配指标过程中要注意三点：①为了精确分配指标，普通专业分配比例会精确到小数点后 6 位。②所有按分配比例计算出来的指标可能不是整数，按照小数点后数字一律舍去原则计算指标。③一个学院有多个普通专业，我们是通过将多个普通专业人数相加后的总人数乘上普通专业分配比例得出指标，这样比分别计算多个普通专业分配的指标之和要精确得多。

(2)学校层面指标微调。建立各学院分配的总指标表，包括 3 个重要字段，分别是：总指标、外推指标、内推指标，它们之间的逻辑关系是：总指标=外推指标+内推指标，外推指标是指教育部要求 35%的学生必须外推到其他高校，就是总指标乘以 35%得到指标。内推指标是推荐到本校的指标，可以转换成外推指标，但外推指标不能转换成内推指标。总指标、外推指标、内推指标分别控制各学院最多可录入的推免生人数，包括内推人数和外推人数之和不能超过分配给各学院的指标，超过相应指标数后不能再录入学生。学院需要将内推指标转换成外推指标，必须通过学校层面的该工作管理人员来调整，学院无权调整。另外，在推荐过程中，有个别学院无法完成本学院指标(比如，有学院所有专业都是国家基地班或者是学校支持的弘毅班，按照人数的 50%分配指标，再加上学生出国深造人数多等原因，会造成学院没有完成下达的指标)，学校则会收回指标做 2 次分配，主要奖励到组织学生参加全国竞赛获得成绩的学院、毕业生就业率高的学院，这也需要对各学院指标进行微调。

四、有待改进问题

(1)GPA 计算差异性有待改进。目前系统只能对学生所有课程计算 GPA，能否根据学院需求对所有专业课程计算 GPA 或者对所有专业课程和公共必修课程进行 GPA 计算，这需要以相应的专业培养方案为依据，才能完成这类 GPA 的计算。

(2)建立一个全国大赛获奖数据库来记录我校历年历届全国大赛获奖的学生信息和获奖档次。对于获得全国重要赛事一等奖的学生可按照“对确有特殊学术专长或具有突出培养潜质者以及全国竞赛一等奖获得者”的相关要求参加推荐免试研究生遴选。根据我们这些年的工作经验，那些在全国数模大赛、电子设计大赛、智能汽车大赛(飞思卡尔)等重要赛事中获得全国一等奖的学生，其他高校很早就开始抢他们，这些学生几乎很难留校读研，因此我们觉得建立一个专用数据库，记录这些获得全国重要赛事奖励的学生信息，可以提前发现这些学生，为他们提供更好的学习条件和实践条件，努力挽留这些学生留校读研，从而为我校的专业发展和学科发展做一点贡献。

最后，系统经过几年的运行，极大提高了学院遴选学生和学校快速分解教育部下达的推免指标的效率，同时，能实时导出上报所要求的数据库格式的文件，完全达到设计要求，受到一致好评。

◎ 参考文献

[1] 梅洛尼 . PHP、MySQL 和 Apache 入门经典[M]. 北京 : 人民邮电出版社, 2013.
[2] 杜江 . PHP 与 MySQL 高性能应用开发[M]. 北京 : 机械工业出版社, 2016.
[3] 林龙健 . 项目驱动式 PHP+MySQL 企业网站开发教程[M]. 成都 : 西南交通大学出版社, 2016.

·教育政策与管理·

“立德树人”引领下的高校校园网络文化建设

陈伟亚

(武汉大学 教育科学研究院，湖北 武汉 430072)

摘 要：以“立德树人”理念为引领，构建积极健康的高校校园网络文化，是高校践行立德树人根本任务的必然要求。但是当前高校网络平台建设落后、校园网络文化混乱，引领性不足、校园网络文化监管不善等问题依旧突出。因此要以立德树人为引领，打造高校网络平台、创新完善网络机制、加强网络平台监管，营造“立德树人”的高校校园网络文化，助推高校完成立德树人的根本任务，培养出德才兼备、全面发展的社会主义合格建设者和可靠接班人。

关键词：立德树人；校园网络文化；网络平台

With The Guidance of “Fostering Morality and Cultivating Talents” College Cyberculture Construction

Chen Weiya

(Institute of Educational Science, Wuhan University, Wuhan, Hubei, 430072)

Abstract: It is an inevitable requirement for colleges to practice the basic task of fostering morality and cultivating talents, with the guidance of the concept of “fostering morality and cultivating talents” and building an active and healthy campus cyberculture. However, currently, the problem of backward of college's network platform construction; campus cyberculture disorder, lack of leadership; the poor supervision of the campus cyberculture are still outstanding. Hence, with the guidance of the concept of “fostering morality and cultivating talents”, create college network platforms, innovate and improve the network mechanism, enhance the network platform supervision to create a “Fostering Morality and Cultivating Talents” campus cyberculture, to help colleges to complete the basic task of fostering morality and cultivating talents, cultivate socialist qualified builders and reliable successors with both political integrity and professional competence.

Key words: socialist qualified builders and reliable successors; College Cyberculture; network platform

网络，作为高校学生生活的“新常态”，与校园文化相碰撞形成新型校园文化——校园网络文化，是师生交流的新载体，是学校进行教育和管理的新渠道，是学生发展的新平台，是学校文化软实力的新拓展。作为一种隐形文化，校园网络文化正在潜移默化中深刻影响着学生的成长成才，对学生的发展至关重要。因此，立足于立德树人理念，构建高校校园网络文化，有力助推高校完成立德树人的根本任务，

收稿日期：2018-03-04

作者简介：陈伟亚(1994—)，女，河南人，武汉大学教育科学研究院硕士研究生，主要从事教育经济与管理研究。

培养出德才兼备、全面发展的社会主义合格建设者和可靠接班人。当前高校校园网络文化依旧存在诸多问题，网络时代，高校如何在立足于立德树人根本任务的情况下克服苦难，构建积极健康的校园网络文化，值得我们深究。

一、内涵解析

(一)立德树人

2012 年 11 月党的十八大首次提出要把立德树人作为教育的根本任务，培养德智体美全面发展的社会主义建设者和接班人；2017 年 1 月国务院印发的《国家教育事业发展“十三五”规划》中将“坚持立德树人”作为教育现代化的基本原则之一，并提出了全面落实立德树人根本任务的七个方面；2017 年 10 月召开的十九大中，习近平再次强调要“落实立德树人根本任务”。

立德树人作为高校的立身之本，是关于高校“培养什么样的人，怎样培养人”最基础问题的解释，其中包含“立德”和“树人”两方面的含义，教育中应该立什么样的“德”，树什么样的“人”，这是我们探讨教育“立德树人”的根本任务之前首先要明确的最基本问题。

首先，立什么样的“德”。《左传》云：“太上有立德，其次有立功，其次有立言，虽久不废，此之谓不朽。”说明人要想永垂不朽，最好的方式就是树立德行，可见中国传统文化中对于德行的重视。中国传统文化中“德”的具体内涵是指包括“仁义礼智信”的传统道德，而随着时代的变迁，“德”的内涵也发生了相应的变化。当前“德”主要是指以社会主义核心价值观为基础的社会公德、职业道德、家庭美德和个人品德。其次，树什么样的“人”。管仲曰：“一年之计，莫如树谷 ；十年之计，莫如树木 ；终身之计，莫如树人。一树一获者，谷也；一树十获者，木也；一树百获者，人也。”这句话反映出管仲对于百姓教化的重视，也体现出树人的艰巨性和长期性。习近平指出：“我国高等教育肩负着培养德智体美全面发展的社会主义事业建设者和接班人的重大任务，必须坚持正确政治方向。”①说明我们所要树的人是德才兼备、全面发展的人才。

树人为本，立德为先，要成才，先成人。立德是人之根本，树人要以立德为基础。将立德树人作为教育的根本任务，而不是“立才树人”，这正说明了“德”在教育中的重要性，同时“树人”也强调了人的全面发展的重要性，立德树人不仅要求提高学生的思想道德水平，还要强化学生实践动手能力、身体锻炼、文化修养、生态文明素养、综合国防素质。综上，“立德树人”即是指培养德智体美全面发展的社会主义合格建设者和可靠接班人。

(二)校园网络文化

中国互联网络信息中心(CNNIC)2017 年 8 月 4 日发布的第 40 次《中国互联网络发展状况统计报告》显示，截至 2017 年 6 月，中国网民规模达到 7.51 亿，互联网普及率为 54.3%；中国网民中 20~29 岁年龄段的网民占比最高，达 29.7%；学生群体占比仍然最高，为 24.8%。当前大学生的互联网使用已普及，网络成为高校中的重要媒介，网络与校园的碰撞，产生了以高校师生为主体的校园网络文化。

校园网络文化是网络文化与校园文化的结合，是校园文化的新形式，是师生交流的新载体，是学校进行教育、管理的新渠道，是学生发展的新平台，是学校文化软实力的新拓展。校园网络文化作为一种学校的精神文化，除了具有校园文化的隐蔽性、互动性、渗透性和传承性之外，还具有网络文化的虚拟

---

① http://www.xinhuanet.com/mrdx/2016-12/09/C_135892530.htm.

性、互动性、开放性、发展性、辐射性。高校校园网络文化是以高校为阵地，以受教育者、教育者、管理者为主体，以微信、微博、APP、网站、QQ 等互联网媒介为渠道的，传播或获取信息、知识，实施对学生教育和管理的现代化文化传播形式，是当前高校校园文化传播的最主要形式。

(三)立德树人与校园网络文化

立德树人与校园网络文化有着十分紧密的关系。首先，由于校园网络文化的复杂性，更需要“立德树人”理念的引领，只有在“立德树人”理念的引领之下，才能保证高校校园网络文化的良好、健康发展。其次，良好、健康的校园网络文化可以促进高校“立德树人”根本任务的实现，通过网络新媒体，打造积极健康的校园网络文化，为实现高等学校立德树人的根本任务创造有利环境。

因此，当前高校管理中不仅要紧跟时代打造校园网络文化，还要立足于“立德树人”根本任务，围绕育人主题，培养社会主义合格建设者和可靠接班人。

二、当前高校校园网络文化存在的问题

(一)高校网络平台建设滞后

校园网络平台是校园网络文化的主要阵地，主要有网站、APP(手机应用)、微信公众号、微博、博客等形式。高校可以利用这些网络平台进行思想教育、知识教学、学生与教师管理、课程与教学管理、图书管理、信息宣传等活动，它们高效又便捷，是高校进行教育和管理的有效渠道。但是就目前的实践情况来看，高校的网络平台建设存在很多问题。

首先是网络平台形式单一，技术落后的问题。据了解，高校使用最多的网络平台形式就是建立学校网站，这种形式几乎已经覆盖到了每一所大学，各高校都有自己的网站，每个学院也几乎建有自己学院的网站，并设有数字图书馆、网络精品课程等网站。但是随着移动互联网的发展，人们越来越习惯于用手机浏览信息。第 40 次《中国互联网络发展状况统计报告》指出，截至 2017 年 7 月，手机网民占比达 96. 3%，与移动互联网的主导地位形成鲜明对比的却是，少有高校能够建立起自己的手机应用，即使部分学校开发了 APP，也大多存在卡顿、交互性低、网络不稳定等技术问题。其次是网络平台内容僵硬，形式单一，缺乏活力，无法吸引学生，学生只有在存在必要需求时才会浏览学校的网络平台，平时很少关注。

(二)高校校园网络文化混乱，引领性不足

互联网技术、移动信息技术的发展，使人们获取信息的方式更加快捷，对于人手一部智能手机的大学生来讲，大量良莠不齐的信息涌入他们的视野。由于网络流行文化的娱乐性、通俗性、符号性、易传播性等特点，它们很快吸引了大学生的眼球，尤其是各种八卦娱乐新闻，深受部分高校大学生的喜爱，成为学生之间讨论和关注的热点。更有各种暴力、色情、变态扭曲的不良价值观通过网络流入高校校园，高校校园网络文化呈现一种混浊、不透明的状态，良莠不齐，参差不一。此外，高校所建立的网络平台大多是用于教务管理、财务管理、后勤管理等学校管理方面，目的是提高学校管理的效率，功利主义倾向明显，缺乏对学生进行思想政治等教育的网络平台。因此，高校目前已有的校园网络文化呈现出良莠不齐的混乱状态，引领性不足，更没有充分体现出高校“立德树人”理念，不利于高校立德树人根本任务的落实。

(三)高校校园网络文化监管不善

当前高校并没有形成统一完善的校园网络文化建设机制，各部门之间的网络平台建设依旧存在各自为政的问题，也未建立起行之有效的网络监管机制，缺乏专业的网络工作人员对校园网络资源进行统筹、监督和控制。高校对于学生主导的校园网络平台缺乏信息过滤和审核，虽然学生组建的网络平台更容易吸引学生关注，信息更新及时，吸引力强，但是由于没有得到学校相关部门的正确引导，很容易偏离“立德树人”的轨道，越走越远。

以校园微信公众平台为例，各高校或学院几乎都建有微信公众号，主要由学校学生会成员进行日常运行和管理。但是由于微信本身监管不善，加上高校对于校园内微信公众平台的监管力度不足，以及网络本身所具有的隐蔽性、随意性、虚拟性等特点的影响，微信平台质量不高，平台盲目迎合学生心理特点，呈现出娱乐性、戏谑性的特点，教育性特点不足。

三、建设“立德树人”的校园网络文化的对策

(一)以“立德树人”为引领是建设校园网络文化的本质要求

“立德树人”作为高校的立身之本，是高校教育的基本任务，是学生发展的必然要求，也应该是校园文化的主旋律。立德树人的理念，要求高校在校园网络文化建设中弘扬以社会主义核心价值观为基础的社会公德、职业道德、家庭美德和个人品德，不仅要注重提高学生的思想道德水平，还要强化学生的实践动手能力、身体锻炼、文化修养、生态文明素养、综合国防素质，打造健康积极的高校校园网络文化，培养德智体美全面发展的社会主义合格建设者和可靠接班人。

例如华南师范大学创新构建了“互联网+立德树人”大学生思想政治教育模式，建立了“青网计划”工作坊，以“华南师大紫荆青年”微信公众平台为核心，搭建覆盖全校学生的党团学微平台矩阵，开展互联网+贫困助学、互联网+文明志愿者工作，在校园中十分具有影响力，广大同学参与其中，培育了健康向上的网络舆论生态。华南师大主动构建线上活动，引领校园网络文化，让以社会主义核心价值观为核心的理念占领校园网络主流文化阵地，同时采取线上与线下相结合的模式，让“立德树人”理念引领校园网络文化，在实践中感知、践行“立德树人”理念，既是一堂德育课程，也提高了学生的实践能力、创新能力，同时也锻炼了身体，促进了大学生全面发展。

因此，高校构建的校园网络文化，一定是基于“立德树人”的理念之下的健康、和谐、绿色、充满正能量的文化，要注重网络平台的宣传作用，大力推进社会主义核心价值观，以积极的声音引领网络舆论方向。同时避免将校园网络平台功利化，功利本身并没有错，但是如果过分强调网络平台的实用性，而忽略其隐性价值，就会导致校园网络文化的功利主义盛行。

(二)打造高校网络阵地是建设校园网络文化的基本途径

面对信息网络、移动互联网的冲击，占领学生网络资源，把学生从社会网站吸引到校园网络平台上来，对于高校的教育、教学管理都具有重大意义。因此，高校必须立足于时代发展前沿，创建校园网络平台，打造以微信、微博、微视频、客户端等新型媒体为重点的互联网平台，形成更大的积极舆论覆盖面和更强的宣传影响力。打造高校网络阵地，不仅提高了高校现代化、信息化管理水平，同时也是主导校园网络文化的主要途径，为“立德树人”工作的开展提供了优质的线上平台。

打造高校网络阵地对于高校来说既是一个机遇，同时也是一项巨大的挑战。首先，高校要充分认识

到校园网络文化对于学校发展的重大意义，将其纳入学校总体规划中，将校园网络文化节作为一个系统工程来建设，建立高校网络平台的总体规划，并成立专门组织；高校网络中心、党委宣传部、学生工作处、校团委等各部门要分工明确，相互配合，调动高校全员参与其中；同时还必须有一批专业的网络技术人员负责网络后台管理，确保平台系统稳定等。

(三)创新完善网络机制是建设校园网络文化的不竭动力

坚持立德树人的根本任务，建立完善的网络激励、考核、培育机制，将师生的关注点引入校园网络之中。对校园网络文化建设较好的单位要进行奖励、表彰，并将其纳入考核评价体系当中，作为绩效考核中的重要指标之一，由此激励师生积极主动参与校园网络文化建设，在实践中又能提高学生的实践创新能力，是贯彻落实“立德树人”根本任务的途径之一。完善机制，从制度层面约束师生的同时，激励师生共同投入校园网络文化建设中，为其提供原动力。

在此方面做出表率的是电子科技大学，作为教育部首批高校校园网络文化建设试点学校之一，电子科技大学坚持立德树人的根本任务，立足学校电子信息学科背景，建立了完善的激励、考核、培育机制。将“网络文化活动”纳入学校“先进工作者”、高级专业技术职务评选、学生优秀组织评选、辅导员工作考察当中，并出台了“网络文化建设支持计划”、“网络文化建设课题申报计划”等，划拨专项资金，对优秀的网络名师、网络平台、研究课题等给予大力支持，调动了师生参与网络文化建设的积极性，有力地推进了校园网络文化生态的建设。

(四)加强对网络平台监管是建设校园网络文化的安全保证

网络平台的隐蔽性、虚拟性、开放性特点很容易成为不良文化滋生的场所，不善的监管易让不良文化混入校园网络平台中，一旦这个缺口被打开，大量不良信息和价值观涌入学生的视野，将对学生的身心健康造成严重伤害。正所谓网络是一把双刃剑，只有有效的监管才能保证发挥好这把双刃剑的有利面。因此，加强对网络平台监管是建设校园网络文化的必然要求。

高校网络平台作为高校教育的一种形式，不同于一般的社会性网络平台，对其监管力度更大。与社会性网络平台不同，高校的网络平台必须实行前台匿名，后台实名制，平台管理人员一旦发现不良言论要及时删除，并锁定具体人员，进行针对性教育；制定《高校学生网络行为准则》等相似性质的文件，约束学生校园网络言行；根据网民的跟风性特点，要建立起高校网络评论员队伍，发展一批思想道德水平高、素质过硬、政治敏感度高、有责任心、有使命感的学生作为网络评论员，发表正能量评论，有效引领校园舆论朝着积极、健康的方向发展；在校园网络平台监管中引入网络监控技术，动态堵截技术、信息安全防范及保护等先进技术，利用信息识别、关键词过滤、不良信息自动报警等监控系统对校园网络信息实施监管；学生可以成立积极向上的自媒体，但是须向学校提出申请，并接受学校的监管。

◎ 参考文献

[1] 杨伯峻．春秋左传注(第三卷)[M]．北京：中华书局，2004：55.

[2] 王学俭，杨昌华．立德树人：中国特色社会主义高校的立身之本[J]．新疆师范大学学报(哲学社会科学版)，2018(1).

[3] 毛殊凡．做好新形势下立德树人工作[N]．中国教育报，2015-04-01(6).

[4] 王秀彦．高等学校立德树人的实践探索——北京工业大学“立德—立业—立人”育人模式[J]．教育研究，2014，35(10).

[5] 吴春燕．用“互联网+”立德树人[N]．光明日报，2016-06-20(4)．
[6] 电子科技大学坚持立德树人根本任务，努力探索网络育人新途径[J]．高校辅导员，2015(4)．
[7] 朱松梅．论网络时代高校立德树人长效机制的建构[J]．河南师范大学学报(哲学社会科学版)，2014，41(2)．
[8] 陈怡，王军．校园网络文化语境下的高校思想政治教育[J]．思想教育研究，2011(7)．
[9] 骆郁廷．校园网络文化的发展与创新[J]．思想政治教育研究，2011，27(1)．
[10] 王文昇．校园网络文化与高校和谐校园建设[J]．电化教育研究，2010(7)．

·教育政策与管理·

浅析我国综合性大学教育学院的发展

曹　仪

(武汉大学　教育科学研究院，湖北　武汉　430072)

摘　要：我国高等教育布局在建设"双一流"影响下正不断进行调整，综合性大学教育学院由于起步较晚，面临着生存和发展的挑战。本文通过着眼综合性大学教育学院发展的现状，分析其自身发展的优势与不足，寻找其更适合的发展方向，促使其结合前景性发展市场、综合性学科发展等特点，打造教育学强势学科，兼顾发展又突出特色。

关键词：综合性大学；教育学院；学科发展

The Development of the Comprehensive University Institute of Education Research in China

Cao Yi

(Research Institute of Educational Science, Wuhan University, Wuhan, Hubei, 430072)

Abstract: The construction of our country higher education layout in "double top" is under the influence of constant adjustment and comprehensive university institute of education, due to a relatively late start, is facing the challenge of survival and development by focusing on the development of education college. This study analyzes its advantages and problems on its own development, to find a suitable development direction. To promote its combination of prospect development market and comprehensive discipline development, etc. To make a strong pedagogy discipline, and highlight the features while developing.

Key words: Comprehensive university; Institute of education

2016年以来，全国范围内连续有几所综合大学撤销了教育学院，使"双一流"建设背景下综合性大学教育学院生存与发展的危机成为人们关注的焦点。综合性大学的教育学院和教育学科是否有存在的价值？是否有生存的能力？本文试图对此做一些探讨。

一、综合性大学教育学院的问题与危机

(一)学校内部的边缘化处境

综合性大学学科齐全、办学规模宏大、科研实力强劲、综合实力强大，因此在拥有齐全学科体系的

收稿日期：2017-11-16

作者简介：曹仪(1995—　)，女，河南漯河人，武汉大学教育科学研究院，高等教育学专业硕士研究生，研究方向为高等教育管理、研究生教育。

综合性大学中，教育学院并不具有与医学院、理学院、文学院等同等的专业地位，其教学、科研的影响力都较小，因此在学校的资源分配中往往也处于劣势。教育学院在综合性大学内部极容易面临地位边缘化的这种局面[1]。甚至在同一所综合性大学中，教育学院的学科研究常被视为是研究领域而非学科，因此其所受到的尊重和重视程度比医学、法律、工程和文理等传统学科要低。

2014 年全国高校社科统计资料汇编的数据显示，我国所有综合性大学中人文、社会科学活动类的经费总数为 5729902.97 百万元，教育学经费投入为 225586.06 百万元，仅占人文社科类总研究经费的 3.94%。此外，与其他学院不同，教育学院最初并不是作为一种探索知识、追求高深学问的学术研究机构，而是以教师职业训练机构出现的[2]。这样的产生背景势必使教育学院在综合性大学中难以与其他学院并驾齐驱，其被边缘化的处境又会进一步引发教育学院在整个学校中话语权缺失、在教育资源分配上处于劣势，进而导致整个教育学院发展后劲不足的恶性循环。

(二)教育系统内部的弱势地位

由于我国教育学院起步较晚，尤其是综合性大学教育学院大多是在 1999 年我国高校扩招之后才相继建立，相比其他自然科学等传统学科缺少必要的科研经费与支持。综合性大学教育学院相较于师范类大学的教育学院在整个教育系统内部处于相对弱势的地位。我国师范类大学的教育学院已形成了完整的自身系统，支撑我国基础教育的发展，因而相比综合性大学有更绝对的主导地位和话语权。综合性大学教育学院在教育学界尤其是在基础教育领域中的地位还远远不能与师范大学相比。我国综合性大学教育学院已经完成了基本体系的构建，其中只有北京大学、浙江大学、厦门大学、华中科技大学等少数综合性大学教育学院在高等教育学、教育经济与管理等学科方向上发展势头强劲。目前我国综合性大学的教育学院尚处于起步发展阶段，部分大学虽然有高教所，但并不招收教育学本科生，部分综合性大学的教育学院并不承担人才培养的任务，仅仅定位于决策咨询机构层面，比如同济大学、电子科技大学高教所。[3]

(三)自身发展实力与规模欠佳

学术学科教授认为，教育在学术上不如学术学科严谨，换句话说，在教育类的课程中尤其是教师教育的课程中所讲授的内容是平庸而简单的。这一点决定了教育在学术科层制中的低下地位。由此也造成大学忽略教育学院，将其置于次要位置的现象。这些都使得教育学院无法获得更多的支持和资源，并因此造成一种恶性循环。[4]就发展规模而言，很多综合性大学教育学院的规模还很小，比如西安交通大学、东南大学、重庆大学等高教所，专职教师不足 10 人。[5]此外，根据 2014 年全国高校社科统计资料汇编的数据，在我国综合性大学人文、社会科学人员的总统计人数为 150149，而在其中教育学院人员总数仅为 9881，占我国综合性大学人文社科类总研究人数的 6.58%。可见，目前我国大部分综合性大学教育学院内部自身的组织机构、学科专业、发展平台、师资配备等都需要进一步加强建设，功能发挥也亟待拓展。在综合性大学中，教育学院大多由于起步晚，发展尚未受到足够的重视，规模较小、整体的发展水平和势头不是很好。在学校综合排名评估中，很多综合性大学新设的教育学科排位并不靠前，在一定程度上可能影响了学校排名与声誉，继而陷入自身发展水平尚未发展又得不到足够重视的恶性循环之中。

以上问题在双一流建设背景下演化成了生存危机，但在综合性大学教育学院生存“阴影”下，我们更应关注综合大学教育学院的特色与价值。

二、综合大学教育学院的特色与价值

（一）多学科交叉

高等教育研究最为重要的特点是其对于学科的超越，学科互动、交叉、融合与渗透是教育学学科发展的重要方向与途径。综合性大学教育学院的发展需要充分考虑教育学学科发展的特点，利用自身多学科的研究背景促进教育学的多学科研究，实现高等教育学学科建设中的教育问题域的多元化扩展和学科边界的拓展。教育学科研究方法上应更加强调多学科（跨学科）研究和交叉研究。多学科方法是教育研究的基本方法，教育学科的研究更应该紧抓综合性大学不同学科背景研究的优势，充分实现传统单一教育学研究背景的孤立研究，促使综合性大学的教育学院转向真正地研究开放社会科学的研究领域。综合大学教育学院的高等教育研究，从研究领域出发，不仅仅是一个学科，而是一个跨学科，问题和对象导向的研究领域，这一领域的理论和方法被一系列的不同学科所影响。因而其自身综合性的学科研究基础与优势，能够为其教育学的研究与发展提供广泛的优势，相应地其也会相较于传统的师范院校有更多的研究领域，会考虑到公众和社会对于高等教育研究的影响问题。

（二）学科发展与校本服务相结合

教育学是一门应用性极强的学科，它的主要任务是研究和解决高等教育改革和发展中的实践问题，通过对于实践问题的研究而积累知识，从而为学科知识理论体系的构建提供支撑。[6]综合性大学的教育学院发展教育学专业，更加需要充分关注教育学的应用实践的特性，意识到结合自身特色的校本研究是自身加快特色学科发展的必然选择。综合性大学的教育学院与传统师范类学校教育学院的发展核心竞争力是无法相互“复制”的，各个综合性大学的教育学院要想拥有一席之地，特别是在“双一流”建设大潮中逆流而上，就应当结合学校以及区域实际，减少近距离的同质化竞争，[7]同时要结合所在学校的实际，根据学校办学目标和既有特色优势学科，发展嫁接或杂糅方式的校本研究，充分实现交叉融合式创新发展。此外，综合性大学有着极强的服务理念，能够更好地发挥教育学院对于学校校本服务发展的支持作用。

三、综合性大学教育学院的发展前景及举措

博耶认为：“一所高质量的大学必定有一个明确的而且是生气勃勃的办学目标，所以，它不可能是满足所有人所有要求的大杂烩，它需要在众多的要求下作出选择并确定哪些是应优先考虑的重点。”[8]综合性大学中教育学院的发展同样如此，在清晰定位其自身发展优劣势的前提下，其发展前景及举措可有如下几点：

（一）利用学科优势，构建独特学术生态

综合性大学自身实力雄厚，往往具备较多的科研经费与国家政策支持措施，政府可适当调整和重视人文社科类教育经费的支持与补助；社会也可设立第三方独立的关于教育学院经费的社会团体基金项目；综合性大学自身更应该认清在科研经费需要上发展的不平衡性和整体水平的欠缺性，通过在管理上沟通信息，协调各方完善制度，提高教育学院经费的利用效率，扩大资源共享。总之，综合性大学教育学院的发展壮大需要相应适度地平衡学校内部学科发展的经费分配，发挥综合大学研究优势，构建独特的学术生态，重视建设教育学院内的硕士博士点、博士后科研流动站、国家（省级）重点学科、文科研究基地、

专业刊物等，权衡综合大学内部各个学院硕博士点、重点与优势学科、各类研究基地等以及所在社区和城市的相关资源的配置。由此，为促进综合性大学教育学院的发展，国家应认识到重理轻文影响下教育经费分布的不均衡性，资源的流向以学校建设战略为主导，因此在资源配置上通过竞争配置经费资源，是整合经费资源形成良性竞争的重要方式。

(二)凝练学科特色，凸显独特价值

综合性大学教育学院与师范类院校教育学院相比，在专业与学科融合度的交叉式发展中具有自身的发展优势。因此综合性大学教育学院在教育学专业与学科发展上需要充分利用所在综合性大学门类齐全、专业基础雄厚、教学与实验设施完备、基础研究扎实、学科之间渗透性强、融合性高、社会声誉良好等的优势，形成自身教育学学科的特色，对教育学学科的发展起到有效的正向推动作用。合理利用和融合综合性大学内部多样的优势学科与专业促进教育学学科与专业的发展，充分形成我国综合性大学教育学院开放、多融合、多层次、多规格、多形式的专业与学科发展格局。综合大学教育学科的学术研究要回归到以研究学校内部问题和人才培养规律为主的轨道上。近年来，我国教育学科得到了迅速发展，尤其是综合性大学教育学院将教育外部规律和宏观问题(例如教育政策、教育战略、教育管理、教育与经济、法律、社会)逐步作为研究的重心。与此同时，有关教育内部问题和人才培养规律的研究(学校组织、教师、学生、课堂教学、课程建设)未能得到充分关注。由此，综合性大学的教育研究应在充分立足于自身多学科、宏观研究优势的基础上，更多地关注教育领域的中观与微观问题，使自身成为高水平教育研究基地。提高学术水准，不宜过分强调教育研究的社会科学化，过分强调教育研究的多学科性与跨领域性，应该强调教育研究的基本范式、基本价值、基本问题。

(三)提高服务意识和能力，营造更好的生存环境

综合性大学教育学院大多不招收本科生，除少数综合性大学举办教育硕士、博士学位研究生班外，大多数综合性大学教育学院都未发展师范本科专业。此外，文科类学生跨专业成本较低，教育学院学生的录取标准相对不高，因而综合性大学教育学院的发展需要重视教育学院的生源质量，审慎考量教育学院学生的统一录取标准、调剂比例、第一志愿填报率、保研率、转专业率等指标，努力提升教育学院录取学生的综合实力与竞争力，吸纳优秀学生促进教育学院的发展与优化，从而为教育学院的发展营造优质的生存环境。此外，创建综合性大学教育学院良好的服务生存环境对于教育学院的发展有着重要的意义，教育内外部关系规律正是强调了由外而内、内外并进的模式。只有自由的生存环境，充分的服务意识与理念，才会有教育学院发展的外部建制的保证，进而可以推进内部建制的进行。构建教育学院发展的服务性，完善教育学院的治理结构，规范其管理体系，加强组织建设，从而形成服务意识强、民主自由的空间格局。

(四)探索综合大学教师教育模式，吸纳一流师资团队

一流的师资团队是一个学院发展的根本保障，我国综合性大学在成立教育学院之初，都致力于培养建设完备的师资团队，但由于缺乏办师范院校系统的教育类师资团队的条件，在教育学院的师资上虽然也引进了几名教育学科的人才，但都没有办师范院校的成套体系和机制，许多教育学院处在大学的边缘，没有真正地建设起来。针对综合性大学教育学院师资规模小，专职人员少的问题，教育学院的发展需要极其重视依据现有师资力量，根据其优劣势定位与发展需要适时适当借用外部人才力量努力配置优秀师资队伍，例如加州大学伯克利分校引入竞争性工资机制，采用高于目标学校工资的工资标准，一次性住房补助等灵活的工资机制，吸纳各地优秀学者与年轻教师。吸纳一流师资团队是教育学院发展建设的基

础，师资团队首先应重视学科带头人的选择，学科带头人选择应以学科研究居于学科发展前列，理论水平高且兼具理论研究与实战经验，在专业领域具有一定学术权威和较强协作能力的人为主。此外，综合大学教育学院的师资团队建设也应注意学院内学科教师的学科方向、研究水平、协作能力及学历、职称及年龄构成，从而在吸纳一流教师的基础上，形成在学历、职称、年龄、学科研究方面结构合理、团结协作的师资团队。

总而言之，我国综合性大学教育学院的发展必然有其优势也有其不利的发展因素，在“双一流”的背景下，综合性大学教育学院因其发展相较于传统学科学院起步晚，由此受到了更多的挑战，但其自身拥有良好的基础与条件，无论市场需求定位于基础教育领域还是高等教育领域其都有高学历市场人才培养的优势，同时其对于整个学校的办学方向与办学理念都有积极影响。综合性大学教育学院发展为具有更加强势学科与专业的学院势必需要一定的时间积淀，必须积极应对面临的挑战和问题，在结合自身实际优势的同时，认清自身发展的劣势，明确定位，从而为自身的发展提供一个明确的“参考系”与“坐标系”，既能主动发挥自身优势又能规避劣势，促进自身更好地稳步发展与完善。

◎ 参考文献

[1] 杨跃. “教师教育”的诞生——教师培养权变迁的社会学研究[M]. 桂林：广西师范大学出版社，2011.

[2] 张斌贤. 论高等师范院校教育院系的重建[J]. 高等教育研究，2006(6).

[3][4] 包水梅. 我国研究型大学教育学院发展战略探析[J]. 学术论坛，2012(8)：219-223.

[5] 周钧，朱旭东. 美国大学教育学院：教师教育大学化的亚制度问题研究[J]. 外国教育研究，2006(6)：49.

[6] 张应强. 我国高等教育改革的反思和再出发[J]. 深圳大学学报(人文社会科学版)，2016(1)：140-155.

[7] 张应强，郭卉. 论高等教育学的学科定位[J]. 教育研究，2010(1)：39-43.

[8] 博耶. 美国大学教育：现状·经验·问题及对策[M]. 复旦大学高等教育研究所，译. 上海：复旦大学出版社，1988.

[9] 赖红梅. 我国教育学院机构建制的历史演变与改革研究[D]. 福州：福建师范大学，2008.

[10] 闫建璋，卫建国. 我国大学教育学院发展模式探析[J]. 大学(学术版)，2010(5)：40-46.

[11] 罗蕴丰. 我国非师范院校教育学院发展问题研究——基于生源质量的视角[J]. 教育现代化，2016(24)：299-303，306.

[12] 张杰. 构建现代教育服务体系：教育学院可持续发展之路[J]. 中国成人教育，2012(1)：23-25.

·教育政策与管理·

政府主导下的幼儿教师继续教育责任分担与投入体制改革

——基于幼儿教师继续教育产品属性分析

李　营

(黄石市教育科学研究院，湖北　黄石　435000)

摘　要：幼儿教师继续教育关系幼儿教师终身发展，涵盖其入职培训和在职培训全过程，对我国幼儿教育发展，提高幼教质量有着不可替代的作用。对幼儿教师继续教育准公共产品属性的认识，有助于理清责任关系，建立政府主导，多方参与的投入体制，为幼儿教师继续教育的持续发展奠定基础。

关键词：幼儿教师继续教育；经济属性；财政；责任；投入

The Burden Sharing and Education Investment System Reform by Government Guiding: Basis on an Analysis of Characteristic of the Product of Preschool Teachers' Continuing Education

Li Ying

(Institute of Education Science, Huangshi, Hubei, 435000)

Abstract: The continuing education of preschool teachers is related to the lifelong development of preschool teachers. It covers the whole process of orientation and on-the-job training, playing an irreplaceable role in the development of education and improving the quality of preschool education. The understanding of quasi-public products attribute of preschool teachers' education can help us to clarify responsibilities, to establish a system that includes government-leading and multi-participation. This system can lay the foundation of sustainable development of preschool teachers' continuing education.

Key words: Preschool teachers' education; Economic attribute; Finance; Responsibility; Investment; System

我国的幼儿教育进入飞速发展阶段，据《2016年全国教育事业发展统计公报》，2016年"在园儿童(包括附设班)4413.86万人，比上年增加149.03万人。幼儿园园长和教师共249.88万人，比上年增加19.56万人。"[1]幼儿教育正向《国家中长期教育改革与发展规划纲要(2010—2020年)》提出的基本普及学前教育的目标迈进。一方面，幼儿教育在市场需求和国家的大力鼓励下，呈现规模发展，另一方面，幼儿教育存在"入园难、入园贵"等问题。无论是普及学前教育、建设普惠幼儿园、提高教学质量、实现教育公平，

收稿日期：2018-04-02

作者简介：李营(1979—　)，女，湖北黄石人，湖北黄石市教育科学研究院副研究员，教育学博士，研究方向：教育基本理论。

都离不开幼儿师资建设，优秀幼儿教师是幼儿教育健康、持续发展的保障。因此，有必要对幼儿教师继续教育属性进行分析，理清各方关系，推动幼儿教师继续教育发展。

一、幼儿教师继续教育的经济属性

幼儿教师继续教育是关系幼儿教育质量和发展的关键因素，长期以来有关幼儿教师继续教育的研究多集中在课程设置、管理体制、教师专业化等问题，而对幼儿教师继续教育的经济属性讨论不多。对幼儿教师继续教育属性认识的缺失，导致幼儿教师继续教育中政府、幼儿园、教师责权不清，也使我国幼儿教师继续教育在城乡、地区、民办、公办幼儿园之间出现发展不均衡。对幼儿教师继续教育的经济属性进行分析，可以明确幼儿教师继续教育中政府、社会和个人的多方责任。

公共产品理论认为，纯公共产品具有以下特性：一是不可分割性，即社会共享，不可分割。二是消费的非竞争性，即每增加一个消费者不影响他人消费量。三是收益的非排他性，即一人享用，其他人也同时受益。私人产品则与之相反，具有可分割性、消费的竞争性和受益的排他性。准公共产品则介于两者之间，具有部分公共产品和私人产品的属性。

幼儿教师继续教育是教师继续教育的一个分支，首先具有教师继续教育的一般属性。教师继续教育既包括入职培训也包括职后的培训、研修等，贯穿教师职业生涯的全过程。教师继续教育不但对教师个人专业成长有利，也提高了教育质量，对社会有益，因此具有公共产品的不可分割和受益的非排他性。教师继续教育包含学历教育和继续培训，具有一定排他性和竞争性。教师接受教师继续教育后，能获得任职资格并领取工资，得到私人上的经济收益，可见教师继续教育同时具有一定的私人产品属性。

其次，幼儿教师继续教育还受到幼儿教育发展的影响。幼儿教育作为基础教育重要一环，在提高全民族素质，解决城镇化进程中幼儿家庭监管和教育困境，实现社会稳定等方面起到重要作用。但由于历史、经济发展等原因，目前幼儿教师待遇较其他职业的私人收益低，加之工作累、责任大，许多毕业生不愿意从事幼教工作，其工作的竞争性和排他性明显低于其他职业。

所以，幼儿教师继续教育是准公共产品，且公共产品属性大于私人产品属性。

二、我国教育财政投入体制对幼儿教师继续教育的影响

幼儿教师继续教育，是众多利益相关者参与的过程，作为准公共产品的幼儿教师继续教育，政府主导地位的缺失，使幼儿教师队伍建设出现了困境：一方面国家急需优质幼儿教师，另一方面是幼师毕业生少，幼儿园留不住人的尴尬局面。

（一）政府财政投入不足影响幼儿教师继续教育发展

政府对幼儿教育及幼儿教师继续教育的经费投入不足。《中国教育经费统计年鉴 2014》显示，我国用于幼儿教育的国家财政性教育经费投入为 862 亿元，幼儿教育经费总投入量为 1758 亿元，用于幼儿教育的财政性教育经费投入和教育总投入均处于各级各类教育投入的末端[2]（分别见图 1 和图 2）。到 2011 年我国学前教育经费占 GDP 的比重才突破 0.04%，财政性学前教育经费占教育财政性经费的比例近年来一直在 3% 左右的水平，而国际经济合作与贸易组织（OECD）成员国早已达到 7%~10%[3]。本已不足的幼儿园投入很多被用于校舍改造、书籍及教学设备购置等方面，教师继续教育经费更是捉襟见肘。

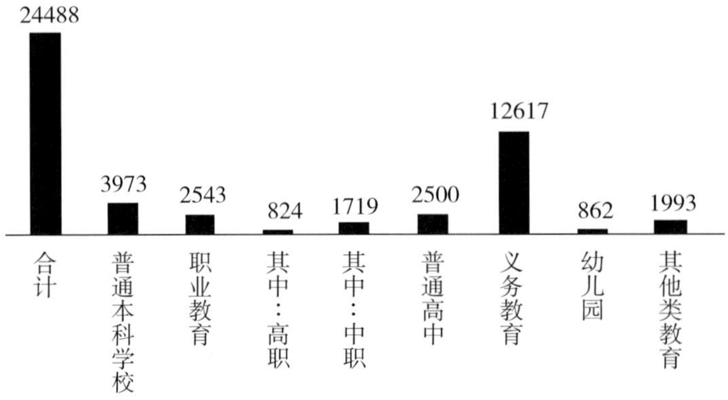

图 1　2013 年各级各类教育国家财政性教育经费投入情况(亿元)

资料来源：教育部财务司，国家统计局社会科学和文化产业统计司. 中国教育经费统计年鉴 2014. 北京：国家统计出版社，2015.

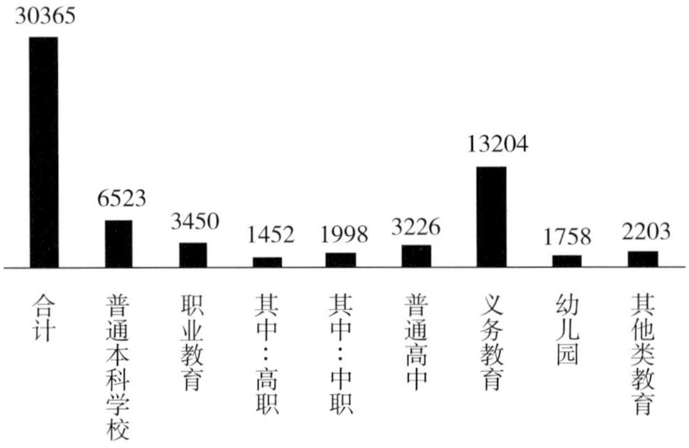

图 2　2013 年各级各类教育经费总投入情况(亿元)

资料来源：教育部财务司，国家统计局社会科学和文化产业统计司. 中国教育经费统计年鉴 2014. 北京：国家统计出版社，2015.

(二)教师继续教育成本私人分担过重抑制幼儿教师积极性

由于政府在幼儿教师继续教育中的主导作用没有充分发挥，部分本由各级政府承担的教师继续教育费用向个人和幼儿园转移，压抑了教师参与学习、培训的积极性。

国家近年加强了幼儿师范的建设，建立了中师—专科—本科—研究生的培养路径，并开展免费师范生培养。但作为幼儿教师一体化发展的另外两个内容，教师入职培训和在职培训有待加强。各级政府对幼儿教师入职培训和继续教育的文件，大多没有提及教育费用的分担问题，且政府承担的费用较少或没有。在课题组对湖北省 H 市幼儿在职教师培训项目费用承担的调查中，280 份有效问卷中选择政府部门全额拨款的有 23 人，教师个人承担的有 60 人，教师个人与幼儿园分担的有 140 人，幼儿园承担的有 57 人。教师个人承担的部分和幼儿园承担的比例过重，导致教师参与在职培训的积极性不高。

(三)幼儿教师继续教育财政体制滞后于教师队伍发展

我国幼儿教育的行政管理体制经过了集中到分散再到“集中领导、分级管理”的变化过程，改革开放后幼儿教师继续教育随着相关的财政体制改革，形成“条块结合，以块为主”的格局，企业、部门、各级政府均可举办幼儿园，并开展教师继续教育。进入20世纪末，随着企业改革，大批原企业办幼儿园撤并或改制。同时城镇化带来大批农村人口涌入城市，外来务工子女就学成为新的问题。此外，社会的变迁使农村地区出现大批留守儿童，他们的教育也需要优质幼儿园和专业幼儿教师。为了吸引社会力量参与幼儿教育，《全国幼儿教育事业“九五”发展目标实施意见》开始鼓励社会力量办园，2014年，我国民办幼儿园达到200多万所[4]成为最大的办园力量。至此，我国基本形成了多种力量举办幼儿教育的格局。

幼儿教育蓬勃发展，教师需求不断增长，到2016年我国幼儿专任教师达223万余人[5]，但与此同时由幼儿教师素质引起的负面新闻时不时出现在媒体报端。幼儿教师专业能力发展引起了政府、社会、学者的注意，作为幼儿教师专业发展的最重要支撑——教师继续教育财政投入体制更需要重新审视和反思。

1.“地方负责、分级管理、以县为主”的财政投入体制导致幼儿教师继续教育的区域发展不平衡

我国的基础教育管理体制为“在国务院领导下，由地方政府负责、分级管理、以县为主的体制”，根据这一规定，幼儿教师继续教育投入的经费多少，与地方政府对幼儿教师队伍建设的重视程度和地方财政收入密切相关。《中国教育经费年鉴2014》显示2013年幼儿教育投入最高的为我国经济最为发达的广东、江苏、浙江三省，幼儿教育投入分别为176亿、144亿、125亿元。作为经济欠发达地区，幼儿教育投入最低的西藏、青海、宁夏分别为8.5亿、8.8亿和9.9亿元，地方幼儿园公用经费最高的广东省为71.7亿元，最低的西藏为2.1亿元[6]，两者间差别巨大。“地方负责、分级管理、以县为主”的幼儿教育财政投入体制，使我国幼儿教师继续教育地区间差距明显。

此外，我国城乡二元结构加剧了农村和城市的幼儿教师继续教育投入差距，特别是在教师的入职培训和在职继续教育方面。2000年起我国开始农村税费改革，减免了农民的多项税收。根据财政体制改革，农村基础教育经费由县级财政支付，薄弱的县级财政，在满足“义务教育均衡发展达标”之余，无法顾及幼儿教师的培训和教育，农村幼儿教师入职和职后培训基本空白。

2. 幼儿教师继续教育的投入责任分担不清，影响教师继续教育的持续发展

幼儿教师继续教育是准公共产品，责任主体呈现多元化趋势，由政府、社会组织、个人等利益相关者共同承担，市场与政府共同调节。这既符合幼儿教师继续教育的经济属性，也是我国幼儿教师继续教育改革发展的方向。但我国幼儿教师继续教育的责任分担不清，影响幼儿教师继续教育的发展。

2010年前后，国务院和教育部先后出台了支持幼儿教师培训和农村幼儿教师发展的“乡村教师支持计划(2015—2020年)”、“中小学幼儿园教师国家级培训计划”、“中西部项目和幼师国培项目”，提出“县本级财政足额落实培训专项经费，学校按不低于公用经费5%列支培训经费”和“经费由中央财政安排专项资金予以支持”的相关规定，加大了对幼儿教师，特别是农村幼儿教师的培训力度。但对幼儿教师继续教育经费支持的财政政策和法律法规的缺失，使幼儿教师继续教育缺少必要的法律保障。

首先，承担责任不清。中央、地方政府、学校在幼儿教师继续教育经费上的分配比例不清晰，也未对相关者提出硬性要求，容易出现地方政府缺位，而幼儿园和教师个人承担大部分培训经费的局面，压抑了幼儿教师参与培训的积极性。

其次，资金来源单一。缺少必要的政策来吸引社会对幼儿教师培训的支持，现存的幼儿教师培训费用基本由学校、个人和政府承担，我国还没有出台吸引社会资源支持幼儿教师继续教育的文件和政策。国外发达地区均有社会团体和个人对教师继续教育进行捐助，这可以作为我国幼儿教师继续教育的有益参考。

最后，资源分配不均。政府对幼儿教师培训的财政支持多指向示范幼儿园，普通幼儿园获得的资源少；扶助公立幼儿园，民办幼儿园获得的资源少，或基本没有享受优惠政策。民办幼儿园要承担部分教师培训费，就必须从教师福利中挤出部分经费用于培训，降低了民办幼儿园参与教师培训的热情。

三、构建政府主导的幼儿教师继续教育投入责任分担体制

在现有幼儿教师继续教育市场机制不完善的背景下，政府有必要对幼儿教师继续教育进行规范和引导。

(一)加大政府对幼儿教师继续教育的财政支持力度

幼儿教师继续教育属于准公共产品，且其公共产品属性较私人产品属性更为突出。幼儿教师继续教育的发展，关系到国民素质提升和社会的稳定，因此，政府必须在幼儿教师继续教育上起主导作用。

(1)鉴于我国地区间经济发展不均衡，在“地方为主，分级管理”的财政管理体制背景下，适当减轻县级财政负担，将幼儿教师培训投入上移至国家、省级财政。在继续支持幼儿免费师范教育发展的同时，加大对中西部地区、贫困地区幼儿教师培训的支持力度，参考中小学教师专业提升计划，分级、分类、分段对幼儿教师专业提升做出时间、人数、经费上的规划。明确中央、地方各级政府对幼儿教师继续教育的责任，规范各级财政对幼儿教师继续教育的经费支出比例，将其纳入政府绩效考核指标。

(2)坚持教育公平，采取转移支付，通过专项资金对农村和贫困地区幼儿教师培训采取有针对性的倾斜政策，加大对幼儿教育薄弱地区的师资培训。对地方政府财力不足的贫困地区，中央财政采取补贴政策，对经济发达地区，则以政策引导为主，逐步加大幼儿教师继续教育投入。鼓励教师提升学历层次，对转岗教师开展职业资格培训，对在职教师开展分层、分类的多形式培训。

(3)制定优惠政策鼓励民办幼儿园支持教师培训。通过直接拨款、奖励性投入、培训券等方式，减轻民办幼儿园教师培训的负担。将民办幼儿园纳入国家直接投入的教师培训项目，使民办幼儿园享受公办幼儿园同等待遇。对优秀民办幼儿园和幼儿教师采取经费奖励和免费培训的奖励，鼓励民办幼儿园重视幼儿教师继续教育。分批次向民办幼儿教师提供培训券，使参加教师培训的实惠真正落实到教师个人。

(二)制定完善法律法规保障幼儿教师继续教育财政政策的落实

我国对幼儿教师继续教育的法律并不完善，《教育法》、《教师法》、《幼儿园教师管理条例》、《幼儿教师专业标准》等对幼儿教师的权利、责任、任职资格等作出了规定，但对如何保证幼儿教师继续教育的权利没有明确和细化的法律条文，使各级政府在幼儿教师继续教育中的责任缺少监督和约束。为保证相关政策和资金的到位，空头文件、口头承诺、相互推诿等现象不再发生，国家必须尽快出台与幼儿教育发展匹配的教师继续教育法律法规，使幼儿教师继续教育有法可依。

在现有财政体制下，规定各级政府财政对幼儿教师继续教育的投入比例，协调中央、地方、幼儿园、教师、社会等各方关系，建立中央和省级财政定向补贴，地方政府支持，幼儿园和个人部分承担的费用分担体系，同时鼓励民间资本参与幼儿教师继续教育。

加强监督和考核，规范资金用途。我国的教育经费统计常将幼儿教师继续教育的财政性投入列入基础教育财政投入，“被模糊化”的幼儿教师继续教育资金容易被其他项目挤占。将幼儿教师继续教育的财政性投入单列，可以避免幼儿教师继续教育经费被挪用，便于社会监督。制定财政监督机制，加强教师继续教育经费的审查与监管，避免资金浪费和资源分配不均，通过财政性投入调节地区间、幼儿园之间的均衡发展，使每一所幼儿园均有优秀、充足的师资。

◎ 参考文献

[1] 2016年全国教育事业发展统计公报[EB/OL]. 中华人民共和国教育部网站，http://www.moe.edu.cn/jyb_sjzl/sjzl_fztjgb/201707/t20170710_309042.html，2017-07-10.

[2][4][6] 教育部财务司，国家统计局社会科学和文化产业统计司. 中国教育经费统计年鉴2014[M]. 北京：国家统计出版社，2015.

[3] New approach needed to deliver on technology's potential in schools[EB/OL]. http://www.oecd.org/education/new-approach-needed-to-deliver-on-technologys-potential-in-schools.htm，2018-04-15.

[5] 中华人民共和国教育部发展规划司. 中国教育统计年鉴2015[M]. 北京：中国统计出版社，2016.

·教师与教学改革·

夸美纽斯的游历教育活动及其教育家自我养成价值

李保强　王艺璇

(武汉大学　教育科学研究院，湖北　武汉　430072)

摘　要： 游历是夸美纽斯一生最重要的活动形式，他的游历足迹遍及欧洲诸国，他在游历中推动了多国教育工作的开展。夸美纽斯的游历教育实践不仅拓展了其教育思想的内涵，而且在游历过程中他帮助其他国家编制了教科书，建立了泛智学校，对世界教育事业的发展产生了深远影响。通过研究夸美纽斯的游历生活对其教育思想的影响，可以得出结论：游历有助于思想丰富、勇于实践的教师发展成为教育家。

关键词： 夸美纽斯；游历教育；成就；教育思想；教育家

The Educational Travel Activities of Comenius and Their Values for Educators' Self-cultivation

Li Baoqiang, Wang Yixuan

(Research Institute of Educational Science, Wuhan University, Wuhan, Hubei, 430072)

Abstract: Travel is the most important form of activities during the whole life of Comenius. His footprints were throughout the European countries, and he also promoted the development of many countries' educational work. The educational travel activities of Comenius not only expanded the connotation of his educational thought, but also helped other countries to compile textbooks and establish the Pan wisdom schools, which had far-reaching influence on the development of education in the world. Studying the influence of Comenius' travel life on his educational thoughts can lead to the conclusion that travels can promote thought-rich and courageous teachers to develop into educators.

Key words: Comenius; Travel education; Achievement; Education thoughts; Educators

夸美纽斯是捷克著名的民主主义教育家，其百科全书式的大教育观，普及教育思想，教育和平功能论及教育改革的系列尝试，直到今天仍有极高的教育学术与实践价值。通过考察夸美纽斯的伟大成就，我可以说这同其坎坷的人生经历及遍访欧洲多国的教育生活密不可分。探讨夸美纽斯的游历教育活动，发掘其对教育家自我养成的价值，对造就新一代教育家意义非凡。

收稿日期： 2017-09-17

作者简介： 李保强(1964—　)，男，山东曲阜人，教育学博士，武汉大学教育科学研究院教授、博士生导师。主要研究方向：教育管理理论与实践、课程与教学论。王艺璇(1994—　)，河南信阳人，武汉大学教育科学研究院硕士研究生，主要研究方向：课程与教学论。

一、夸美纽斯的游历教育活动考察

夸美纽斯生于1592年，其游历教育活动从1611年开始，直至1670年去世。期间虽时断时续，却涉足捷克、德国、波兰、英国、瑞典、匈牙利、荷兰等7个国家，在世界教育家中实属罕见。通过史料考证和梳理，我们将其游历路线绘成示意图1。

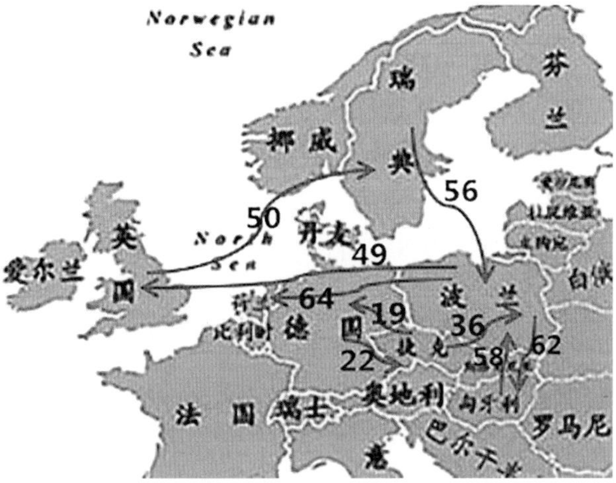

图1　夸美纽斯游历教育活动路线示意图

通过详细分析夸美纽斯的游历教育活动过程，我们可将其基本情况大致分为四个阶段。

(一)海外游学：积聚教育工作素养

12岁时，双亲和姐姐相继去世，年幼的夸美纽斯沦为孤儿。他在失却爱的过程中，越发产生了被爱的强烈渴望，以及给人以爱的热切追求。16岁时，夸美纽斯接受救济并进入兄弟会创办的拉丁文法学校学习，由于在校三年的突出表现，他于1611年被推荐到德国赫尔伯恩大学学习。此间，他认真阅读了柏拉图、亚里士多德、西塞罗等人的著作，吸收学习了教育改革背景下的大量新兴教育思想。这段游学经历让夸美纽斯逐渐积累了教育家必备的才能。1613年夸美纽斯前往西欧开始短期旅游，造访了阿姆斯特丹，文化名城的熏陶使他的文化素养逐渐得到了提升，之后夸美纽斯又前往德国海德堡大学继续深造，此间，他养成了坚持写日记的好习惯，他的许多名言和教育思想就是在这点滴记录中产生的。早年的夸美纽斯虽然经历坎坷，但靠自身努力获得了学习机会和众多赏识。他在逆境中渐渐拥有了奉献爱的慈悲胸怀，积聚了德行、才能和文化等多方面的教育工作素养，也初尝了游历活动带给他的甜美生活。

(二)重返故土：开展教育救国运动

1614年，夸美纽斯从海德堡大学回国，在普列罗夫担任拉丁文法学校校长，4年后，又被调往富尔涅克城担任兄弟会学校校长。1618年，三十年战争爆发，国家沦陷，妻儿丧生，手稿被毁，夸美纽斯苦心经营的教育研究事业刚有起色就遭受重创。灾难使夸美纽斯为教育事业奋斗的道路上布满荆棘，却让他更深切地体会到了教育和生活的紧密联系，体会到了战争对人的毁灭性伤害，使他充满更多力量来控诉战争、呼吁和平。6年后，夸美纽斯被迫躲藏于波西米亚密林，逃难期间他仍没有放弃对和平的呼吁，不遗余力地进行教育研究，期盼用教育事业拯救和复兴祖国。战争使夸美纽斯青年时期的游历生活沾染苦涩，却也唤醒了他对教育的重视和热爱。

（三）迁往波兰：出版多部教育专著

1628年，夸美纽斯迁往波兰，在黎撒栖身的13年，夸美纽斯更加坚信唯有教育才能让遭受战争灾难的人们脱离苦海，于是继续开展教育研究，出版了丰硕的教育研究成果。1631年，写作《语言学入门》；次年，教育学巨著《大教学论》及学前教育专著《母育学校》问世；1633年，出版《语言学初听》、《物理学概论》；1639年，出版《泛智的导言》。中年的夸美纽斯在波兰游历十余年，背负着复兴国家的重担，怀抱着教育救国的希冀，他将对教育深刻的认识凝聚为数本流芳百世的巨著。

（四）辗转各国：彰显教育和平功能

1641年，夸美纽斯受邀前往英国伦敦主持“泛智论”工作，综合推进人类知识的传播工作，提出了“把一切事物教给一切人”的伟大构想，并在英国开办社会改革学院。不久英国发生内战，他又于1642年应邀前往瑞典协助拉丁文教学，在瑞典的6年，他编写了一套拉丁文教科书、教学法指导书和字典，为瑞典拉丁文教学问题的解决做出了突出贡献。1648年，三十年战争结束，夸美纽斯再次回到波兰黎撒主持宗教与教学事务，并被捷克兄弟会推选为主教，继续进行泛智论工作的研究。1650年，他应邀前往匈牙利担任长年教育顾问，在此期间，编著了著名的儿童启蒙读物《世界图解》。1656年，战争波及黎撒，夸美纽斯应邀前往荷兰的阿姆斯特丹工作，并定居于此。次年，夸美纽斯将其毕生所著的教育专著、教科书、论文等汇编成集，给后人留下了宝贵而又灿烂的智慧遗产。1670年，夸美纽斯客逝荷兰，但他的教育思想经受了时间和历史的考验，在时间的长河中留下了浓墨重彩的一笔。夸美纽斯的游历教育活动见表1。

表1　**夸美纽斯的游历教育活动**

阶段	年份	游历国	游历教育活动的内容
海外游学	1611—1614	德国	于赫尔伯恩大学学习 于西欧短期旅行，寻访荷兰阿姆斯特丹 在海德堡大学听课
重返故土	1614—1628	捷克	于普列罗夫担任拉丁文法学校校长 于奥尔光担任牧师，编写《简易语法规则》 于富尔涅克城担任兄弟会学校校长，发表《致天国书》 隐居波西米亚密林，开展教育救国活动 在杜布拉维查村举行“兄弟会”元老会 出版《精制摩拉维亚新地图》
迁往波兰	1628—1641	波兰	栖身黎撒，相继出版《语言学入门》、《大教学论》、《母育学校》、《语言学初听》、《物理学概论》、《泛智的导言》
辗转各国	1641—1642	英国	于伦敦讨论泛智工作
	1642—1648	瑞典	编写拉丁文教科书和教学法指导书
	1648—1650	波兰	被推选为捷克兄弟会主教
	1650—1654	匈牙利	出版儿童启蒙读物《世界图解》
	1654—1656	波兰	进行泛智论的研究
	1656—1670	荷兰	于阿姆斯特丹工作、定居，客逝于拉尔登

二、夸美纽斯游历教育活动的成就

无论是年轻时的海外游学，还是中年时辗转7国推进教育工作，夸美纽斯都借助游历活动取得了举世瞩目的成就，不仅发展了自我，培养了学生，更造福了人类，功不可没。

（一）个人发展成就

夸美纽斯借助游历活动拓展了社会视野，提升了个人品质，体现了他逐步成长为教育家的历史轨迹。

夸美纽斯从国外学成归来后，由于在大学听课时接触到了教育改革浪潮下的新兴教育思想，他由一名优异的受教育者转变为一名富有革新精神的教育者。他敢于突破创新，《简易语法规则》的问世就是他第一次进行教育革新的产物。国内4年任教期间，他一直尽职尽责，深受学生好评。在取得了教师和学生广泛的认同后，他承担起管理学校的责任。在捷克的广泛游历让他破茧成为一位专注于教书育人、引领学校发展的校长。紧接着，战争的侵袭使夸美纽斯被迫逃难波兰，却也让他日益觉悟，国家命运与学校发展和教育事业紧密联系，促使他从一名教导有方、受人爱戴的好校长，发展成长为一名出色的直面民族前途的教育研究者。随着对教育问题研究的不断深入以及辗转各国开展的教育工作交流，夸美纽斯的学识和经验日渐丰富，欧洲各国的游历使他更加了解欧洲人民的生活和教育愿望，最终从一名教育研究者逐步发展为一名关心下一代成长、情系人类命运的德才兼备的教育大家。

由此可见，多方游历使夸美纽斯的眼界更开阔，胸怀更宽广，经验更丰富，体悟更深刻，使他逐渐从一名受教育者成为教育者，继而成长为一名教育研究者，最终历练成为一名真正的教育家。

（二）学生培养成就

在学生培养方面，夸美纽斯提出了直观性原则、循序渐进原则、自然适应性原则等9项教学原则，编写了诸多指导书、字典、儿童启蒙读物，并且强调要在不同的阶段对学生实施不同的教育。夸美纽斯曾用“太阳底下没有比教师更优越的职业”来形容教师事业。[1]他一直以一腔热忱对待教育工作，严格要求自己和其他教育工作者，“青年人的教导者……你们应使你们的神圣的职业和将儿女付托给你们的父母的信任心变成你们身内的一团火焰，使你们和受到你们影响的人都不止息，直到你们的祖国全被这个热情的火炬所照亮”。[2]他在教育生活中不断地实践着这些愿望，特别是在前往多国推进教育工作的过程中，不遗余力地为学生编写教科书，真正站在学生角度考虑问题，主张重视学生的主体地位，呼吁学生“为生活学习”，切实获得有益的东西。

在游历教育活动中，几乎每到一处，夸美纽斯便总结提炼那里的教育经验，并留下教育学生的可贵宝典。他那些开创性的教育思想对后来的许多教育家产生了深远影响，譬如卢梭、裴斯泰洛齐、杜威等人的教育思想都深受“教育适应自然原则”的启发，可以说这些大教育家乃至我们这些后生也都是夸美纽斯的“学生”。由此可见，夸美纽斯的一生都在为教育学生做着不懈努力，也在培养学生领域取得了巨大成就，对世界教育产生了积极的导向价值。

（三）学术进步成就

夸美纽斯在游历教育活动中，出版了多部轰动世界的教育著作，产生了很多极具价值的教育思想，推动了教育研究的巨大进步。

首先，出版多部教育专著，推动教育学科发展。夸美纽斯在游历教育中，取得了丰硕的教育研究成果：如，拉丁文教科书《语言学入门》，被译成12种欧洲文字和4种亚洲文字广泛传播，堪称小型百科全书；《母育学校》既是家长进行家庭教育的实用指南，又是儿童的启蒙用书；《世界图解》是根据他所提出的适应自然和直观教学原则写成的一部百科全书式的拉丁语教科书，以创造性的形式提供了很多教育实践原则，并且对三十年战争期间和之后重建人文社会的宗教教育使命进行了呼唤；[3]《大教学论》更是开创了近代教育理论的先河，其中不乏首创性的、极富哲理的教育见解和学说，使教育科学从哲学的母体中分娩出来，发展为一门相对独立的学问。夸美纽斯将游历的见闻汇聚成笔下的教育智慧，他一生笔耕不辍，著作等身，经过300多年的考验仍然彪炳史册、功盖当世。

其次，推出多种教育主张，推动教育思想发展。夸美纽斯首创"泛智论"，认为教育是"把一切事物教给一切人的全部艺术"，并以此为基础提出了普及教育的主张，论述了统一学制的先进思想。夸美纽斯对近代教育最大的贡献之一，就是他所确立的班级授课制，这大大提高了教育的效率，至今仍被广泛而高效地使用。他非常重视道德教育，将世俗道德从宗教中分离出来，成为一个独立的部分，强调智慧、勇敢、节制、公正等基本美德，并在德育内容中纳入了一个崭新的概念——劳动教育。他在长途跋涉的游历过程中，深知健康的体魄对人的重要性，因此打破了中世纪没有体育的传统，将体育纳入教育系统……夸美纽斯的教育思想经受了历史和实践的检验，在教育活动开展中具有重要的思想指导价值。

三、游历教育活动对夸美纽斯教育思想的影响

纵观夸美纽斯的一生，他或是因寻求个人发展而求学于异国他乡，或是因战争国破家亡而推行世界和平事业。可以说，他的教育思想成就与其游历生涯密不可分。

（一）"教育史上的哥白尼"——改革中世纪旧教育，倡导人文主义新教育

夸美纽斯被世人称为"现代教育之父"、"教育史上的哥白尼"，他关注人民大众，崇尚人文主义新教育，引领了世界各国教育革新的方向。

人文主义思想是文艺复兴的指导思想，强调要为学生创造良好的学习环境，在教育方面顺应儿童天性，考虑学生之间的个别差异，注重兴趣引导，这些先进观点对于封建落后的中世纪而言是一突破性进步。[4]夸美纽斯对人文主义教育思想的关注和研究可以追溯到他青年时在德国求学的经历。在德国游历期间，他研究了文艺复兴时期著名教育家伊拉斯谟的儿童教育观，并将其自由、引导、顺应等观点吸纳进了自己的儿童教育理念。他认为，首先应改革教育方法，顺应自然法则，使学生在身心愉悦的基础上透彻理解知识；其次学生要通过学习拉丁语来更好地理解欧洲文化。[5]他将这种人文主义新教育思想带回了捷克，继而推向世界。

（二）行走的百科全书——坚持教育适应自然法则，培养儿童地理思维

夸美纽斯倡导百科全书式的教育，就连他自己也可称得上一部百科全书。青年时代的西欧游学经历，泪别家乡后辗转多国的遭遇，都让夸美纽斯对自然、对世界有了更深入的了解，并且将自己对自然万物的感悟渗透进了其教育思想中。

首先，"教育适应自然"是贯穿夸美纽斯教学思想的一大核心思想原则，即教育要遵循自然发展的普遍规律，顺应儿童天性。《大教学论》中，夸美纽斯在谈及教育原则时，都会以自然现象作比引入，十分贴切、可信可依。同时，他也一直倡导教育要以自然为师。"我们从自学者身上最能看清楚，一个人在自然的领导下能够钻研有关万物的知识；好些人通过自己教育自己，或用橡树和山毛榉做老师获得很大的进步，较之受过导师令人厌倦的教导的人进步还要大。"[6]夸美纽斯"教育适应自然"法则的提出，一是源于他游历各国时见证了最前沿的教育革新浪潮，二是源于他与大自然亲密接触的真实感受。

其次，夸美纽斯也倡导以“地理”作为启蒙儿童心智、培养学生思维的重要手段。他丰富了初等学校教学内容，除了教授读、写、算，还增加了地理和自然的基本知识。[7]夸美纽斯主张学生要多了解山川河流、城、乡三方面的知识，包括大海的形状、江河的流域、地球的主要划分、本国的城市、山岳、河流等。[8]他任兄弟会学校校长期间，还常带学生出城远足，让他们亲历自然的曼妙。他强调要从幼儿期开始接触，将地理发展成为对儿童一生有用的知识，开发学生地理思维，用地理启蒙儿童心智。夸美纽斯对自然的热爱，以及“挖掘出自然与人类教育连接点”的成就，可以说多源自游历带来的开阔视野。他跨过山川河海，对地理学产生浓厚兴趣，并且开始涉猎绘画艺术。在兄弟会学校任教期间，他绘编的《精制摩拉维亚新地图》，在世界范围内引起广泛关注。更可贵的是他将游历经验应用于教育思想中，使得以前不被重视的地理知识纳入了学生的学习范围，启蒙了儿童的地理思维。

（三）泛智论的先锋——探索把一切知识教给一切人的艺术

17 世纪，科学的进步推动了知识的剧增，提升了人们开展自然与社会研究、积极探索新世界的兴趣，而夸美纽斯的“泛智论”也是在被迫离开祖国的“游历”中产生、发展、走向成熟的。

夸美纽斯在游历过程中接触到了多国语言艺术、风土人情，这都深深地印在他的脑海中，他身体力行，证明了“行万里路”和广泛涉猎的重要性。“泛智论”的研究工作始于 1634 年，当时夸美纽斯在波兰，5 年后，他将“泛智论”的提纲以《泛智的导言》为名成书出版，这本书反映了发展教育的民主要求，传入欧洲后更是引起了各国的广泛重视，自此，“泛智论”雏形初现。1641 年，夸美纽斯前往伦敦讨论泛智工作，而后又去往瑞典、波兰、辗转匈牙利等地逐渐完善“泛智论”体系，他希望建立一个可以概括上帝、自然和社会普遍知识的百科全书式的“泛智”体系。[9]在匈牙利工作期间，夸美纽斯创办了一所“泛智学校”，并且将其创办理念撰写成了《泛智学校》一书。他说：“我们希望有一种智慧的学校，而且是全面智慧的学校，即泛智学校，也就是泛智工场。在那里，人人可受教育，在那里可以学习当前和将来生活上所需要的一切学科，并且学得十分完善。”[10]夸美纽斯的“泛智论”教学思想在游历各国的过程中不断完善，也在吸收不同国家教育理论的过程中不断丰富着其内涵。

（四）教育救国的和平天使——批判不平等的社会制度，谋求公众幸福

战争迫使夸美纽斯离开祖国，开始流浪各国的“游历”生涯。在外漂泊期间，夸美纽斯经历了种种苦难和困扰，也见证了战争给各国人民带来的痛苦，从而催生了他的爱国主义和民主主义思想，他将其植根于教育目的论中，认为“教育是生活的准备”。

一直以来，夸美纽斯都是批判社会不公平制度的和平使者，他创作了《和平天使》，力图谋求公众幸福。不仅如此，夸美纽斯深信教育是复兴祖国的重要手段，认为有了教育“社会因此可以减少黑暗、烦恼、倾轧，增加光明、整饬、和平和安静”。[11]战争虽然在一定程度上迫使夸美纽斯离开祖国游历他乡，却也提升了他的思想境界，使他的眼光不仅停留于教育本身，而且慢慢拓展到教育救国、打破不平等的社会制度、谋求和平和公众幸福上。

四、游历活动对教育家自我养成的价值

正如夸美纽斯在日记中所言：“头脑里的一切没有不起源于感觉的。”[12]所以，在人的生命旅程中，最难得的就是持续地感知世界和深切地感受生活。对于一位道德宽厚、思想丰颖的教师来说，不单要有扎实的哲学、伦理学、教育学、心理学理论涵养，还需借助无限充实的游历生活，通过艰辛的实践历练，才有可能成为兼具生命长度、宽度、高度和灵度的立体丰满的教育家。

（一）锻炼身心，延年益寿：教育家的生存长度

许多教育家可谓长寿之人，例如孔子 73 岁，孟子 84 岁，柏拉图 81 岁，夸美纽斯 78 岁，皮亚杰 85 岁，杜威 93 岁，叶圣陶 95 岁，季羡林 99 岁……而这些教育家终其一生，都有一个共同的特点，那就是多善周游四方。可见，游历活动可以延伸生命的长度。青年时期的夸美纽斯在德国求学毕业后，就曾徒步从德国回到故土捷克，后又辗转北欧和西欧各国，在波兰、英国、瑞典、匈牙利、荷兰等地生活。对于夸美纽斯来说，生命已与自然融为一体，游历活动已经渗入他的意识深处，成为其生活不可或缺的一部分。

当然，对于普通人而言，一般这样感悟人生的旅程：20 岁，常常有着革命的冲动；30 岁，总是努力卖命地劳动；40 岁，不时发出救命的躁动；50 岁，追求回归生命的律动。换言之，人的身心在不同阶段呈现不同特点，往往到了中晚年，才真正学会有规律地生活，也正所谓“五十而知天命”。而对教育家而言，他们早年就意识到遵循人的自然发展规律的重要性，并已形成良好的运动锻炼习惯。他们借助游历强身健体，磨砺意志；同时，也把游历作为一种亲近自然、舒缓心态的过程。可以毫不夸张地说，游历可以延年益寿，自然延伸教育家的生存长度。

（二）拓展视野，汇纳能量：教育家的生活宽度

从人的发展视角来说，生活越丰富，视野越宽广。游历能改变人看问题的方式，使人拥有更加开阔敏锐的目光，使教育家的见解更趋深厚、包容和慈悲。

游历打开了夸美纽斯的眼界，让他了解了各国教育发展动向，充分接触到了最前沿的教育研究和新兴的自然科学知识，使其拥有了更宽广的视野和更包容的胸怀。他在游历的过程中逐渐意识到了语言对于教育的重要性，设想能有一种通用语言便于人们更好地认知和交流。[13] 夸美纽斯的诸多教育学说同样是在游历各国的过程中逐渐发展、充实和完善的，沉淀了游历生活、吸收了他国精华后的教育思想更具时代性和生命力。放眼中国古代，孔子同样通过周游列国拓展其生活宽度，他周游列国十四载，对各国的政治、地理、人文、社会等都进行了考察，他的课堂和教材就是整个社会。孔子和他的弟子们在游历过程中教学相长、学习践行，在游历的过程中也使得儒家学说体系不断得到充实完善。[14]

游历把人置于不同的时空，让人体验不同的风土人情，使人接触不同的教育思想，将人的思维扩展到自己狭小的生活空间以外。游历具有时空变换的特点，居于不同背景，沐浴不同文化，自然能够拓宽人的容量和胸怀，丰富人的经验，延伸人的思想疆域，从而拓展人的视野。对于教育家来说，游历中的经验、见识、历练、碰撞都会慢慢充盈其思想的血肉，拓展其生活宽度，这也是成长为教育家的必经之路。

（三）提升境界，成就信仰：教育家的生长高度

游历不仅会使人拥有开阔的视野和丰富的见识，而且可以在此基础上提升人的境界，促成教育家深邃的思想和卓越不凡的成就。

回溯游历中夸美纽斯的成长道路，我们可以发现这也是其境界不断提升的过程。首先，以受教育者的身份求学深造，发展自我；其次，以教育者的身份教书育人，“报恩”兄弟会；再次，以教育家的身份从事教育研究，“报效国家”；然后，立志教育“救国”，拯救战争中风雨飘摇的国家；最后，经历了战争带来的重创，见识了人间疾苦，成长为反对战争、反对压迫、宣扬和平的政治家，心怀天下，不遗余力“拯救人类”。

真正的教育家并非仅仅致力于课堂教学的教书匠，而是拥有培养人才、建设祖国、耕耘教育事业等

宏大理想的学者。游历不断推动并提升生长高度，促使人攀登更高的山峰，追求更崇高的境界，成长为一名心怀天下、永世不朽的人。同样尊崇顺应自然法则的卢梭，在《爱弥儿》中特别强调："那些只了解自己国家的人是不可能了解人类的。"[15]这也从一个侧面印证了游历对于提升教育家境界的价值。

(四)增进自由，维系幸福：教育家的生命灵度

作为灵长类动物，人之所以为人，其本质首先在于"人性灵"，善恶则为其次级判断。人类最大的目的在于追求自由和幸福，游历能够提高人的灵动水平，并强化人的魂魄力量，更便于达成这样的目的。游历使人更为自由，给人的智慧和思维更广阔的空间，促使教育家高瞻远瞩，思想观点发展得更为超前而卓越。

夸美纽斯站在时代的前沿，指出当时的学校功能单一，认定学校应该以自然为师，教育应该是"把一切事物教给一切人"。这些思想远远超越了当时他所处的时代，而这种思想的驰骋正是游历带给他身体和精神自由的结晶。对照致力于游历的教育家杜威，他也曾先后赴日本、中国、土耳其、墨西哥和苏联等国访问讲学和考察，其著作被翻译成至少 35 种文字在国外出版，也被公认为最有影响力的教育家之一。[16]这种思想的灵动度和见解的自由度正是多方游历所赋予他们的。

游历给人带来更广阔的空间，任其探索，也会拓宽人思维的疆域。人自由了，思想自然会走在时代前列。"仁者乐山，智者乐水"，是因为山水之间可育自由与幸福的灵魂，增进教育家的生命灵动性。教育家在具备一定的生活长度、宽度和高度，成为一个立体丰满的人之后，游历带给他的生命灵动度会使其更具有震撼力和影响力，这也正是对哲学意义上人的能动性的揭示。

夸美纽斯在青年时期就开始于邻国求学，一生中遍历欧洲 7 国，所到之处无不办学校、编教材、呼吁政府开展教育改革，开创性地提出了众多极富价值的教育思想，还将教育当做复兴祖国的唯一希望之路，可谓真正地借助"周游列国"弘扬教育事业者。夸美纽斯的游历生活不仅对他个人成就和教育思想的形成有重要价值，也对欧洲各国教育工作的发展起到了积极的推动作用。当然，夸美纽斯早年就体会到了多方游历对学生发展的意义，认为大学生教育也要倡导游历式的教学方法。其实，这对于作为普通人的学生发展来说，也有着积极的生活改进价值。因此，身处教育活动中的每一个体都要重视多地游历，并通过游历活动提升人生境界。

梳理夸美纽斯的游历教育活动可知，对于思想丰富、勇于实践的教师来说，多地游历、多校学习、多岗锻炼、多学科思考，乃是促使其达到一定的生存长度、生活宽度、生长高度和生命灵度的重要路径。总而言之，游历可促使教育者逐步成长为真正的教育家。

◎ 参考文献

[1] 米定斯基. 世界教育史(上册)[M]. 叶文雄，译. 北京：生活·读书·新知三联书店，1950：159.
[2] 夸美纽斯. 大教学论[M]. 傅任敢，译. 北京：人民教育出版社，1958.
[3] Woo, Jeong-Gil. Revisiting Orbis Sensualium Pictus: An Iconographical Reading in Light of the Pampaedia of J. A. Comenius[J]. Studies in Philosophy and Education, 2016(35): 215-233.
[4] 崔聚兴. 中外学前教育简史[M]. 天津：南开大学出版社，2014：193.
[5] 黄占英. 世界上下五千年[M]. 长春：吉林大学出版社，2015：349.
[6] 魏晋. 夸美纽斯教育言论精选[J]. 内蒙古教育，2002(5)：41-42.
[7] 田本娜. 夸美纽斯《大教学论》述评[J]. 课程·教材·教法，1981(2)：80-85.
[8] 王凌皓. 夸美纽斯、福禄培尔教育名著导读[M]. 长春：吉林文史出版社，2013：14.

[9] 成媛. 夸美纽斯"泛智论"教育思想及现代启示[J]. 西北第二民族学院学报，2000(1)：70-74.
[10] 张焕庭. 西方资产阶级教育论著选[M]. 北京：人民教育出版社，1979：42-43.
[11] 夸美纽斯. 大教学论[M]. 北京：人民教育出版社，1984：2.
[12] 夸美纽斯. 夸美纽斯教育论著选[M]. 任仲印，译. 北京：人民教育出版社，2005：112.
[13] W. Hüllen. Encyclopedia of Language & Linguistics (Second Edition) [M]. Amsterdam：Elsevier Inc.，2006：622-623.
[14] 李如密. 游历教育与从游学习——孔子"周游列国"之教育活动及其价值再考察[J]. 当代教育与文化：2016(5)：101-107.
[15] 让·雅克·卢梭. 爱弥儿(精选本)[M]. 彭正梅，译. 2版. 上海：上海人民出版社，2011.
[16] 王凤玉，单中惠. 走进约翰·杜威的心路历程——评介《杜威传》[J]. 生活教育，2016(6)：86-87.

·教师与教学改革·

教师网络生活方式研究：盘点与反思

罗儒国　刘　佳

(武汉大学　教育科学研究院，湖北　武汉　430072)

摘　要：在互联网普及与发展、教育信息化稳步推进以及网络生活方式研究勃兴的现实境遇中，教师网络生活方式成为教师工作生活领域研究的重要议题。国内教师网络生活方式研究内容主要涉及教师网络教学方式、教师网络学习方式、教师网络交往方式、教师网络休闲方式等层面。教师网络生活方式研究虽然取得了阶段性成果，但依然存在着专门系统研究欠缺、研究深度不够、研究视角较为狭窄、研究工具与方法较为单一等方面的缺失和不足，相关研究亟待加强，以推动教师网络生活方式研究的深入。

关键词：教师；网络生活方式；网络教学；网络学习；盘点；反思

Review on Research of Teachers' Network Lifestyle

Luo Ruguo, Liu Jia

(Research Institute of Education Science, Wuhan University, Wuhan, Hubei, 430072)

Abstract: In the realistic situation of the popularization and development of the Internet, the steady advancement of education informatization, and the emergence of online lifestyle research, teachers' network lifestyle has become an important research topic on teachers' work and life field. The contents of teachers' network lifestyle research mainly covered the teachers' network teaching, teachers' online learning, teachers' network communication, teachers' network leisure and so on. We have achieved periodic results, but still some shortcomings, such as lacking of specialized systematic research, shallowness in research, rather narrow perspective, relatively simple research tools and methods. We should strengthen the above studies to promote the in-depth research of teachers' network lifestyle.

Key words: Teachers; Network lifestyle; Network teaching; Online learning; Reflection

互联网和信息通信技术正变成一种全球性力量，不断影响、改变着人类社会形态，使人类社会步入高速发展的信息网络时代，同时为人类的生存实践塑造了一个崭新的信息化、数字化、网络化生存空间，并以前所未有的规模和速度形塑着人类的思维方式、存在方式和生活方式，孕育产生了一种新型生活方式——网络生活，对教师来说也是如此。教师网络生活方式是教师为了满足工作与生活需要、实现生存

收稿日期：2017-05-20

基金项目：国家社会科学基金"十二五"规划教育学一般课题"教师网络生活方式的理论构建与实践研究"(BBA150018)

作者简介：罗儒国(1978—　)，男，湖南常德人，副教授，武汉大学教育科学研究院教育学博士，主要从事课程与教学基本理论、教师发展研究；刘佳(1994—　)，女，四川成都人，武汉大学教育科学研究院硕士研究生，主要从事课程与教学基本理论研究。

价值与意义、提高生存质量，以数字化符号为中介，在网络世界中形成的较为稳定的生活样式。在互联网普及与发展、教育信息化稳步推进以及网络生活方式研究勃兴的现实境遇中，教师网络生活方式逐渐引起学界的关注，并逐渐成为教师工作生活领域研究的重要议题。本文通过对教师网络生活方式研究内容的系统梳理及其研究缺失的反思，希冀推动教师网络生活方式研究的深入。

一、国内教师网络生活研究兴起的背景

1. 网络社会构建的现实诉求

伴随着互联网的崛起与发展，一种新型的网络社会形态与网络生活方式悄然兴起，并得到迅速发展。时至今日，网络生活方式已经构成一种新的社会现象和社会生活方式。2015 年 7 月，国务院印发的《关于积极推进“互联网+”行动的指导意见》提出“充分发挥我国互联网的规模优势和应用优势，大力拓展互联网与经济社会各领域融合的广度和深度”的要求，从而加快了我国网络社会发展的进程。随着国家“互联网+”行动计划的稳步推进，互联网将融入经济社会各领域发展之中，并对经济社会产生战略性、全局性影响。毋庸讳言，互联网也将成为 21 世纪人们日常社会生活的核心领域。那么，依寓在网络社会中的教师是如何工作、生活、学习的？互联网对教师的工作、生活、学习产生了怎样的影响？教师是如何认识和使用互联网的？教师网络使用是否存在偏好、网络行为是否存在偏差？影响教师网络行为的因素有哪些？由此看来，教师网络生活方式问题的研究显得尤为迫切和重要。

2. 教育信息化推进的需要

近年来，加快教育信息化建设已成为世界教育发展的潮流与趋势，也是我国实现从教育大国向教育强国迈进的战略选择。中共中央、国务院印发的《国家中长期教育改革和发展规划纲要(2010—2020 年)》明确提出“加快教育信息化进程”的要求。教育部 2012 年 3 月印发的《教育信息化十年发展规划(2011—2020 年)》也明确提出用 10 年左右的时间“使我国教育信息化整体上接近国际先进水平”、“提高信息化教学水平”等系列要求。通过近几年的建设，我国基础教育信息化建设已取得了一些成绩，但教育信息化建设总体水平依然不高，教育信息化建设瓶颈急需破解。事实上，教育信息化建设的关键在于学校和教师。因为教师对待信息技术的态度，对信息化教学、网络化教学的认可与接纳程度，以及教师信息技术素养都是影响教育信息化建设的重要因素。那么，当前教师信息技术素养、教师应用信息技术的层次与水平如何？教师使用网络的偏好与方式是怎样的？遭遇到哪些困难和阻碍？如何对教师信息教学行为、网络教学行为进行衡量？影响教师信息化教学方式、网络化教学方式采纳和使用的因素有哪些？诸如此类的问题值得关注。可以说，对教师网络生活方式问题研究的关注，不仅是教育信息化建设的内在要求，也是促进教师专业发展的需要。

3. 网络生活研究的推动

在网络社会崛起与发展进程中，社会学、心理学、管理学和哲学等相关学科领域的专家学者开始关注人的虚拟生存或网络生活问题，网络生活研究呈现出以下几方面的特征。一是在研究内容上，不同学科领域的专家学者对网络生活问题的关注点不尽相同。譬如，社会学领域学者关注的网络生活议题主要涉及网上社会行为、网络身份认同、网络人际关系、网络社区及其权力关系、网络社会问题、网络社会秩序等。心理学领域学者则对网络自我表露、网络成瘾、互联网焦虑、网络道德心理、网络学习障碍以及网络与幸福、网络与身体健康等网络生活议题进行了探讨和分析；二是在研究方法上，兼顾质性研究

与量化研究。学者们采用的量化研究方法主要有在线内容分析法、在线问卷调查法、在线测验法、在线实验法等。而采用的质性研究方法涉及在线观察法、在线访谈法、在线个案法等。另外，诸如互联网民族志、计算机支持的社会网络分析法等独具互联网特色的在线研究方法也逐渐兴起。三是研究对象上重点关注青少年群体。作为网络使用族群的重要主体，青少年群体日渐成为网络生活研究、讨论的主要对象。青少年之所以成为研究的焦点，是因为他们是伴随着互联网崛起与发展而成长起来的“N 世代”，网络已经成为他们的重要活动场域和生活空间。作为青少年的重要他人，教师是青少年成长的引路人。在网络生活尤其是学生网络生活方式研究的促逼下，教师网络生活方式逐渐成为教师工作生活领域研究的重要议题。

二、教师网络生活方式研究的主要内容

作为一种新型生活方式，教师网络生活方式是教师在网络世界中，借助数字化符号中介形成的较为稳定的生活样式。目前国内学者主要是从教师网络教学方式、教师网络学习方式、教师网络社交方式、教师网络休闲方式等教师网络生活方式各个领域展开分析和探讨，并未对教师网络生活方式进行整体分析和探讨。

1. 教师网络教学方式研究

教师网络教学方式是教师网络生活方式的重要组成部分。伴随着信息技术在教育教学中的推广与应用以及教育信息化建设的不断推进，国内学者逐渐将研究的焦点聚集在教师网络教学方式上，研究内容涉及以下几个方面：

教师网络教学素养及角色。教师网络教学是学校利用计算机设备、互联网技术对学生实施信息化教育的一种教学模式，它具有学生主体化、形式多元化、教材科学化、素质合理化等特点。[1]教师网络教学的顺利开展需要教师具有良好的网络教学素养。那么，何谓教师网络教学素养？它是教师利用网络技术、网络资源等辅助教学或实施教学的素养，包括网络教学意识、网络教学设计能力、实施网络教学交互的能力、网络教学媒体应用能力、网络教学资源应用与建设能力、网络教学评价能力等内容。[2]由于网络教学中教师必须完成信息处理、信息显示、学生反馈性信息的诊断与评价、向学生提供学习反馈等多项教学任务，因而教师需要扮演启发诱导、反馈调控、评价辅导等教学角色。[3]胡勇利用贝尔格(Berge)的四维角色模型(包括教学性、管理性、社会性、技术性)对教师网络教学角色进行的实证研究发现，教学性角色、管理性角色是教师扮演的最重要的角色。[4]

教师网络教学现状及其问题。梁林梅等学者采用问卷调查法、深度访谈法对教师网络教学现状进行了调查，结果表明：大学教师网络教学动机具有多样性；学校管理部门对教师的网络教学采取提倡、但不强制的政策，为教师提供的培训、服务或支持极为有限；教师网络教学的时间、精力投入存在较大差异。[5]也有论者研究指出，教师的网络教学意识较为淡薄、信息素养比较欠缺，相关资源建设不健全；学校缺乏相关政策的支持和激励措施等。[6]另有论者认为，高校教师网络教学存在着教师教育观念陈旧，教师知识水平不全面，教师网络教学行为不当，教师网络教学监控不足等方面问题。[7]

教师网络教学的阻抗因素。影响教师网络教学的因素是多方面的，既有主观因素，也有客观因素。有论者认为，阻碍教师开展网络教学的因素包括态度和观念因素、教学因素、技术因素、政策与管理体制因素、知识产权因素。[8]另有论者指出，对时间和精力投入的担心是影响教师开展网络教学的首要因素[9]，其他因素包括政策、支持和培训问题，网络、平台问题，信息技术能力欠缺，缺乏适合的资源，与专业(职业)发展冲突等。[10]在网络教学的众多影响因素中，教师是关键性因素。有论者认为，影响教

师网络教学的个体因素主要包括教师计算机知识的有限性与网络课程平台建设技术的矛盾，教师习惯惰性与网络课程设计的高标准的冲突，教师精力与网络课程管理的多样化之间的矛盾，教师职业倦怠和社会对教师高期望、高要求之间的冲突等。[11]

教师网络教学的优化策略。针对教师网络教学现状及其存在的问题，学者们分别提出了相关改进建议。譬如，梁林梅认为，要激励高校教师从事网络教学，需要在顶层制度设计层面将网络教学支持服务纳入教师发展支持体系中，将网络教学支持服务与教师网络教学的具体能力需求相结合。[12]另外还应进一步加强学术研究，突破网络教学平台设计与开发的瓶颈，鼓励有经验、有兴趣的教师开展网络教学的先行示范等。[13]也有学者认为，需要更新教师观念、转换教师角色，促进教师网络实践性、条件性知识发展，提高教师网络教学监控能力，优化教师网络教学行为等[14]，从而达到促进教师积极开展网络教学的目的。

总体而言，教师依托互联网进行的教学活动是教师网络生活、网络实践的根本和价值所在。网络教学为教师工作生活研究开辟了新的问题域，诸如教师网络教学角色认同、教师网络教学行为偏差、教师网络教学与现实教学的辩证关系及其相互作用机制、教师网络教学质量、网络教学文化建设等相关问题有待深入研究。

2. 教师网络学习方式研究

移动互联网和信息技术的普及与应用，为教师的自主学习、个性化学习提供了新的技术平台。网络研修与学习成为教师专业自主发展的重要途径，也成为教师网络生活方式的重要组成部分。国内学者着重探讨了教师网络学习模式、教师网络学习影响因素、教师网络学习现状及改进策略等议题。

教师网络学习内涵及其构成。教师网络学习是教师利用网络进行的学习活动，通常可分为正式(网络)学习和非正式(网络)学习两种不同形式。[15]有论者认为，教师网络学习是教师为解决工作中的问题而在网络环境中进行的人人交流、人机交流、人网交流，是一种非正式学习。[16]也有论者认为，教师网络学习是教师在由信息技术所创设的、具有全新沟通机制和全新研修模式以及丰富资源的网络培训环境中，开展的网络自主研修学习活动，[17]具有学习的自我主体性、实践指向性、动态开放性等特点。[18]教师网络学习活动类型复杂多样，可以细分为网络资源浏览、网络信息检索、网络信息加工、网络交互、网络交流、网络协作、网络知识生成、网络知识管理、网络协同、自我反思和监控等。[19]此外，马立等学者认为教师网络研修模式的要素框架包括网络研修平台、学习共同体、混合式学习、资源与互动、评价与管理系统。[20]张成光构建的基于网络环境的教师教育技术混合培训模式包括学前分析、课堂教学、在线学习、教学评价、实践指导、综合评价六个部分。[21]

教师网络学习的影响因素。影响教师网络学习的因素既有内部个人因素，也有外部环境因素。从个人因素来看，主要有教师的性别、年龄、教龄、上网经历[22]，以及教师职称、行政职衔、教育背景等。[23]此外还涉及“上网后易被网上其他内容吸引，难以集中精力开展学习”、“不习惯在同伴讨论和交流的状态下学习”、“电脑和网络操作水平不够”等其他个人因素。[24]就外部因素而言，主要涉及基础设施、学习支持、同伴影响等不同维度。其中，与基础设施有关的因素包括“网速慢”、“上网不方便”等；与学习支持有关的因素主要有“网络教学指导教师水平不高”、“网络技术支持和服务水平不高”、“学校领导不支持”、“学校、教育局提供的网上学习环境不支持”等；与同伴影响有关的因素则包含“需要时间等候别人回应”、“学习效果受网上学伴态度和水平的影响”。[25]

教师网络学习状况及问题。有论者通过数据挖掘行为分析发现：教师网络学习方式注重基于资源浏览的自主学习，以及基于交流研讨的协作学习；教师网络学习工具的使用情况并不理想，尤其是较少应用效能学习工具。[26]另外，网络学习认识不足，网络学习资源匮乏、平台分散，评价方式缺乏创新等也是当前教师网络学习存在的主要问题。[27]黄伟通过对教师博客群学习行为的实证研究发现：基于博客群的教师网络学习向着主题学习、深度学习方向发展，但尚处于起始阶段，同时存在着学习自觉性不够、交流积极性波动较大等问题。[28]

教师网络学习的改进策略。针对教师网络研修与学习存在的诸多问题，学者们从各自角度提出了优化策略。黄伟提出落实已有政策、加强经费投入，注重资源整合、学分互认，统筹教师网络学习平台，构建网络学习社区，促使教师网上、网下学习有机结合等五大策略。[29]孟召坤等则主张积极改善教师网络学习条件、增强教师网络学习体验，构建教师网络学习共同体、促进教师专业发展，持续开展信息技术能力培训、增强教师技术自信心，打造专业化进修资源库、为教师自主学习提供一站式进修平台，弘扬学习资源生态观、建立优质资源共享激励机制。[30]郭绍青等从设计参与式学习活动、价值收益取向的学习初体验、融入学习指导的 LAMS 学习活动序列、意见领袖引领的深度交流与自我反思等方面提出了相关建议。[31]

尽管国内研究者对教师网络学习现状、影响因素等相关问题进行了初步探讨，但仍有待加强。在移动互联网时代，需要科学、合理地运用数据挖掘、社会网络分析、信息可视化、内容分析、网络民族志等方法和技术，对教师网络学习方式展开更系统、深入的研究。譬如，加强教师网络学习行为偏好与特征、教师网络学习行为跟踪与分析、教师网络学习体验、教师网络学习情境性评价、教师网络学习效果评价、教师自适应学习系统研究与设计等方面的研究，从而推动教师网络学习方式研究的不断深入。

3. 教师网络交往方式研究

信息通信技术和互联网的发展与普及，拓展了教师交往对象与范围，改变着教师交往方式，孕育形成一种新型的交往方式——网络交往。那么，作为教师网络生活方式重要组成部分的网络交往有何特征？网络交往现状如何？存在哪些阻抗因素？如何促进教师的网络交往？学者们对诸如此类的问题展开了较深入的探讨。

教师网络交往的内涵与类型。关于教师网络交往的含义，存在着两种不同观点：从宽泛意义上来讲，教师网络交往是以计算机网络为信息平台，以信息、符号传递与共享在网络空间中达成的相互沟通、相互理解，进而影响、改变人们相互关系的活动。[32]从狭义的角度来看，教师网络交往主要是指与教师同行、教育理论专家之间进行的专业教学研究交往，是以教师的专业发展为根本指向的网络人际交往。[33]教师网络交往类型、模式复杂多样。譬如，从交往对象看，包括学习者与学习者之间的交往、学习者与指导老师之间的交往、指导老师与指导老师之间的交往等；[34]从交往层次来看，可细分成浅度交往、中度交往、深度交往三个层次。[35]此外，就师生交往模式而言，常见模式有基于电子邮件的信息沟通模式、基于聊天室的适时对话交往模式、基于博客的信息交往模式、基于校园 BBS 的信息交流模式。[36]

教师网络交往状况及其存在的问题。教师网络交往现实状况如何？可能存在哪些问题呢？国内学者运用社会网络分析法、内容分析法、问卷调查法和访谈法等研究方法，对教师虚拟社区中的交互行为、网络位置等问题进行了探讨。譬如，刘敏等通过对教师虚拟社区中意见领袖的社会网络位置以及社会网络角色的研究发现：意见领袖处于核心位置，扮演重要的中间人角色，并控制着社区的信息折射、资源流动。[37]谢英香等人从虚拟社群社会网络的形式化表达、中心性分析、博客的点度和虚拟社群的密度、多维量表(MDS)分析四个维度对虚拟教师社区中的群体结构特征、不同网络位置的影响力进行了深入分析。[38]学者们研究发现，教师网络交往存在着教师远程培训在线交往的热情亟待提高、交互内容设计上存在着问题[39]，在线交互中“观望者”多于“参与者”[40]，教师远程交互质量不高[41]等方面的问题。

教师网络交往的影响因素。关于影响教师网络交往的因素，国内学者从各自角度进行了剖析。譬如，杨冠英等将其总结为交互参与者的自身因素、交互活动的实用性缺乏、平台环境的交互功能缺乏三方面。[42]张雯则将其概括为知识层面因素(包括主题的新颖性、内容的呈现形式、内容与实际的关联性)、技术层面因素(界面交互性、网速快慢、计算机技能)、社会层面因素(指导教师参与、交互对象熟悉与否、问题及时回复)。[43]许素认为，影响教师网络交往的因素包括平台交互环境的设计，现实中的交互关系，在线共同体团队的组织结构，教师个人的态度、需求、时间等个人因素。[44]

教师网络交往的促进策略。如何促进教师网络交往呢?杨冠英等学者从互动参与者、交互活动、平台环境三个方面提出了促进教师网络交往或交互的策略。[45]许素则认为，若要切实提高教师网络交往质量，需要转变教师专业学习和发展观念，发挥优秀教师专业引领、示范作用，积极开展多样化的培训活动，完善教师专业发展平台的交互功能，制定多元化评价机制以及支持和鼓励政策。[46]

综上可知，学术界对教师网络交往方式问题展开了较为深入的研究，为网络交往实践提供了指导。但关于教师网络交往价值及其实现、教师网络交往行为模式、教师网络交往异化、成因及其策略、教师网络交往对现实交往的影响及其作用机制、教师网络交往的满意度等一系列问题值得深入探讨与分析。

4. 教师网络休闲方式研究

网络休闲方式是教师借助互联网，在虚拟网络空间形成的较为稳定的休闲活动模式。目前国内已有研究成果主要集中在教师网络阅读、网络博客行为、网络游戏、网络购物等方面。

教师网络休闲行为偏好。教师平时上网主要做些什么呢?有论者研究指出，教师使用网络不只是用于教学和科研，而是更多地用于新闻资讯的了解以及娱乐与交流等。[47]另有研究表明，在教师网络使用行为中，排在首位的是“休闲娱乐”(如 QQ 聊天、网络音乐、网络游戏、网络视频等);其次是工作交流(如电子邮件、BBS 论坛、博客等);再次是浏览新闻、文献检索和积累素材;最后是网络商务。[48]

教师网络博客行为。吴满意等学者对教师网络博客行为的调查发现:教师网络博客行为呈现出开阔视野、交流学习、提升能力等良好态势，但存在着“有一定的博客意识但不重视”等方面问题。[49]廉思研究指出，教师在微博、博客的使用方面具有“使用多、更新快”的特点，教师使用微博、博客的目的主要是“抒发个人情绪与感情”、“关注、寻找有价值的社会问题”。[50]

教师网络阅读。教师网络阅读是教师借助计算机技术，网络技术等以获取信息与知识，完成意义建构的一种阅读行为。那么，互联网时代的教师是如何开展网络阅读的?存在哪些问题?有论者从网络阅读目的、网络阅读工具、网络阅读方式、网络阅读内容、网络阅读时间、网络阅读的评价等方面对教师网络阅读情况进行了调查[51]，教师网络阅读存在着倾向于选择数字化阅读、不能平等理性地对待纸质化阅读和数字化阅读[52]，网络阅读在教师教学科研中存在尴尬局面、网络阅读版权问题堪忧、网络监管机制不健全[53]等方面问题。

教师网络游戏。有研究表明:超过七成的青年教师曾经接触过不同类型的电子竞技或网络游戏，超过两成的教师表示曾经达到“迷恋”状态。在对网络游戏的清晰认识上，分别有 65.9% 和 58.7%的教师表示“网络游戏会消耗时间、消磨意志”、“玩网络游戏容易上瘾”。[54]

教师网络购物。有论者研究指出，教师每月网购频率在 2 次以下的比例为 82%;教师网购网站通常为“当当”、“卓越”、“淘宝”等网站;在实体店购物与网络购物的比例中，56% 的教师群体网购比例只有实体店购物的 1/7;在经常网购项目上，大多限于图书和衣服。[55]

现如今，网络休闲已成为人们休闲的常态，不少教师也将网络休闲作为重要休闲方式。然而，教师网络休闲认知及其规律、教师网络休闲行为特征、阻碍教师网络休闲的因素、教师网络休闲潜在风险、教师网络休闲与现实休闲的冲突及其平衡策略、教师网络休闲文化建设等诸如此类的问题亟待关注和加强，以便为教师的网络休闲提供指引。

三、教师网络生活方式研究的反思

近年来，教师网络生活方式尤其是网络教学方式、网络学习方式引起国内学者的普遍关注与重视，取得了较为丰硕的研究成果，但纵观已有研究成果不难发现，教师网络生活方式研究虽然取得了阶段性成果，但依然存在着专门系统研究欠缺、研究深度不够、研究视角较为狭窄、研究工具与方法较为单一等方面的缺失和不足，亟待加强。未来研究需要厘清核心概念内涵、拓宽研究视角、深化研究内容、创新研究方法，以推动教师网络生活方式研究的深入。

1. 专门、系统研究欠缺

就目前研究成果而言，教师网络生活方式的专门性、系统化研究明显不足，具体体现在两个方面：一是注重现实生活世界中教师工作生活方式的研究，相对忽视虚拟网络世界中教师网络生活方式研究。也就是说，以往研究者往往将研究重点定格在现实生活世界中教师的日常生活方式以及教学生活上，着重探讨了教师教学生活的内涵与特性、教师生活方式的影响因素、教师生活方式现状、教师生活方式的优化策略等层面，而对虚拟世界教师网络生活状况尤其是网络生活方式关注得不够，更缺少对教师网络生活方式评价指标等相关问题的系统研究。二是相对于学生网络生活方式研究而言，教师网络生活方式研究略显不足。在网络时代，互联网已成为人们日常生活中不可或缺的沟通渠道和生存空间，但学术界“对于网络生活方式的系统化、数量化研究比较欠缺”[56]，教师网络生活方式研究也是如此。目前已有研究成果大多是针对学生网络生活方式展开的调查研究(王珠珠，2009；黄荣怀，2013、2014、2015；周颖，2014；聂竹明，2013)，而专门针对教师网络生活方式的系统研究并不多见，从而导致我们对教师的网络生活状况知之甚少。教师网络生活方式系统研究的缺失显然不利于国家信息化尤其是教育信息化建设以及教师网络生活健康、可持续发展。

2. 研究视角比较单一

从仅有的研究成果来看，虽然学者们对教师网络生活方式的各个维度或构面均有所涉及，但依然存在着研究视角比较单一的局限或不足。一是注重细节、局部视角，忽视整体、全面视角。国内研究者主要是对教师网络生活方式的某一领域或维度进行分解式研究或“碎片化”研究，而缺少整体的、综合化研究。也就是说，虽然学者们对教师网络教学行为、网络信息行为、网络学习与研修行为等教师网络生活的相关领域给予了应有的关注，但缺少从生活方式或生活结构角度对教师网络生活方式进行整体式观照和综合化研究。二是重视单一学科视角，忽视跨学科视角。以往研究者注重从专业发展的角度对教师网络生活方式进行探讨、分析，因而我们也就不难理解为什么已有研究成果大多聚焦在教师网络教学、网络研修与学习等专业生活领域，而关于教师网络社交、网络娱乐、网络消费等日常生活领域的研究成果则相对较少。此外，作为一个复杂概念和范畴，教师网络生活方式既是一个系统范畴，也是一个社会范畴；不仅是一个历史范畴，还是一个文化范畴，因而涉及网络社会学、文化人类学、传播学、网络心理学、生存哲学等多学科领域，需要从多学科角度进行跨学科研究，合理汲取相关学科的思想养料，唯有如此才能推动教师网络生活方式研究的深入发展。

3. 研究深度明显不够

在移动互联时代，教师网络生活方式的崛起及其发展为教师工作生活研究开辟了新的问题域，出现许多亟待解决的新问题。然而，目前教师网络生活方式研究往往停留在表层化、静态化、浅层化的现状描述上；有的是运用相关学科理论成果(如技术接受理论模型)进行的应用性研究，而缺乏系统的、“本土化”研究。从目前研究成果来看，学者们对教师网络生活方式的研究主要涉及教师网络教学行为、网络信息行为、网络学习与研修行为等网络生活细节层面，但对于教师网络生活方式内涵、构成要素或结构模型，教师网络生活方式生成机制与演变规律，教师网络生活方式测评模型，教师网络生活方式状况及存在的问题、影响因子，教师网络生活方式优化策略等宏观、综合性问题关注不够，研究深度明显不足。总体来看，教师网络生活方式研究尚处于起步阶段，亟待加强。

4. 研究工具、方法有待探索

虽然国内部分学者在借鉴计划行为模型(TPB)、技术接受模型(TAM)的基础上，构建出教师信息行为分析模型、教师网络教学行为模型等生活模型，在一定程度上为教师网络行为的后续研究提供了可资借鉴的工具，但教师网络生活方式研究仍然缺少一套行之有效的研究工具，尤其是缺少教师网络生活方式测量量表和评价工具。正是缺乏科学、有效的研究工具或模型，导致以往教师网络生活状况调查维度较为随意，难以全面、真实勾勒和反映教师网络生活方式全貌。此外，从研究方法来看，研究者往往停留于教师网络生活行为、网络生活状况的量化研究，缺少对教师网络生活状况、网络生活方式的质性研究(如叙事研究、现象学研究)，更缺乏量化研究与质性研究有机结合的典型案例。即便是有论者运用人种志研究方法开展研究，但也只是对小学教师计算机和网络使用展开的个案研究[57]，并未涉及作为整体的教师网络生活方式。因此，教师网络生活方式研究工具与方法有待进一步发展和完善。

◎ 参考文献

[1][6] 方旭．高校教师网络教学影响因素和对策研究[M]．北京：科学出版社，2015：7.

[2] 郑燕林，李卢一，王以宁．教师网络教学素养的构成及培养[J]．现代远距离教育，2009(2)：71-74.

[3] 史晓宇．网络教学中教师角色的认同与构建[J]．电化教育研究，2009(5)：53-55.

[4] 胡勇．网络教学中的教师角色实证研究[J]．开放教育研究，2009(2)：92-96.

[5][10][13] 梁林梅，罗智慧，赵建民．大学教师网络教学现状调查研究——以南京高校为对象[J]．开放教育研究，2013(1)：74-84.

[7][14] 邹玲，刘洋．英语教师网络教学状况的调查与分析[J]．教育学术月刊，2009(8)：40-41.

[8] 杜玉霞，徐福荫．高校教师开展网络教育的阻碍因素研究[J]．中国电化教育，2006(11)：31-33.

[9][12] 梁林梅，李逢庆．如何激励和支持高校教师从事网络教学：国际经验与对策[J]．开放教育研究，2014(6)：23-35.

[11] 宋凤宁，苏良亿，黎玉兰，方艳娇．高校网络教学中教师阻抗因素探析[J]．江苏高教，2004(4)：58-60.

[15][16] 黄伟．教师网络学习探析——基于非正式学习视角[J]．中国教育学刊，2010(6)：73-76.

[17][18][19][26] 吴淑苹．基于数据挖掘的教师网络学习行为分析与研究[J]．教师教育研究，2013(3)：47-55.

[20] 马立，郁晓华，祝智庭．教师继续教育新模式：网络研修[J]．教育研究，2011(11)：21-28.

[21] 张成光．基于网络环境的教师教育技术混合培训模式研究[J]．当代教育科学，2014(1)：24-27.

[22][24][25] 郭绍青，马丽．西部小学教师网络学习行为个案调查与分析[J]．中国电化教育，2009(1)：55-59.

[23] 徐源，程进军，于延梅．教师网络学习行为的实证研究[J]．中国电化教育，2009(12)：56-61.
[27][29] 黄伟．教师网络学习：问题与对策[J]．现代远距离教育，2010(5)：41-44.
[28] 黄伟．教师基于博客群网络学习行为的实证研究——以海盐教师博客为例[J]．中国电化教育，2010(11)：22-27.
[30] 孟召坤，兰国帅，徐梅丹，张一春．中小学教师网络学习现状调查研究——以新疆生产建设兵团为例[J]．中国远程教育，2015(6)：60-66.
[31] 郭绍青，权国龙，赵健．促进教师网络环境下有效学习的研究[J]．中国远程教育，2010(10)：49-53.
[32][36] 刘建华．师生交往论：交往视野中的现代师生关系研究[M]．北京：北京师范大学出版社，2011：135，139-140.
[33] 姚明．教师虚拟学习社区交往研究——以信息技术课程网“大路论坛”为例[D]．南京：南京师范大学，2008.
[34][43] 张雯．基于教师网络研修社区的社会性交互研究[D]．福州：福建师范大学，2014.
[35] 黎加厚．“李克东难题”与网络环境下教研团队的成长[J]．中国信息技术教育，2009(7)：5-6.
[37] 刘敏，胡凡刚，李兴保．教师虚拟社区意见领袖的社会网络位置及角色分析[J]．中国电化教育，2014(2)：46-53.
[38] 谢英香，冯锐．虚拟教师社区中博客网络位置的影响力研究[J]．现代教育技术，2010(1)：97-100.
[39] 张艳华．中小学教师远程培训在线交互中存在的问题及对策研究——以北大网络学院开设的远程培训为例[D]．西安：陕西师范大学，2011.
[40] 刘丽南，任剑锋．协作知识建构视角下的教师论坛组织策略研究——以教师论坛网中的教师为研究案例[J]．现代教育技术，2009(10)：94-97.
[41] 贾巍，黄兰芳．农村中小学教师远程学习中的交互分析[J]．成人教育，2013(5)：69-70.
[42][45] 杨冠英，李政，野菊苹．在线教师专业发展的学习共同体交互策略研究——从 eMSS 项目中得到的启示[J]．中国远程教育，2013(2)：60-64.
[44][46] 许素．基于永康市教师专业发展平台的教师共同体交互研究[D]．金华：浙江师范大学，2010.
[47][53] 冯瑞珍，周峰．河北大学教师网络阅读情况调查分析[J]．东南传媒，2011(3)：74-75.
[48][54] 李莹．高校青年教师网络使用及其对心理健康影响的调查研究[J]．现代远距离教育，2010(1)：38-41.
[49] 吴满意，张凤军，谢海蓉．校园网络博客管理专题研究[M]．成都：电子科技大学出版社，2012：256.
[50] 廉思．“理念人”的消逝与彷徨——政治与世俗语境下高校青年教师公共性研究[J]．中国青年研究，2012(2)：26-31.
[51] 王强，倪秀，史望颖．数字化时代，阅读开机有益？[N]．中国教育报，2015-04-23(1).
[52] 袁蕊．中小学教师阅读现状及改进策略研究[D]．无锡：江南大学，2014.
[55] 曾祥敏，朱向峰，王依然．北京地区大学生与教师网络媒介接触代际差异研究[J]．现代传播，2011(9)：134-135.
[56] 王利刚．网络生活方式的测量与分类研究[D]．北京：中国科学院研究生院，2012.
[57] 王雅杰，刘美凤．小学教师使用计算机和网络的个案研究[J]．电化教育研究，2007(1)：84-87.

·高端论坛·

法学实践课程教学改革探讨

孙　晋　闵　鑫

(武汉大学法学院，湖北　武汉　430072)

摘　要：法学作为一门实践性科学，实践教学对培养法科学子的法律思维、创新能力和职业技能至关重要。本文通过考察我国法学实践教学发展的现实状况，从中发现我国现阶段法学实践教学存在缺乏系统理论做指导、缺少刚性制度作依托、缺乏专门的教学资源作支撑等方面的问题，提出要在教学内容、教学方法、考核评估方式方面进行教学改革，并构建了法学实践课程的基础教学、专题教学、综合教学三阶段，对法学实践教学改革提出了自己的思考。

关键词：法学实践课程；教学改革；教学阶段；课程设计

Discussion on Law Practice Teaching Reform

Sun Jin　Min Xin

(School of law, Wuhan University, Wuhan, Hubei, 430072)

Abstract: The science of law is a practical science, and practice teaching is very important to cultivate law students´ legal thinking, innovative ability and professional skills. This article examines the current situation of the development of law practice teaching in our country, and discovers the problems existing in the current law practice teaching in our country. On this basis, we propose to reform the teaching content, teaching methods, and assessment methods. Then we construct the three phases of basic teaching, special teaching and comprehensive teaching of law practice course, and put forward my own thinking on the law practice teaching reform.

Key words: Law practice course; Teaching reform; Teaching stage; Course design

2017年5月3日，习近平同志在中国政法大学考察时指出，法学学科是实践性很强的学科，法学教育要处理好知识教学和实践教学的关系。要打破高校和社会之间的体制壁垒，将实际工作部门的优质实践教学资源引进高校，加强法学教育、法学研究工作者和法治实际工作者之间的交流①。当前我国进入了新时代，高等教育立足"四个服务"科学方针，正沿着加快"双一流"建设，实现"内涵式发展"方向改革，法学学科建设也迈上了新的征程，承载着新的时代使命。但是，我国现阶段的法学教育对于实践教学方面的理论研究和具体的模式设计，仍处于探索和试验的阶段，致使法学实践教学的效果不甚理想。

收稿日期：2018-04-10

作者简介：孙晋(1971—　)，男，安徽金寨人，民商法博士，武汉大学法学院教授，博士生导师，武汉大学竞争法与竞争政策研究中心主任，主要研究方向经济法、竞争法、国有企业法。闵鑫(1993—　)，男，安徽金寨人，武汉大学2015级法律硕士，主要研究方向竞争法。

①　人民网-人民日报，http://theory.people.com.cn/n1/2017/0609/c40531-29328403.html.

一、法学实践课程概述

（一）法学实践课程的概念

法学实践课程的基本概念是探究教学改革的开山之石，但目前对法学实践课程的研究尚少，对其基本定义的认识模糊不清。从字面上看，法学实践课程的定义包含于实践课程的大框架之中，是实践课程的二级分类。教育学通说认为，实践课程是国家规定的有计划、结构性地以全体学生为教学主体，促进学生认知和能力的协调统一发展为主要目标，以过程为主、结果为辅作为评价方式的课程。

“法律的生命不在于逻辑，而在于经验”，法学教育的目标旨在塑造有法律思维、职业道德和职业品格的法律人才。法学实践课程在法学教育中主要扮演提升实践能力、强化理论知识和培养法律思维的重要功能，对法律人才的培养具有不可忽视的重要作用。综上，笔者认为法学实践课程便是以巩固理论教学成果、培养法律思维和实务能力为目的，以学生为主体，对学生实际运用所学法学理论知识、解决实际法律问题的能力为考核评价对象的课程。

（二）法学实践课程教学改革的必要性

1. 传统的教学模式无法达到法学教育的培养目标

我国深受儒家文化影响，整个社会有“息讼”、“厌讼”、“恶讼”的情绪。法律在封建时期历代都是治理百姓的专政工具，所以尽管在春秋战国时期就出现了法律，法学教育却并未兴起，也未形成独立的法学教育思想。这使得我国法学教育思想同其他学科的教育思想一样，以传道授业解惑为教学目标，忽略了实践技能教学，对法学实践教学的重视程度不够。在这种教育思想的渲染下，我国的法学教育以解释和帮助学生理解法条为主要内容，学生往往并非真正理解法条，而是依靠记忆具体情形认定法律关系，而当出现另一相似情形时，又陷入犹豫。

法学教育的目标是培养一批具有高素质法律研究能力和法律应用能力的优秀人才，为社会主义法治事业添砖加瓦。由于传统教学过程模式对法学实践教学理论研究不够、教师队伍不齐、基础设施不全等多方面掣肘，传统的法学实践课程往往流于形式，不仅不利于学生对法学理论的深层次理解，也束缚了法科学子的实际动手能力。因而，适应法学教育目标要求，改革旧有固化的教学模式，着力探讨一整套实践教学设计方案势在必行。

2. 法学实践课程教学改革是社会创新发展的现实需要

党的十九大报告指出，创新是引领发展的第一动力，是建设现代化经济体系的战略支撑，要培养造就一大批具有国际水平的战略科技人才、科技领军人才、青年科技人才和高水平创新团队①。社会的创新发展，归根到底是由人推动的，中国法学创新人才培养的目标，就是要让成文法忠诚的脚步追得上社会经济生活发展变迁的翅膀，而这，靠的就是实践课程的因势利导和法律人对法律的能动适用。法学实践课程教学改革立足根源对人才培养模式进行调整，从思维方式、认知规律、教学板块等多方面深入变革，给法学教育提供新的发展范式。

现如今，随着电子产品的普及和运用，微信、微博等新兴媒体进入人们视野，电子数据等新型证据种类要求不断丰富法律实务操作技能；金融领域、互联网领域新产品、新服务持续涌现，证券交易、共享经济、电子支付纵深发展，呼唤新型法律规制监管；环境整治、能源升级，小康社会的全面建成都需

① 中国经济网-经济日报，http://news.eastday.com/eastday/13news/auto/news/china/20171201/u7ai7244385.html.

要法治社会的制度保障，要求法律人才培养顺应社会变化发展需要，创新法学教育模式，拓宽法学实践教学空间，以法学理论指导法学实践，将法学理论转化为法学应用。而这其中的连接点就是对法学实践课程的教学改革，最终也会对社会创新发展产生原动力。

3. 法学实践课程教学改革是促进法学理论深入研究的必由之路

洪堡大学创办人、德国教育改革家洪堡最先提出教学与科研相结合的思想，这一思想对大学教育具有十分重要的意义。法律是抽象的、概括的，理论则是具体的、复杂的，要将抽象的、概括的法律规则上升到法学理论，就必须联系实际，从法律中提炼理论，用理论推动法律的修改和完善，并结合具体事例进行实践教学。实践课程为法学理论创新提供源头活水，这一点在程序法的研究方面表现得更为显著。程序法的研究工作是不可能纯凭作图、笔记来完成的，具备实务经验的法律职业者对此更有发言权。加强实践教学，通过结合案例、联系刑事侦查取证、结合法院庭审现场来进行讲授，介绍司法机关如何审查、认定证据，如何运用证据来证明案件事实，如何形成合法的证据链条……从而使抽象的程序法规则形成体系，能够帮助学生对证据学理论予以理解，也可以使学生对我国法律实施现状有较为清晰深刻的了解，使法学理论研究扎根于社会现实，立论更加扎实，说理更加透彻。

在知识经济时代，理论发展的速度越来越快，知识的总量也成几何倍数增长。任何一个法学学者要保持知识优势，就必须与社会实践接轨，实现教学知识体系的新陈代谢和法学理论的丰富增长。我国迫切需要对法学实践教学进行改革，建立一种法学理论与实践相结合、以培养法律实践技能和法律职业道德为目标的实践课程体系，在此过程中促进法学理论研究的不断深入和更新。

二、对我国法学实践教学发展的考察

(一)我国法学实践教学的发展现状

我国法学实践教学起步较晚，2000年在美国福特基金的支持下国内知名的法学院校率先引进“法律诊所”式教育模式并逐步发展起来。历经十余年的时间，目前法学实践教学的形式主要有案例教学、模拟法庭、庭审观摩、法律诊所、毕业实习等。

1. 案例教学

案例教学起源于美国哈佛法学院，是教师提供案件信息或协助收集案例，然后由学生自己阅读案例、分析案情、确定争执焦点、了解争议原因、寻求解决方案，这是实践性教学运行之初普遍采用的教学形式①。但是，经过多年的实践，我国的案例教学目前还停留于简单的“以案释法”阶段，教学过程中所采用的案例都是已知的或虚拟的案件，一方面教师讲解的目的在于理论或法条的阐释，基本上是“老师讲、学生听”，忽略了学生在学习活动中的主动性；另一方面案情普遍简单化和标准化，忽视影响法律实践的社会现实因素，难以培养和训练学生的实际操作能力。

2. 模拟法庭

模拟法庭，即模拟法院开庭审理，学生以扮演不同角色的方式参与其中，在理解和运用程序法规范的同时，对案件中涉及的实体法问题进行分析和适用，从而全面掌握相关法律。这种教学形式对于提高学生的实务操作能力是非常有效的。但是，目前各法学院校中组织模拟法庭的次数不多，训练量不够，参加者大多为本科三、四年级的学生，适用面较窄，学生参与度不广泛；模拟法庭选择的案例覆盖面不广，90%的案例局限于刑法领域，其他学科如民法、商法、行政法、经济法都涉及较少，而且所选案例大

---

① 王崇敏，王琦. 法学实践性教学与应用型法律人才培养. 长春：吉林大学出版社，2011：79.

都简单明了，案件处理结果基本上没有什么争议，甚至模拟法庭的卷宗内容都是现成的，缺乏现实案件审理中的不可预见性，难以充分调动学生学习的主动性和积极性①。

3. 庭审观摩

庭审观摩是学校组织学生到法院相应的业务部门，包括诉讼服务中心、审判庭、执行局等亲临工作实景、旁听现场庭审全过程的教学形式。这样的方法能够让学生身临其境，感受司法氛围，启发学生从实践的角度发现问题和解决问题。但是，由于我国现阶段司法公开度、透明度受社会其他因素的影响，法院只会选择案情比较简单、分歧不大的案件作公开观摩之用，开庭前也不愿过多介绍详细的案情，旁听时学生无法很快进入情境、抓住要害，旁听后学生收获不大。这样，非但没有发挥庭审观摩教学法的优势，反而容易造成学生在庭审观摩过程中热热闹闹走过场，在庭审观摩之后没有什么实质性的收获。

4. 法律诊所

“法律诊所”的教学形式以其巨大的影响力推动了我国法学实践教学的发展：首先，它为学生提供了将法学理论知识运用于社会实践生活的机会，有利于提高学生分析问题和解决问题的能力②；其次，它将法律援助与法学实践教学有机结合，有利于培养学生的职业责任心和社会正义感。然而，“法律诊所”对于我国来说毕竟是“舶来品”，其在本土化过程中面临着诸多障碍。如法律诊所中学生的从业资格问题，在我国的司法管理体制下，法科学生在校期间大多尚未通过司法资格考试，他们无法以律师身份从事诸如阅卷、会见、出庭、辩护等法律服务活动，即使通过司法资格考试，也不允许在校学生进行律师执业注册，这样势必给学生在法律诊所中从事“准律师”活动带来很大不便。

5. 毕业实习

毕业实习是在学校的组织、指导教师的指导下，学生到司法实务部门工作一段时间，全面了解法律业务。这种实习是各高校普遍实行的课外实践形式，一般安排在法院、检察院或律师事务所等机构。它是对学生专业水平、社会经验、人品以及各方面能力的综合考察，非常必要。但是，目前毕业实习的效果并不理想：首先，实习时间较短、次数较少，一般学校只安排大四学生实习一个学期，学生不能很好地融入实习单位的工作氛围中；其次，在多数实习基地和单位中，学生大多不能参与到核心性的工作中去，到最后只是基本熟悉所在单位的职能权限、工作流程等。而这种停留在表面化、程式化的实习状态，造成学生面临法律实务问题时仍然手足无措，没有章法。

（二）现阶段我国法学实践教学存在的问题

法学实践教学在我国法学本科教育中开展以来，确实发挥了较大的作用。但是，相对于卓越法律人才教育培养计划的高标准要求，目前的法学实践教学还是低效率的，缺乏系统性和规范化。对比其他国家法学实践课程的教学发展，我国的法学实践教学所存在的不足主要表现在以下几个方面：

1. 法学实践教学缺乏系统的理论做指导

在法学本科教育中，关于培养学生法律职业能力的研究，基本上是孤立和分散的，处于自我研究、自我实践的初级阶段。对法学实践教学的基本要求、内涵、不同实践教学方法对人才培养的梯次作用以及相互之间的衔接等都没有形成系统的理论，远远未能达到指导实践的高度和层次③。而且，各法学院校普遍重视法学理论课的设置和课程之间结构的合理性，法学实践教学大多处于附属于法学理论课的地位，

---

① 霍宪丹. 中国法学教育反思. 北京：中国人民大学出版社，2007：98.

② 左卫民，高跃先，兰荣杰，刘晴辉，潘利平，等. 诊所法律教育在中国：本土化与多元化探索. 成都：四川大学出版社，2008：52.

③ 王健. 中国近代的法律教育. 北京：中国政法大学出版社，2001：72.

不能为法学实践教学理论的形成提供更多的实践平台。

2. 法学实践教学缺少刚性的制度作依托

在强调法律职业能力培养的背景下，要保障实践教学不受其他因素的影响和制约，必须借助系统而完善的制度，具体包括长期的实践教学规划，科学的实践教学体系，完整的实践教学计划、大纲和教材，充足的实践课时与实践项目，可靠的实践环境与设备保障，有效的实践教学评价等。目前，在法学本科教育中，实践教学在实施中通常被作为辅助理论教学的手段，忽视实践教学环节甚至压缩实践教学环节的情况，是比较常见的。可以说，教学效果的好坏完全取决于任课教师对实践教学的认知水平和重视程度，缺少统筹性的安排和考虑。

3. 法学实践教学缺乏专门的教学资源作支撑

法学实践教学中比较突出的问题是，法学实践教学所必需的资源包括人员、教材、空间、技术条件等，没有实现专门化。如缺少专职实践教学的实务教师，专门指导实践教学的用书很少，教学任务基本上是依靠理论课教师和实务案例用书来完成。可以说，教学资源的缺乏，已经严重妨碍了法学实践教学的可持续发展，不利于其在法学教育中的功能定位①。

4. 传统实践教学忽略校外实训环节

传统法学教育只重视校内模拟环节如案例分析、模拟法庭，忽略了针对具体课程的同步实训环节，学用脱节严重。法律诊所教育的教学适用对象的特定性(适于司法而不适于执法和仲裁等)和适用范围的有限性(参与的学生非常有限)，毕业实习与具体课程学习的不同步性以及笼统性，决定了二者不能从根本上解决学用脱节问题。实践教学二元理论下的校内模拟练习与校外全真实训同步结合方是治本之道。

三、法学实践课程教学改革的内容

(一)教学内容的改革

1. 教学重点需以社会需求为导向

当前，我国进入新时代，各项改革进入深水区和攻坚期，市场经济建设过程中新问题层出不穷，全球化浪潮席卷下国际海商事贸易与日俱增；依法治国进程不断加快，法治国家、法治政府、法治社会三位一体建设方兴未艾，都需要具有深厚法学功底和丰富实践经验的法律人才作出回应，社会发展对法学创新人才需求甚广。走进招聘会现场，浏览律师事务所、企业的招聘简章，不难发现整个社会对于法律人才的需求集中于经济法、民商法等专业，而许多法学院校却沉迷于建设自身优势学科，忽略了社会对实践性人才的需求。实践课程中涉及市场经济法律制度、知识产权制度以及国际经济法律制度等的课时所占比重不够，课程广度和课程深度都远远落后于社会需要。法律人终将为社会服务，以整个社会为法律实践的舞台，理想的法学教育应将法律知识与实践技能二合为一。卢埃林的名言之一就是：“不管律师有什么其他需要，最低限度他需要可靠的技能。只有技术而没有理想是罪恶，只有理想而没有技术是愚昧；在法律方面，希望将理想变成有效的蓝图就要将这些理想用头脑清醒的有效的技术过滤。”

法学实践课程要牢牢把握时代特征，明确社会需求，使法律人才培养目标与社会创新发展需求相配套，也只有将人才培养与社会相挂钩，许多法律问题才能迎刃而解。人类的建构是“理性”信念和“非理性”环境的混合体，任何经济模型和制度架构都无法刻画特定经济增长和社会变迁的复杂性。法学更是如此。法律问题的解决，不仅需要法律人精研法理，而且需要法律人洞明世事、练达人情；不仅要求法律

① 侯强. 中国近代法律教育转型与社会变迁研究. 北京：中国社会科学出版社，2008：102.

人准确适用法律，而且要求法律效果、社会效果与政治效果的统一①。脱离社会需求的指引，还会导致毕业生就业率的低下，社会资源的浪费。所以法学实践教学终究需要回归社会，通过开设更多的实践课程，让学生全面接触社会、认识社会，增强其对司法实践的认识，进而在今后的法律职业中更好地融入社会。

2. 教学素材需深度甄选

《中共中央关于全面推进依法治国若干重大问题的决定》提出了建设中国特色社会主义法治体系，建设社会主义法治国家的总目标，强调要加强法学基础理论研究，形成完善的中国特色社会主义法学理论体系、学科体系、课程体系，组织编写和全面采用国家统一的法律类专业核心教材，纳入司法考试必考范围②。这些论述高屋建瓴，给法学实践课程教学改革指明了方向。

法学实践课程的教学目标为培养理论基础扎实、实践能力强的复合型法律人才，因此在教学素材选择上要由狭窄、偏理论化的内容向宽口径、理论实践相互渗透的方向发展，形成开放型学习态势。在课时充分的前提下，可以增加程序法原理的教学素材，并将一切社会热点、难点法律关系问题都纳入实践教学对象。除此之外，学校可以考虑将法科学生的实际需要作为实践教学内容。大部分的法科学生在本科第三年开始将注意力集中在司法考试复习上，类似刑事诉讼法课程中公安机关、检察院的补充侦查以及二审、再审中各种法院裁判形式等问题都属于学生难以理解的问题。在教材选取上可偏向于帮助学生理解、记忆相关问题的内容，例如选取法律文书教材，或者适用模拟法庭进行的审判程序教材。

虽然目前没有成册的法学实践课程书面教材，但我们可以法学理论课程为基础，以教师的实践经验、教学经验为指导，教师、学生共同参与教材设计。当然，实践教学离不开合理的教学内容设计、条例清晰的实践步骤。教学素材的编排，应遵循法学理论课程的教学顺序，遵循学生的认知特点，遵循法学教育的总进度。

3. 教学资源需统筹整合

法学实践课程不应仅仅局限于校内课堂，也应积极开拓校外实务课堂，探索校内模拟练习和校外全真实训的有机结合，形成良性互动。囿于校内课堂培训设施的局限性和实践教学教师数量的有限性，将法学实践课程全部安排在校内实在难以达到最佳效果。因此，在课程筹建时，可以与当地法院、检察院、仲裁委、物价局、工商局等实务部门联系，组织学生到一线参观实习。校外实务部门安排相应对接老师，负责每天的考勤和任务分配。按照教学安排，重点训练学生文书写作、案件研讨、资料检索整理、会见当事人等工作。让学生接触第一手案卷，直观了解案件介入经过，对实体处理和程序规定都形成形象生动的感官印象。

在校内课堂建设方面，基于法学实践课程的实践性特点，可以吸收校外对实践教学研究领域有较高建树的专家学者加入教学团队，通过开展系列实务讲座或法律沙龙的形式，讲解各自心得体会。法律实务部门的法官、检察官、律师对经手的案件往往有更深刻的理解，对案件处理技巧掌握得更为熟练顺手，实践课程开设之前，可以与这些专家达成长期合作协议，依托学校教学平台，集结社会力量，形成教学第二梯队，与校内教师一起制订教学计划，共同打造法学实践教学培训基地。

（二）教学方法的改革

通常法律课程都是在教室里进行，教学过程也是教师规定步骤和方法，学生按部就班。法律的实用性决定满堂灌的教学方式不适用于实践课程教学，纯粹的讲授无法让学生真切地参与实践。由此，对于实践课程的教学方法笔者有如下一些建议。

---

① 田宏杰. 中国法学创新人才的培养. 光明日报，2014-07-02(16).

② 人民网-人民日报，http://theory.people.com.cn/n/2014/1212/c40531-26193675.html.

1. 互动教学法

(1)角色转变

角色转变要求在课堂上教师不再是居高临下，只顾板书和讲授，而是转变为学术批判者身份，不断向学生发问，引导和激发学生自己进行概括和推理，质疑学生的观点，并引导具有不同观点的学生之间展开激烈辩论，最后进行全局性的综合考量。教学过程中，教师不光进行系统的课堂讲授，而是将实践课堂交给学生让其主动参与，对所进行的实践内容或案例有启发性地引导，这样在培养法律实践能力的同时，潜在要求学生在课余时间扩充知识面。每名学生提出自己针对案件的处理方案，给出合理分析之后的观点，陈述案件的具体处理办法。这种老师和学生之间双向交流、沟通的过程，给学生提供了独立分析与思考的机会，扩大了学生创造性思维的空间，这样学生既掌握了理论知识的精髓，又增强了分析实际法律问题的能力，培养了个性思维的习惯。通过角色互换可谓利用最少的时间掌握了最多最实用的东西。这样以学生为实践教学的主体，自己完成案例的阅读、理解、思考、分析、讨论、总结、归纳等环节。师生之间寓教于学，教学相长，形成积极的课堂教学氛围。

(2)善用网络平台

多媒体教学及网络教学的广泛应用，给了我们新的启示。通过将实践课程中需要学习和研讨的部分案例在校园网页中的教学资源平台上发布，供学生下载学习。除了案件事实材料、思考题之外，教师可以提供案例涉及的相关法律法规、司法解释、参考书目，并进行难点提示等。借助网络平台教师可以将案例及时上传、共享，学生依照所学的法律问题处理方法进行完整的论述，论述适用的法条和法律原理。这种方式不仅增强了师生之间的互动，也一定程度上转变了学生的学习方式，拓宽了多种教学介质渠道。

现如今大部分高等院校建立了教学互动平台，可以从中开设专门版块，利用网上讨论、留言，教师可以了解学生的观点，进行实时答疑。同时，教师可以注册专门的教学电子邮箱，学生通过电子邮件将感兴趣的案例、问题发给教师。教师选取学生感兴趣的案例进行集体教学，利用信息技术制作相关案例现场还原的图片、视频，使学生置身其中。

2. 任务驱动教学法

作为建立在建构主义教学理论基础上的教学方法，任务驱动是一种由表及里逐层深入、逐步提高的学习方法，它将任务引入教学之中，激发学生主动、有意义地学习①。它以学生和课程为依托，教师策划教学环节和步骤，带领学生进入情境，设定某项学习任务为知识触发点。在完成任务的过程中，学生自主搜索资料，占据学习的主动地位；任务完成后，学生也会产生完成任务和获取知识的满足感，充分体现了高等院校法学教育的人文关怀。

采用任务驱动教学模式，应根据法学实践课程的教学内容，结合法律工作的具体流程，给学生布置实践任务。通过设计教学任务，学生在课余时间了解相关法律条文或司法解释，按照这些信息进行语言操练和角色扮演，并相互交流、讨论，提出自己的观点，然后再由其他同学互相提问，最后由教师总结点评，让学生在此过程中充分理解法律条文，提高实践课程的教学成果。例如辩护阶段的实践训练，采用“了解案情——询问当事人——独立撰写辩护词——模拟辩护”的任务型递进式课程教学模式，让学生对辩护流程形成立体的、直观的印象，教师在此过程中还可以加入辩护技巧、辩护中的职业道德等内容，可谓事半功倍。

(三)考核评估方式的改革

从目前教育现状来看，我国的法学教育仍为应试教育，考核方式上仍以卷面考试为主。法学实践课

① 胡晓涛. 法学实践性课程体系探索. 南阳师范学院学报，2010，9(8).

程是将学生法学理论与实务经验相结合的综合能力训练课程，卷面考试可考察角度较少，层次不够，难以适应实践课程的考核任务。实践教学的考核方式应当博采众长，采用多种考核方式，综合考察学生的法律逻辑思维和综合运用法律技巧的能力。

1. 学生互评计入考试成绩

法学实践课程参与学生众多，时间跨度大，教师无法在课堂上仔细观察到每位学生的具体情况，对各位学生的课下学习情况也难以准确掌握，往往顾此失彼。且法律实践课程常开设校内模拟练习和校外全真实训两个课堂，学生并不都是在校内教师的带领下学习，校外实务部门的训练情况也需做客观评价，此时如果一味采用传统的考核方式，将很有可能使考核结果有失公允。而在法学实践课程中，学生是学习的主体，在学习过程中互相交流讨论，对彼此的学习情况了解最为全面深刻。因此，在计算考评成绩时，可以考虑纳入学生互评成绩，并使其占考评成绩的30%左右的比例，从学习态度、学习状态、学习效果等多角度测评。这样，既可以倒逼学生主动参与课堂讨论，促进教学活动展开，也可广开言路，客观、民主地做出测评。

2. 面试考核成为考核新举措

在法学实践课程中，讨论、辩论、演讲贯穿课程始终，书面汇报、小组讨论、讨论课也是重要的学习模块，学生的语言表达能力和逻辑思维能力也因此得到了极大的锻炼和提升。在考核测评时也可延续这一模式，通过抽签的方式给学生出题，在学生短暂的准备之后，让其现场展示所思所想，教师通过考查学生表达是否清晰、逻辑是否严密、论证是否充分来现场评测。在遇有学生较多的课程时，可以通过分组面试的方式，采用无领导小组讨论、辩论赛或者话题接力等群体面试方法灵活考查学生学习状况，使学生不仅仅拘泥于法条规定，更拓展其发散思维。在整个测评过程中，也须注意学生整体法律职业道德的评价，通过学生对某个话题的评论或阐述，观察其论证角度，了解其基本的法律立场。

当然，考核形式仍可考虑卷面考试，不过形式可以稍作改变。可以灵活采用开卷形式考试，允许学生考试过程中参照法条和学说。但考试题型设计上应更偏向主观论述题，结合最新的立法动态和热点问题，着重考察学生的法律思维能力和辩证思考能力。

四、法学实践课程的教学阶段

美国教育家杜威认为，教学过程是分阶段的，每个教学阶段应当依据不同的中心划分。循序渐进的教学模式有助于学生对知识的深入理解，使学生逐渐了解法律实践，运用理论知识进行实践，并将法学理论与实践融会贯通。法学实践课程的教学阶段可分为三个阶段，即基础教学、专题教学和综合教学。

1. 基础教学

基础教学阶段是加深学生对实践课程基本认识的教学期间，是打基础、扩眼界的最佳时期，既易实现实践教学教育目标，也能实现跨学科、跨专业的教育。纵观我国法学课程设置，主要有公共课和专业课之分，目前的基础教学公共课课时所占比例较大，有时比必修专业课的课程还多。大部分院校到大学二年级才开设专业课，实践课程更是到大三才有所涉及，且实践课程多集中在三大诉讼法领域，对诸如法律逻辑学、法医学、法律社会学等边缘学科则更少涉及。这种设置有几个突出弊端：(1)培养学生实际操作能力的课程少，极不适应司法实践的需要，尤其是基层法院的需要；(2)课程设置比例极不合理，公共课、基础课所占比例较大，学生的专业课学习时间相对较少，高等院校法学专业少有开设法律职业伦理课程，且这方面的教材也不多见。缺乏实践基础课程、职业道德课程教育使从事法律职业的法科毕业生感到力不从心，甚至法律职业素养不高。

显然我国目前的实践教学状况是不能满足基础教学目标要求的。基础教学目标的实现依赖于适当的课程设置，建议法学院校合理规划课时，扩大实践性较强的法学专业课程比例，增加开设证据法学、刑事侦查学、心理学、法律社会学等作为实践教学的基础课程；在诉讼法学授课安排时，其课时不应少于相应的实体法课时，教师应对基本法律程序予以详细讲解和说明；本科法学教育也应当开设各国法律制度比较研究、证据处理、犯罪心理学等师生相互讨论的研究课。此外，法律职业伦理课程也应当纳入基础课程之中，传授法官、检察官、公证员、律师等法律职业道德，为学生职业素养提升打通通道。

2. 专题教学

所谓专题教学，就是打破依照教材逻辑编排的先后顺序，立足于学科重点和难点，将相关的实践内容整合成为相互关联的专题，再进行提炼、概括和充实，引导学生集中而深入地对这些专题进行学习的一种教学方法。法学实践课程的专题教学应当具有针对性、现实性、探究性、灵活性的特点，是总括性地训练学生处理某个领域实际法律问题的方法。

专题教学法的主要实施过程是：(1)确立专题，专题的确立是该教学方法实施的基础和前提，一般结合时政热点、社会现实问题和学科前沿动态，要求教师对法律热点、难点问题了如指掌，熟悉司法实践的前沿问题。教师在自身对知识点的理解深化后，将各个法律知识点予以分类，例如将房屋征收中涉及的国有土地、集体土地、不动产、宅基地等相关内容可以整合为一个专题进行教学。(2)收集材料，教师要围绕各个专题搜集相关法条、司法解释，兼有法律规则和法律原则为最佳。除此之外，还要充分观察到学生的知识盲点和观念误区，可以要求学生进行书面或口头答辩，做到实践教学有的放矢。(3)课堂专题研讨。由教师引导，组织学生围绕专题进行探究、讨论，学生在课余时间应当针对专题进行资料搜集，熟知相关法律法规，在课堂面对面交流。教师在学生讨论结束后，对学生的讨论结果进行评价总结，对课堂的教学内容进行补充。

3. 综合教学

综合教学是伊丽莎白·科恩和她的同事研究提出的教学模型，它借用了合作管理的制度，以学习小组为单位，每个小组均有不同的学习任务，每个小组成员扮演不同的学习角色，分工配合，共同完成学习任务。综合教学是在基础教学和专题教学的基础上对实践课程的进一步拔高，相比前两个教学阶段，更强调学生的主体地位，对学生知识掌握程度要求更高，一般面向专业课程研习程度较高层次的学生，大体针对大三以上学生展开。

在教学设计上，综合教学首先面临的就是学习小组的建构。学生可以私下自己组队，也可以按学号、班级组队，并确定小组组长。组长负责学习任务的传达和分配。任务选取上，可以选择目前侦查机关或者司法机关正在立案、审判的事件，在没有既定结果的前提下提前操练，并提醒学生时刻关注案件进程和结案结果，找出模拟练习和实务认定中的相同点和不同点，并分析其中的原因。两相比较，学生可以从执法决定书或者法院判决书中找到思维偏差，纠正错误认知。当然，受各地实务部门职业水平限制，部分案件结果也可能偏离正确轨道，此时就要引导学生穷尽法律、法规和审判案例，以佐证自身观点的正确性，必要时还可以向实务部门提出建议。在综合教学的尾声，可以安排学生梳理某个类型的执法(司法)案件，总结规律，发现问题，提出建议，真正将法律实践课程落到实处。

◎ 参考文献

[1] 孙晓楼. 法律教育[M]. 北京：中国政法大学出版社，2004.

[2] 房文翠. 法学教育价值研究[M]. 北京：北京大学出版社，2005.

[3] 葛洪义. 法与实践理性[M]. 北京：中国政法大学出版社，2002.

[4] 霍宪丹. 中国法学教育反思[M]. 北京：中国人民大学出版社，2007.

[5] 汪世荣. 有效的法学实践教育[M]. 北京：法律出版社，2012.
[6] 饶玲. 课程与教学论[M]. 北京：中国时代经济出版社，2004.
[7] 王健. 中国近代的法律教育[M]. 北京：中国政法大学出版社，2001.
[8] 卢云. 法学基础理论[M]. 北京：中国政法大学出版社，1994.
[9] 刘佳. 法律教育学[M]. 北京：社会科学文献出版社，2012.
[10] 潘懋元，王伟廉. 高等教育学[M]. 福州：福建教育出版社，1995.
[11] 王利民，牟逍媛. 诊所法律教育的理论与实务[M]. 北京：法律出版社，2009.
[12] 何美欢. 论当代中国的普通法教育[M]. 北京：中国政法大学出版社，2005.
[13] 何美欢. 理想的专业法学教育[M]. 北京：中国政法大学出版社，2011.
[14] 徐显明，郑永流. 六年制法学教育模式改革[M]. 北京：中国法制出版社，2009.
[15] 侯强. 中国近代法律教育转型与社会变迁研究[M]. 北京：中国社会科学出版社，2008.
[16] 霍宪丹. 法律教育：从社会人到法律人的中国实践[M]. 北京：中国政法大学出版社，2010.
[17] 左卫民，高跃先，兰荣杰，刘晴辉，潘利平，等. 诊所法律教育在中国：本土化与多元化探索[M]. 成都：四川大学出版社，2008.
[18] 王崇敏，王琦. 法学实践性教学与应用型法律人才培养[M]. 长春：吉林大学出版社，2008.

·教师与教学改革·

护理教学模式的规范选用探析

代桃莉

(武汉大学中南医院，湖北　武汉　430071)

摘　要：目的：探讨、分析护理教学模式的特征、不规范使用现象及其理性选用原则。方法：对护理教学模式的特征与选用问题进行归纳、总结、辨析和探讨。结果：护理教学模式具有自身特定的内涵与特征，与教学方式、教学方法和教学手段有一定的区别，在教学过程中存在一些不规范使用的现象。结论：应及时转变教学理念，契合教学的目标要求，立足办学条件，不盲目追求时尚，更多关注教学模式的多元化发展趋势，理性、审慎选用护理教学模式。

关键词：护理教学；教学管理；教学模式；教学研究

The Analysis of Selecting Nursing Teaching Model Normally

Dai Taoli

(Zhongnan Hospital, Wuhan University, Wuhan, Hubei, 430071)

Abstract: **Objective** Exploring and analyzing the features of nursing teaching mode, the phenomena of non-standard use and rational selection principles. **Methods** To summarize, discriminate and discuss the characteristics and selection of nursing teaching mode. **Results** The nursing teaching model has its own specific connotation and characteristics, and it has some differences with teaching methods. There are some phenomena of non-standard use in the teaching process. **Conclusions** We should change the teaching idea in time, accord with the goal of teaching, based on the conditions for running a school, do not blindly pursue fashion, pay more attention to the diversified development trend of teaching mode, and choose the nursing teaching mode rationally and carefully.

Key words: Nursing teaching; Management on teaching normalize; Teaching model; Teaching research

高校要致力于培养综合素质高、适合临床实践需要的现代护理人才，教学改革与探索的脚步就永远不会停止。如何科学、规范选用护理教学模式，是摆在广大护理教师、学生和教学管理工作者面前的一大课题，尚有待深入探讨、分析与研究。

收稿日期：2017-09-22

作者简介：代桃莉(1970—　)，女，汉族，湖北武汉，本科，主管护师，主要从事护理及其带教工作。

1. 护理教学模式的内涵与类型

1.1 护理教学模式的内涵

教学活动的实践是千姿百态、丰富多彩的，富有艺术性和创造性，但同时也有科学性、规定性的一面，因此有可能形成一定的范式和模式。教学模式就是在教学过程中，教学主体有意识地将教学目标、教学理念、教学方法和策略组合起来综合运用，以达到特定教学效果的行为模式。[1]通俗地讲，教学模式就是教学要达到什么目的与如何达到这一目的的有机统一。

理论依据、教学目标、操作程序、实现条件与教学评价是教学模式的构成与影响因素，诸要素相互有机联系，有规律地形成稳定的结构与形式。[2]审视这些影响因素，静观是单个不变的量，组合起来就是无数善变的基元，从而决定了教学模式实现方式的多样性。

1.2 护理教学模式的类型

美国学者理查德・I. 阿兰兹将教学模式大体分为以下两种类型。[3]

一种是以教师为中心的教学模式，包括讲授教学模式、主动教学模式和概念教学模式。讲授教学模式可以说是高校最基本、最古老的教学模式，也是护理教学使用最为普遍的教学模式，是运用语言向学生系统而连贯地传授科学文化知识的形式，其知识传播的容量大、教学时率比高，但如果运用不当，往往被人诟病为单纯灌输知识。主动教学模式又称为直接教学模式，其目标是让学生掌握系统的知识和基本技能，关键在于运用策略引起学生的注意，将学生的新技能与已有的知识联系起来，通过强化练习确保记忆与巩固。[4]主动教学模式通常包括演示教学模式，护理教学近些年来比较热衷使用的标准化病人(SP)教学模式、情景教学模式、模拟教学模式也属于主动教学模式的范畴。概念教学模式是将信息整合成综合的、复杂的认知结构的过程。学生通过学科概念的比较与分类，进而迁移到更为广泛的领域，并从中能推导出相应的规则与原理。这种以概念为核心，将概念贯穿于课程设计、理论和实践教学各个环节的教学模式，正在成为一种循证护理教学策略。[5]

另一种是以学生为中心的教学模式，包括学习式教学模式和讨论式教学模式。[6]学习式教学模式分为合作学习教学模式与问题式学习教学模式。学习式教学模式旨在营造宽松的学习环境，让学生自主参与其中，通过独立的探索，创造性地解决问题，从而更有效地获取知识、发展能力。护理教学采用较多的学习式教学模式是以团队为基础的学习(TBL)教学模式、以问题为基础的学习(PBL)教学模式，以及以案例为基础的学习(CBL)教学模式[7]。讨论式教学模式是指学生在教师的指导下，围绕某些现象或问题进行探讨、辨析乃至争论而获取知识的教学形式，它有利于学生增长知识、启发智力，但需要较大的教学投入。

2. 护理教学模式与教学方式、教学方法和教学手段的异同辨析

2.1 教学方式、教学方法、教学手段的特征

教学方式是教学方法的活动细节，如讲授法中的讲述、讲解、讲演等，其没有独立的教学任务，服从于某一教学方法所要完成的任务，能使教师的教学工作形成独特风格，赋予教学方法以个人特征。[8]教学方法是高校师生最为熟悉的、影响教学的重要因素，是指师生为完成一定的教学任务而共同使用的某

种特定次序的活动方式。教学手段是指师生在教学中互相传递消息的工具、媒体或设备。传统的教学手段一般指教材、黑板、粉笔等。现代教学手段包含光学媒体、音响、声像、综合媒体(语言实验室、计算机教学系统、网络教学平台)等。[9]

2.2　教学模式与教学方法、教学方式和教学手段的异同

教学模式、教学方法、教学方式和教学手段均是教学活动的主要形式和影响要素。教学模式是教学理论与教学实践的中介和桥梁，沟通了教育循环系统中的宏观、中观与微观层次，贯通了教学目标、教学内容、教学方法、考核评价等与课堂教学相关的诸要素之间的组合方式和运作流程的标准形式，具有相对稳定性、规范性和可操作性。[10]因此，从概念的内涵来看，教学模式更加丰富，教学方法次之，教学方式更次之；从概念的外延来看，教学方式小于教学方法，教学方法小于教学模式。至于教学手段与教学模式的区别，则是十分明显的，这里自不必说。

3. 不规范选用护理教学模式存在之现象

3.1　名称使用有些随意

当前，在教学模式的名称使用上，护理教学存在一些随意性，主要表现在以下两个方面。一是把具体的教学组织形式甚至具体的教学安排称作教学模式。比如，“四部法”护理教学模式[11]、床边护理教学模式[12]等。二是具有同样教学内涵与功能的教学模式，名称不一、各不相同。例如，为了培养护生临床护理技能而采用的教学模式，有的称作培养学生多种能力的教学模式[13]，而有的叫做分层递进教学模式[14]。

3.2　比较容易与教学方法混淆

与教学方法混淆，是护理教学模式不规范使用的主要表现。情景教学模式近年来在护理教学中逐渐为师生熟知，但即便如此，也仍然避免不了容易与教学方法混用。从护理教学的整体安排、效果与进程来看，有些教学组织及其所呈现的形式显然是属于情景教学模式的范畴，但有人在习惯上还是将其叫做情景教学法[15]。有的由于不慎或者是因为口误，直接将护理教学模式称为护理教学方法[16]。

3.3　对讲授教学模式存有偏见

备受诟病的传统教学模式主要是指讲授教学模式。从几大文献数据库检索的结果来看，凡涉及护理教学模式探讨的论述，差不多都会把讲授教学作为对照组进行相应的教学改革活动，进而得出对其予以否定的研究结果[17][18]。但客观而论，这是有失公允的。有关专家认为，讲授法至今仍是教学的一种基本形式，[19]它不是陈腐的教学方法，对之不是批判、取消的问题，而是总结、探讨、科学化的问题[20]。同理，讲授教学模式也并不是一无是处，而是在护理教学中如何科学使用、改进提高的问题。讲授教学模式“臭而不腐”，传播知识量大、时效比高，基本上没有任何其他教学模式可以与其比肩，既然在教学中长期存在，自然有其合理的一面。

3.4　不顾条件，一味追求时尚

众所周知，师资、图书、教学设施是高校的基本办学条件，任何教学活动都不应超越学校的现时办学实际。比如，按照模拟教学模式开展护理教学活动，需要大量资金支持和相应的教学场地，以及配备

具有相应资质的模拟实验人员和技术性支持人员，对教师的素质、能力和兴趣也是极大考验。同时，模拟设计及实施所耗费的时间远比课堂讲授多得多，由于在同一时间只有少数学生(参与者和观察者)可以参与到模拟实践中，教师必须反复提供模拟的机会。[21]但在实际的护理教学中，不认真考虑自身的教学条件，追求开展模拟教学时尚的却大有人在，教学效果可想而知。

4. 规范选用护理教学模式的原则与要求

4.1 转变观念，科学选用

一方面，教学观念直接影响和支配着教育个体的教学行为[22]，其对教学模式选用的重要意义不言自明。教学理念是教师和教学管理人员在教学理论学习和教学实践的基础上，对教学活动所形成的具有指导作用与价值的观念。现代教学推崇以教师为主导、以学生为主体的观念，认为学生在教学过程中具有主体地位，教师在教学过程中要起到引导作用，教学不仅是教师教的艺术，而且是学生的学习、认知活动，是师生教学相长的双向智力活动。故此，规范选用护理教学模式的前提是，首先必须转变教学理念。另一方面，教无“定式”，选用的教学模式合适的就是最好的。有关专家认为，教学方法并无高下之分，却有“得法”与“不得法”之别。[23]也就是说，教学方法本身并不存在好坏、优劣之分，运用得当、教学效果最优的，就是最好的教学方法。同样，教学模式的选用也无“定式”可言，适合具体的教学活动的就是最好的。因而，应脚踏实地，不追求时尚，以平常之心，在护理教学过程中选用合适的教学模式。

4.2 实现教学目标是关键

教学目标是指教师希望通过自身的教学活动，在学生身上引起的原有素质的变化。教师在教学过程中，应致力于在传授知识、掌握技能的基础上，以提高学生的能力为主。[24]无疑，教学目标对于教学活动来说具有导向与标杆作用，确定教学目标可以说是教学的最基础性工作。一般地，采用讲授教学模式和概念教学模式传授知识的效率较高，选用自主教学模式有利于学生专业技能的学习和训练，采用学习式教学模式和讨论式教学模式有利于培养学生的相关思维能力和团队合作精神。但无论选用什么类型的教学模式，教学是否有效，最终还要看是否实现了教学的目标。如果不考虑教学的目标指向，随意选用教学模式开展教学工作，教学活动本身就会成为无的放矢、无源之水，就不可能达到理想的效果。

4.3 采用讲授教学模式时应对其进行完善与提高

讲授教学模式之所以不受待见，主要原因是其以教师为中心，有学生被动接受、灌输获得知识的嫌疑。然而，同样是以教师为中心的概念教学模式，近年来却在护理教学中大受欢迎。为什么？这是因为，概念教学模式顺应了大学生学习的特点，强调学生积极参与的学习环境，有助于教师和学生认识到他们各自在教学过程中的角色，能够促进理论与实践紧密衔接，提高知识的保留率，提升学生的评判性思维能力、独立分析与解决问题的能力以及团队合作精神。[25]显然，概念教学模式在护理教学中的运用与好评，对护理教学选用讲授教学模式具有一定的借鉴作用。如何扬优势、避短板，“被动”少一些、“主动”多起来，在护理教学中潜心对讲授教学模式的改进与提高仍然任重而道远。

4.4 稳步推进，审慎选择

所谓模式，是指某种事物的标准样式。[26]可见，与教学方式、教学方法和教学手段相比，教学模式具有更高的严谨性与使用规范。因此，护理教学模式的选用一定要慎之又慎，如果对其理论依据、内涵、功能甚至名称拿捏不准，则尽量避免使用，不可随手拈来，人云亦云。此其一。其二，教学改革是十分难得的创新、探索活动，教学模式的选用摸索也应按照先试验、再推广的基本路径推进，在吸取教训、总结提高的基础上稳步向前。当然，广大教学理论研究人员、教师及教学管理工作者等各方仍有待对护理教学模式进行深入探讨，对一些护理教学现象和形式加以归纳、总结与升华，参照 PBL、TBL、CBL、SP 等教学模式研究、形成应用的探索思路，尽力使之予以规范和标准化，为优秀护理人才的培养工作奠定良好的基础。

4.5 关注教学模式的多元化发展趋势

随着护理教学要求的进一步提高，以及教学环境的变化影响，单一的教学模式已难以适应护理教学的现实需要，护理教学模式正呈现多元化的发展趋势。[27]的确，每一个教学模式都具有不同于其他模式的自身特征，教学活动采用任何单一的教学模式都不可能完全达到培养学生知识、能力和素质的理想要求。通常，护理教学采用最多的复合教学模式是将讲授教学模式与其他教学模式融合使用，以更好契合护理教学理论联系实际，强化学生临床护理技能培养的教学目标。至于在护理教学中选用何种教学模式组合更加恰当，必须综合审视教学目标、操作程序、实现条件与教学评价等护理教学模式的影响因素，进行科学论证、不断推敲与反复演练，才有可能达到预期的教学成效。

5. 结语

教学模式具有自身特定的内涵与功能，严格来讲随意使用甚至错误使用是不妥的。但考虑到对于广大护理师生而言，最熟悉的教学形式莫过于教学方法，教学模式相对来说显得陌生一些，存在些许不规范使用的现象在所难免。唯有以科学的态度认真对待护理教学模式，再假以时日，相信在其规范选用上一定会有所改观。

◎ 参考文献

[1][5] 段华洽，王朔柏．深化教学改革 创新教学模式[J]．中国大学教学，2009(4)：35-37.

[2][7][27] 齐艳．多元化教学模式在护理教学中的应用进展[J]．医院管理论坛，2012，29(9)：40-42.

[3][6] [美]理查德·I. 阿兰兹．学会教学[M]．丛立新，等，译．6 版．上海：华东师范大学出版社，2007.

[4][10] 林静．高校新型课堂教学模式的选择及实现方法[J]．中国大学教学，2011(9)：74-77.

[8] 刘秉勋．医学教育手册[M]．成都：四川科学技术出版社，1992：255.

[9][23] 孙绵涛．高等教育学概论[M]．武汉：华中师范大学出版社，1991：215-224.

[11] 潘正群，范秀珍．"四部法"专科护理教学模式在儿科护理教学中的应用[J]．护士进修杂志，2010，25(21)：1938-1940.

[12] 赵丽洁．护理床边教学模式在儿科护理学教学中尝试性应用[J]．中国医药科学，2012，2(6)：132-133.

[13] 林细吟，赵飞英，苏小茜，严卫青．培养学生多种能力的高等护理教学模式[J]．南方护理学报，2002，9(3)：56-58.

[14] 李淑兰，周小霜．两种临床护理教学模式的效果评价[J]．中国护理管理，2013，13(10)：61-63.

[15] 刘建华，王建英．护理沟通情境教学的探讨[J]. 郑州铁路职业技术学院学报，2003，15(1)：71-73.
[16] 沈锦萌．PBL 教学模式在护理查房中应用的效果分析[J]. 中国实用护理杂志，2012，28(26)：93-94.
[17] 洪永锋，等．互动式教学模式在康复护理课程中的应用[J]. 中国康复医学杂志，2015，30(4)：383-385.
[18] 张海洋，张会敏，郭兰青．“情境”教学模式在儿外科临床实习带教中的应用[J]. 医学理论与数据，2015，25(2)：228-229.
[19] 张楚廷．教学论概要[M]. 长沙：湖南教育出版社，2000：263-268.
[20] 吕渭源．教学改革的走向[M]. 香港：香港新世纪出版社，1993：99.
[21] 杨冰香，王爱玲，喻思红．模拟教学在护理教育中的应用[J]. 护理研究，2015，29(2)：390-394.
[22][24] 张志亚．教学观念现代化简论[J]. 辽宁教育研究，2001，(9)：51-52.
[25] 邹立琴，陈晓霞，廖明生．成人护理课程概念图的设计研究[J]. 齐齐哈尔医学院学报，2012，33(19)：2678-2679.
[26] 中国社科院词典编辑室．现代汉语词典[M]. 北京：商务印书馆，1984：800.

·教师与教学改革·

延安时期的理想信念教育研究及其当下思考

唐　彪　侯玉娟

(湖北工程学院新技术学院，湖北　孝感　432000)

摘　要：加强理想信念教育是中国共产党永恒的主题。延安时期，中国共产党的理想信念教育成效显著，形成了延安时期固有的特点。大学生理想信念教育是高等教育的重要组成部分，是党和国家关注的重要教育内容。随着社会环境、发展形势的变化，大学生理想信念教育要在传承弘扬中与时俱进，当前应以“中国梦”引领大学生理想信念教育，充实调整理想信念教育的内容体系，改革创新理想信念教育的方式方法，努力增强理想信念教育的亲和力，全面优化理想信念教育的环境。

关键词：延安时期；理想信念教育；大学生；中国梦

The Education of Ideal and Belief in Yan'an Period and Its Current Thinking

Tang Biao, Hou Yujuan

(College of Technology, Hubei Engineering University, Xiaogan, Hubei, 432000)

Abstract: Strengthening the education of ideal and belief is the eternal theme of the Communist Party of China. During the period of Yan'an, the ideal and belief education of the Communist Party of China were effective and formed the inherent characteristics of that time. The ideal and belief education of college students is an important part of higher education and an important educational content concerned by the party and the state. With the change of social environment and development situation, the ideal and belief education of college students should keep pace with the times with inheriting. At present, we should lead the ideal and belief education of college students by "Chinese dream", enrich and adjust the content system, reform and innovate the method of ideal and belief education, and strive to enhance the affinity of ideal and belief education, and comprehensively optimize the ideal and belief education environment.

Key words: Yan'an period; Ideal and belief education; College students; Chinese dream

加强理想信念教育是中国共产党永恒的主题，习近平总书记非常重视理想信念教育。党的十八大以来，习近平总书记对理想信念的深刻内涵、理想信念的时代意义，以及共产党员坚定理想信念的重要性、大学生该树立什么样的理想信念等都有科学、重要的阐述。习近平总书记的理想信念教育思想不是无本之木，而有其深厚的理论、实践基础。加强对延安时期理想信念教育特点的研究，对当前进一步加强与

收稿日期：2018-04-10

基金项目：湖北工程学院新技术学院教研项目(项目编号：2016JY04)

作者简介：唐彪(1983—　)，男，湖北荆州人，硕士，湖北工程学院新技术学院思政课部讲师，研究方向：思想政治教育、教育管理。侯玉娟(1979—　)，女，河北唐山人，硕士，湖北工程学院新技术学院思政课部主任、副教授，研究方向：思想政治教育、党的建设。

改进大学生的理想信念教育能够提供借鉴参考。

一、理想信念的内涵及重要性

理想信念是思想和行为的总开关。首先我们要弄清楚理想信念的科学内涵，以及理想信念的重要性，尤其是对当代大学生的重要性。

(一)理想信念的内涵

理想，是人类社会实践的产物，是人们对美好未来的想象和希望，是人们为之奋斗的预期目标。理想外在表现为人们对自身现状不满足，努力探索追求自己的需要和目标；理想本质上是客观必然性与人的主观能动性的有机统一，是人生发展的精神支柱。理想具有崇高性、时代性、实践性等特性[1]，理想是可以实现的，它绝对不是幻想。在人的精神世界里，理想只有与现实相结合，才会是合理的设想与预期，当理想被人们执着坚守并付诸行动时所形成的精神状态，这就是信念。信念，是人们对某种思想或事物坚信不移并身体力行、执着追求的一种精神状态，是认知、情感、意志的融合。[2]信念最主要的特征就是稳定性，人们的某种信念一旦形成，就不会轻易改变。信念的最高形态则是信仰。理想信念是紧密联系的两个概念，体现着对最高生活价值的信赖和执着的价值追求，是人类精神生活的重要方面。[3]理想信念，属于精神生活中的一个类别，是人们把一个对象作为最高的价值，作为自己的精神寄托，并矢志不渝地去自觉追求它的一种精神状态。[4]一个人的理想信念，集中体现了他的世界观、价值观、人生观。可以说，理想信念是人最基本的思想观念。

(二)理想信念的重要性

理想指引人生方向，信念决定事业成败，坚定理想信念一直以来都特别重要。理想信念是砥砺前行的人生指南，是成就事业的精神动力，是拒腐防变的政治灵魂，是履行使命的文化自觉，是凝聚力量的思想纽带。理想信念是否自觉、是否高远、是否坚定，是人生是否能出彩的首要的主观条件。纵观中国近现代史，在伟大的历史征程中，在深刻的社会变革下，中国共产党都靠着“革命理想高于天”的精神力量，不断地激励自己、鞭策自己，取得了一个又一个伟大成就。“坚定的理想信念，始终是共产党人站稳政治立场、抵御各种诱惑的决定性因素。”[5]2012 年 11 月 17 日，习近平总书记在十八届中央政治局第一次集体学习时指出：“坚定理想信念，坚守共产党人精神追求，始终是共产党人安身立命的根本。对马克思主义的信仰，对社会主义和共产主义的信念，是共产党人的政治灵魂，是共产党人经受住任何考验的精神支柱。”[6]2016 年 7 月 1 日，在庆祝中国共产党成立 95 周年纪念大会上习近平总书记讲道：“理想信念动摇是最危险的动摇，理想信念滑坡是最危险的滑坡。一个政党的衰落，往往从理想信念的丧失或缺失开始。我们党是否坚强有力，既要看全党在理想信念上是否坚定不移，更要看每一位党员在理想信念上是否坚定不移。”[7]青年大学生有理想信念，并坚定理想信念，这样才不会出现精神上缺钙或人生发展道路上钙质流失的问题。

二、延安时期理想信念教育的主要特点

延安时期，生产生活的条件十分艰苦，中国共产党着重从思想上建设党，把理想信念教育始终放在重要位置，始终不忘教育广大党员、人民群众坚定理想信念，为打败帝国主义的侵略、实现民族独立提供了强大的精神驱动。邓小平曾说道：“为什么我们过去能在非常困难的情况下奋斗出来，战胜千难万险

使革命胜利呢？就是因为我们有理想，有马克思主义信念，有共产主义信念。”[8]延安时期的理想信念教育主要有这么几个特点：

（一）占领理想信念教育高地，党的理想与民族的理想充分融合

近代以来，中华民族饱经沧桑、历经磨难、风雨飘摇，将全国各族人民紧紧凝聚起来的是中华民族共同的理想信念。中国共产党对此有着清醒的认识。延安时期，把理想信念教育与爱国的民族主义教育相结合，理想信念教育取得了明显的成效。党中央到达延安后抗日战争全面爆发，中华民族到了生死存亡的危难时刻，中国共产党适时地把党的纲领和民族利益结合起来，在瓦窑堡会议上提出：中国共产党不仅是中国无产阶级的先锋队，同时又是全民族的先锋队。中国共产党把爱国主义教育融入党的思想教育之中，弘扬爱国主义的优秀传统，发挥共产党人在民族解放运动中的先锋模范作用，获得了广大老百姓的认同与支持，让中华民族重拾民族自尊心、民族自信心，也调动了全国人民参加抗日战争的积极性。[9]1938 年 10 月，毛泽东在《论新阶段》报告中指出：在一切为着战争的原则下，一切文化教育事业均应使之适合战争的需要，因此全民族的第十个任务，在于实现如下的各项文化教育政策。这明确了党的教育的目标就是为取得民族战争的胜利服务。

（二）把握理想信念的层次性，长远理想与近期理想教育同时展开

中国共产党在延安时期把握了理想信念的层次性，在强调实现共产主义这一最高理想的同时，把马克思主义与当时中国半殖民地半封建社会的基本国情相结合，促进共产主义远大理想与党的纲领有机结合，明确提出要走新民主主义革命道路。这也是实现社会主义、共产主义的必由之路。当时，中国共产党即使处在艰难困苦的复杂环境中，也从未放弃自己的共产主义政治理想。1937 年 2 月，周恩来在给张闻天、毛泽东的电报中就讲道：“可以服从三民主义，但放弃共产主义信仰绝无谈判余地。”[10]毛泽东更是多次强调实现共产主义是我们党的政治主张，毛泽东在《新民主主义论》中指出，“共产主义是无产阶级的整个思想体系”，封建主义和资本主义的思想体系正以“排山倒海之势，雷霆万钧之力，磅礴于全世界，而葆其美妙之青春”。同时，中国共产党将共产主义远大理想、马克思主义信念与时代主题有机结合起来，“把共产主义大目标与当前的斗争任务联系起来”，制定了新民主主义的政治、经济和文化纲领，促使理想信念教育落到具体实处。

（三）拓展理想信念的内涵，社会理想教育与个人理想引导相结合

共产党人的理想信念本身就是个人理想和社会理想的有机统一，延安时期的理想信念教育关注不同对象的特点，针对不同教育对象的思想实际，确定不同的教育起点，采取不同的教育形式，实现了社会理想教育与个人理想引导的结合，拓展了理想信念的内涵。延安时期，就中国最广大的农民而言，切身利益、土地问题是他们最关心的问题，拥有土地是他们的最大愿望。中国共产党根据实际情况及时调整土地政策，将减租减息政策改变为实现“耕者有其田”，引导人们把社会理想与个人理想相结合，广大农民对中国革命的信心增强，他们的积极性也被充分调动和发挥出来。在理想信念教育中，中国共产党善于唤起作为领导力量的共产党人的自觉性和能动性，在充分认识历史发展规律性的基础上，将这种自觉性和能动性内化为党员干部的思想底色，真正体现出党员领导干部的先进性和革命性。延安时期，一大批知识分子满怀爱国热情和救国理想来到革命圣地，最后天下英才聚延安，也很能说明问题。

（四）突出理想信念的知行合一，理想教育与理想实践协调统一

理想信念教育，既是一个思想认识问题，更是一个社会实践问题。延安时期，毛泽东提出：“在中

国，任何忠实的马克思主义者，他是同时具有现时实际任务与将来远大理想两种责任的。并且应该懂得：只有现时的实际任务获得尽可能彻底的完成，才能有根据有基础地发展到将来的远大理想那个阶段去。”[11]他要求“一切中国共产党人，一切中国共产主义的同情者，必须为着现阶段的目标而奋斗”[12]。延安时期，党在内忧外患的形势下提出了“自力更生、艰苦奋斗”，这一鼓舞人民生产自救的行动口号，为当时正处于艰难困苦中的人们描绘了一个美好愿景，产生了极大的吸引力，激活了人们的实践热情，形成了巨大的社会能量。1941年，三五九旅以“一把镢头一支枪，生产自给保卫党中央”的信念来到南泥湾，面对荒无人烟的南泥湾，战士们发扬了艰苦奋斗、自力更生的革命精神，没有房子，战士们用树枝、杂草搭建起简陋的帐篷；没有衣服，就光着膀子开荒；写字没有纸，就用桦树皮代替[13]；生活没有粮，就挖野菜、采野果。党的领导干部也亲自参加生产劳动，全面开展大生产运动，缓解了解放区的困难压力，赢得了民心，创造了新境界，为新民主主义革命的胜利奠定了基础。[14]

（五）注重理想人格的培养塑造，发挥理想信念教育的示范引领作用

延安时期，中国共产党高度重视理想人格的塑造，夯实理想信念教育的道德基础。一是坚持读书学习。延安时期，党把读书学习当作加强党性修养、坚定理想信念、提升精神境界的一个重要途径。毛泽东1937年9月撰写的《反对自由主义》就是一篇论述个人修养问题的经典文献，刘少奇、陈云等人也对青年和党员的修养问题分别做出了阐述。二是树立先进典型。党重视并善于发挥模范人物的影响力，通过典型引领来进行理想信念教育。延安时期，毛泽东的《纪念白求恩》《为人民服务》、邓小平的《庆祝刘伯承同志五十寿辰》等，就是运用革命典范和先进事迹，进行理想信念教育、弘扬共产主义精神、展示理想人格的重要文献。毛泽东号召学习白求恩“真正共产主义者的精神”、张思德全心全意为人民服务的精神，为人们树立起一个个典型。三是要求领导干部以身作则、言传身教。延安时期，董必武、林伯渠、徐特立、谢觉哉、吴玉章等一批老干部率先垂范，是践行理想信念的楷模，也是理想信念教育的活教材，在理想信念教育中发挥了示范引领作用，释放出了巨大的人格力量。比如，当时延安自然科学院院长徐特立从自身出发，不仅给学生传授知识，而且严于律己、率先垂范，在生活上吃苦在前、享乐在后，在工作上敢于担当、勇挑重担，以自己的言行举止来影响学生，用润物细无声的教育打动人心。[15]

三、延安时期理想信念教育的启示：以“中国梦”引领大学生理想信念教育

青年兴则国家兴，青年强则国家强。大学生是国家的宝贵资源，大学生群体的发展关乎国家民族的前途未来。大学生理想信念教育是高等教育的重要组成部分，在提升大学生综合素养方面发挥着不可或缺的作用，是党和国家关注的重要教育内容。有没有理想信念以及有什么样的理想信念，基本上决定了当代大学生拥有什么样的人生。随着社会环境、发展形势的变化，大学生理想信念教育要在传承弘扬中与时俱进，延安时期的理想信念教育给我们的启示就是：当前应该以“中国梦”引领大学生理想信念教育，及时完善路径、改进方法。

（一）充实调整大学生理想信念教育的内容体系

高校应重新定义和定位大学生理想信念教育与社会发展之间的关系，精心遴选生动活泼的理想信念教育内容。[16]第一，要将“中国梦”转化为教学内容。大学开设的“思想道德修养与法律基础”“马克思主义基本原理”“毛泽东思想与中国特色社会主义体系”等思想政治课，是在校大学生理想信念教育的主要渠道，目前“中国梦”已经融入教材中，但还要将教材内容转化为教学内容，使“中国梦”进课堂、进头脑。第二，进行思想政治课教学时应加入必要的实践环节。比如，可以组织大学生通过适当的方式开展调查

研究，从而发觉、感知在实现“中国梦”的过程中实际发生的各种变化。这有利于大学生在实践过程中深入了解我们社会近些年的全面发展，这样才能够更好地激发他们的爱国热情，激励他们进行社会主义现代化建设的斗志，增强他们坚定不移地走中国特色社会主义道路的自信心。第三，高校应该设立专项资金、创建专门平台，支持与“中国梦”有关的社团活动、宣讲团活动的开展。邀请和吸纳优秀人才加入这样的社团、宣讲团，并且常态化、系统化，通过各项教育实践活动促进大学生理想信念教育效果的提升。

(二)改革创新大学生理想信念教育的方式方法

高校思想政治教育工作者，必须立足当前大学生成长发展的社会环境，深入了解大学生在社会环境下所表现出来的群体社会认知特点和个体认知差异，采取有效形式更好地凝聚大学生群体，将思想引领、问题疏导和价值观塑造三者合一。[17]第一，要找准思路和定位，高校大学生理想信念教育要善于把书本理论、名人故事、思想引领转化为生活智慧、社会话语、实践指南。第二，要密切关注大学生思想动态，尤其是他们关注的社会热点、焦点问题，遴选能够激发他们情感认同的身边人、身边事，用生活化的、社会化的案例进行理想信念引导。第三，要善于利用新媒体开展理想信念教育，新媒体改变了大学生理想信念教育生态，目前大学生的生活是“无网不在”，因此必须适应大学生的信息使用取向，创新大学生理想信念教育的方式方法，比如在开展与“中国梦”有关的理论教学和实践活动的时候，高校思想政治教育工作者需要进一步强化“互联网思维”[18]，要从积极利用新媒体向善于利用新媒体转变。

(三)努力增强大学生理想信念教育的亲和力

理想信念教育不是简单的灌输，不是冰冷的说教，增强大学生理想信念教育的亲和力是十分必要的。第一，在大学生的理想信念教育中，能讲什么、不能讲什么，教师们应该明明白白、清清楚楚，要构建自己的话语体系，形成自己的语言风格，在能讲的部分应该使用一些接地气、有内涵的语言，以此增加吸引力、认同度。同时，理想信念教育不能古板呆滞，要把握它的时代性，在教学过程中教师也要注重时代话语的引入，将有关“中国梦”的时代话语和最新动态展现给学生们，激发学生们的兴趣[19]。第二，要走进学生内心，激起学生心灵的感应，教师在教育教学过程中要带着使命、带着感情，深入学生中，走进学生内心，了解他们的思想动态、把握他们的心理诉求，然后再有针对性地进行教育教学，让理想信念教育可信、可敬、可亲。第三，大学生的个性意识逐渐增强，“追求个性”“有个性”成为当代大学生的一个重要标签，教师在进行理想信念教育时应摒弃陈旧落后的教学手段，探索运用贴近实际、富有实效的教学方式，以增强教学的亲和力、艺术性来提升理想信念教育的影响力、有效性。

(四)全面优化大学生理想信念教育的环境

全面优化育人环境，是加强大学生理想信念教育的必要路径。第一，社会环境方面，高校要加强“校地合作”优化社会环境，应与政府有关部门齐抓共管、协同推进，努力创设一种实现“中国梦”的良好氛围，让我们的大学生从社会中汲取正能量。第二，网络环境十分重要。官方或民间的网络都要取消一些传播负能量的网站、网页链接，在网上开辟“中国梦”专栏，让大学生们充分了解我们国家所发生的点滴变化，不断增强对中国特色社会主义道路的信心。第三，家庭环境不可或缺。家长要更多地关注孩子的健康成长，理想信念教育应该是家庭教育的重要组成部分，应该得到家长的重视。日常生活中，家风、家教，以及家长的言语、行动，可以起到传递感染、示范引领的作用，也可以帮助孩子树立理想、坚定信念，并促使其身体力行、不断进取。第四，营造相应的校园环境氛围。当前，高校重视大学生理想信念的课堂教学，这是显现的，还应该重视软环境的建设、重视隐形教育的作用，营造一种良好的理想信念教育的校园环境氛围，使其在学生中产生潜移默化的价值观的输出与教育，通过潜移默化的影响帮助大学生树立积极向上的理想信念。

◎ 参考文献

[1][13][15] 杨妮．延安精神与大学生理想信念教育研究[D]．延安：延安大学，2016：5，15，27.

[2] 蔡艳．关于理想信念问题的理性思考[J]．湖南省社会主义学院学报，2016(6)：94-96.

[3] 郑承军．理想信念的引领构建——当代大学生的社会主义核心价值观研究[M]．北京：清华大学出版社，2011：14.

[4] 黄嘉慧．引导90后大学生树立理想信念的原则与方法研究[D]．武汉：华中师范大学，2014：6.

[5] 姜永建，李玉珂．坚定共产主义理想信念的三个着力点[J]．学校党建与思想教育，2017(14)：4-7.

[6] 张俊生，苏敏．论习近平“严肃党内政治生活”思想[J]．安庆师范大学学报(社会科学版)，2017(2)：5-9.

[7] 习近平谈信仰信念：心中有信仰，脚下有力量[EB/OL]．(2017-06-07)[2017-06-15]，http：//www. dangjian. com/djw2016sy/djw2016sytt/201706/t20170607_4282826. shtml.

[8] 邓小平．邓小平文选：第三卷[M]．北京：人民出版社，1993：110.

[9][14] 王东维，李博．延安时期理想信念教育的历史经验及其启示[J]．临沂大学学报，2016(6)：7-12.

[10] 中共中央文献研究室，中央档案馆．建党以来重要文献选编(1921—1949)：第14册[M]．北京：中央文献出版社，2011：54.

[11] 中共中央文献研究室，中央档案馆．建党以来重要文献选编(1921—1949)：第15册[M]．北京：中央文献出版社，2011：627.

[12] 毛泽东．毛泽东选集：第三卷[M]．北京：人民出版社，1991：1059.

[16][17] 叶柏森．当前大学生理想信念教育存在的问题及对策[J]．学校党建与思想教育，2016(24)：20-24.

[18] 陈进华．新媒体时代的大学生理想信念教育创新[J]．中国高等教育，2016(17)：31-33.

[19] 宋小莉．以“中国梦”引领大学生理想信念教育的探析[J]．理论观察，2017(2)：143-145.

·比较教育·

日本高等教育三大认证评价机构的借鉴与启示

齐小鹍[1] 唐志勇[2]

(1. 大连理工大学 高等教育研究院，辽宁 大连 116024；2. 东北大学 文法学院，辽宁 沈阳 110819)

摘 要：高等教育第三方评估是高等教育评价中一个重要的评价环节，对国家高等教育和大学的发展有着重要的意义。日本高等教育第三方评价机制于国立大学法人化改革时期正式形成，对第三方评价机构的认定、开展评价的细则等有着相应的规定。本文选取当今日本三大有影响力的第三方评价机构，通过分析日本第三方评价机制发展的历程以及三大评价机构的起源、评价标准、评价过程和特点等内容，从而总结出日本实施第三方评价机制的经验和做法，为我国高等教育第三方评估工作的开展提供了借鉴与启示。

关键词：日本；高等教育；认证评价机构；借鉴；启示

The Reference and Enlightenment of the Three Major Accreditation and Evaluation Institutions of Higher Education in Japan

Qi Xiaokun[1], Tang Zhiyong[2]

(1. Dalian University of Technology, Graduate School of Education, Dalian, 116024;
2. Northeastern University, School of Humanities and Laws, Shenyang, 110819)

Abstract: The third party evaluation of higher education is an important evaluation link in higher education evaluation, which is of great significance for the development of national higher education and universities. The third party evaluation mechanism of Japan's higher education is officially formed in the period of legal reform of national universities. There are corresponding provisions for the identification of the third party evaluation institutions and the detailed rules for carrying out the evaluation. This paper selects three of Japan's influential third party evaluation mechanism, analyzing the development process of the third-party evaluation mechanism in Japan and their origin, evaluation criteria, evaluation process, characteristics of the three evaluation institutions and so on, and to summarize the implementation of the third party evaluation mechanism of Japan's experience and practice, to provide reference and inspiration for the development of third party evaluation of higher education in China.

Key words: Japan; Higher education; Certification evaluation institutions; Reference; Enlightenment

高等教育评价工作是高等教育发展过程中的一项重要内容，评价意味着对高等教育发展的阶段检测，无论对后续高等教育的发展还是对当前高等教育工作的开展都有着重要的意义。教育评估中介机构主要

收稿日期：2018-03-04

作者简介：齐小鹍(1993—)，男，河北唐山人，大连理工大学高等教育研究院在读硕士研究生，主要研究方向为比较高等教育、“一带一路”高等教育政策；唐志勇(1994—)，男，湖北咸宁人，东北大学文法学院在读硕士研究生，主要研究方向为大学治理、行政管理国际比较。

是指一种介于政府、社会和学校之间具有独立地位的法人实体，它们接受业务委托对学校的办学能力和教育质量进行评估，并且通过评估结果影响委托人与被评估者的决策[1]。日本高等教育自国立大学法人化改革以来，正式开展第三方评价工作，根据日本《学校教育法》的规定，日本第三方评价机构有多种，主要的三大评价机构包括公益财团法人大学基准协会(Japan University Accreditation Association，JUAA)、独立行政法人学位和大学改革支援机构(National Institution for Academic Degrees and Quality Enhancement of Higher Education，NIAD-QE)和公益财团法人日本高等教育评价机构(Janpan Institution for Higher Education Evaluation，JIHEE)。三大评价机构有各自的评价范围和评价标准，有其各自的独立之处，对我国第三方评价机制的建立有着重要的启示意义。

一、日本高等教育第三方评价机制产生的背景与历程

日本高等教育外部评价机制最初起源于20世纪90年代，其目的是加强对高等教育质量的管理，对传统的评级机制进行改革。改革前评价机制的主要根据是1956年出台的《大学设置基准》，其中规定申请新设的大学或新增设的学科，必须达到文部科学省规定的条件，并接受文部科学省的审核，这种评价机制采用事前申请的方式，对已经设立的大学的教学质量缺乏有效监督与评估。此外，评估的结果不是公开透明的，并没有通过评价结果对大学产生相应的作用。文部科学省设立的大学基准相当详细，上至学校财产、校园面积，下至教学科目、教师人数等均有相应的条件[2]。

1991年日本文部科学省重新出台了《大学设置基准》，放宽了大学的设置标准，开始要求大学自身加强内部评估及质量监控，提高办学质量。在此影响下，各大学进行自我检查与评价并公开结果，虽然受到传统势力的阻挠，但在一定程度上打破了原有的旧评价体制。

1998年，日本大学审议会出台《21世纪大学与今后的改革策略》，主张建立多元评估机制，文部科学省接受审议会的建议，于2000年成立了独立行政法人评估/学位授予机构，用于接受文部科学省的委托对大学进行评估。

2004年日本高等教育界进行翻天覆地的改革，实行了国立大学法人化改革，大学成为一个独立法人而不再是文部科学省的下属机构，大学必须制定中期目标和计划，国家在评估的基础上对大学进行拨款，同时要求不论是国立、公立还是私立大学都必须接受经文部科学省认证的第三方评价机构①每7年实施一次的“第三方评价”，至此日本正式拉开了实施第三方评价机制的序幕。

二、日本高等教育三大认证评价机构的概况

(一)公益财团法人大学基准协会(JUAA)

1. 公益财团法人大学基准协会的发展历程

大学基准协会以美国的培训团体为模型，该协会于1947年成立，当时联合发起学校有国立、公立、私立大学共计46所学校。大学基准协会成立之时声明其设立的目的是“通过会员的努力和相互帮助促进我国大学质量的提高”。从1951年开始对该协会加盟大学基准协会的大学实施“合格判定制度”，用来判定该大学是否可以具有正式会员资格。1996年开始，各大学实施以自我评估和评价为基础的大学评价。

---

① 2003年3月《学校教育法》规定，日本的全国学位和大学评价协会、大学基准协会、短期大学基准协会、私立大学联盟、私立大学协会等被视为第三方评价机构。

同时伴随着2002年《学校教育法》的修订，2004年以后日本各大学将义务性地接受评价机构的评价，这些评价机构是经过文部科学大臣认定的，认证时间为7年一次。大学基准协会在2004年通过了各认证评价机关的认证，并在日本首次进行认证评价且公布了其结果。

此外JUAA在短期大学(2006年)、法学研究生院(2006年)、经营系研究生院(2008年)、公共政策系研究生院(2009年)、公共卫生系研究生院(2011年)、知识产权研究生院(2012年)、国际交流研究生院(2016年)和电子系研究生院(2017年)等领域通过认证机关的认证并开展认证评价工作，2017年4月开始对兽医学进行教育评价[3]。

2. 公益财团法人大学基准协会的组织机构

JUAA下设评议员会、理事会和常务理事会、事务局等一级部门，设监事部门监管评议员会、理事会和常务理事会的工作。理事会和常务理事会下设17个二级部门，包括基准委员会、大学评价委员会、短期大学评价委员会、法学研究生院认证评价委员会、经营系研究生院认证评价委员会、公共政策系研究生院认证评价委员会、公共卫生系研究生院认证评价委员会、知识产权研究生院认证评价委员会、国际交流研究生院认证评价委员会和电子系研究生院认证评价委员会、兽医学教育评价委员会等11个专门领域的评价委员会以及异议申请审查会、会员资格判定委员会、大学评价计划立案委员会和《大学评价研究》编委会、宣传委员会和高等教育现状研究协会等6个部门。事务局下设大学评价研究部和总务部，分别负责大学评价研究工作和行政事务工作[4]。

3. 公益财团法人大学基准协会的评价标准和评价过程

(1)评价标准。JUAA大学评价的标准有10项内容：理念和目的，内部质量保障，教育研究组织，教育课程和学习成果，学生接收情况，教员和教育组织，学生支援情况，教育研究环境，社会合作和社会贡献，大学运营及财务。JUAA根据评价标准对申请评价的大学和机构进行评价，评价结果分为三种：第一种是合格，即满足大学设立的标准；第二种是不合格，即在重要的事项上存在问题，不满足大学设立的理念、目的等要求，不满足大学设立的标准；第三种是保留，即在重要的事项上存在问题，虽然没有满足大学设立的标准，但是有针对问题改善的组织和计划，可以在近几年期待其改善成果[5]。JUAA官方公布的评价结果显示，很少有高校被认定为不合格，部分高校的评价结论为保留，90%以上的评价结果为合格。

(2)评价过程。JUAA大学评价的过程分为以下几个步骤：①在大学评价实施的前一年各大学进行自我检查与评价，自我检查与评价的结果作为“检查报告评价书”进行整理，与其他资料一同在大学评价实施前一年度的4月30日前提交给JUAA；②JUAA在大学评价实施年度的5—9月份进行书面评价；③JUAA在大学评价实施年度的9—10月份进行实地考察；④12月份大学评价结果(委员会案)向大学做出提示；⑤次年1月各大学提出异议申请；⑥3月份公布大学评价结果；⑦制定并提交《改善报告书》(在大学评价结果公布三年后的7月31日截止)；⑧向各大学公布《改善报告书的检查结果》(《改善报告书》提交年份的3月)[6]。

评价过程是一个比较漫长的过程，在大学评价实施年度内从各大学自我检查评价到最终的结果公布以及改善工作的进行需要较长的一段时间。此外，在公布评估结果后，各大学还可以向异议申请机构提出异议，在此基础上进行再次评价和追加评价。

4. 公益财团法人大学基准评价协会的特点

(1)私立大学申请评价的数量较多。JUAA公布的相关数据显示，第一期认证评价(2004—2010年)共有324所学校参与，该评价旨在实现自我检查评价的实质化。第二期认证评价(2011—2017年)共有258所学校参与，该评价旨在构建评价的内部质量保障体系。第三期认证评价从2018年度开始，更加关注内部质量保障体系的有效性。有关2011—2016年度申请评价学校的数据显示(见表1)，私立大学数量占申请总数的78%，国立和公立等性质的高校数量较少。

表1　　**2011—2016年度JUAA申请评价学校数量**

年份	申请总数	株式会社立	国立大学法人	公立	公立大学法人	私立
2016	62	0	1	3	16	42
2015	71	0	3	2	9	57
2014	68	2	4	2	5	55
2013	70	0	7	3	4	56
2012	38	1	2	4	0	31
2011	37	0	1	7	0	29
共计	346	3(1%)	18(5.2%)	21(6%)	34(9.8%)	270(78%)

资料来源：大学基準協会概要—情報公開—事業計画·事業報告，http://www.juaa.or.jp/outline/disclosure/bussines.html.

（2）重视内部质量保证体系建设。JUAA认为大学本身是自主、自律的机构，能够保证学生学习质量的正是大学自身。在当今预测困难的时代，重新强化大学等高等教育机构人才培养的能力过程中，内部质量保障特别重要，因此JUAA将内部质量保证作为评价工作的专注点。针对内部质量保证，JUAA提出了三个评价要点：①设定内部质量保证方针与手续。如大学内部质量保证的基本想法、学校内部质量保证推进组织的权限和作用、教育的计划设计、运用、检查以及改善等方针。②建立承担大学内部质量保证责任的组织。在学部、研究科等其他组织展开工作的教育过程中，有必要设立相应的管理组织定期对教育活动进行监督和管理，同时对组织中的权限和作用等进行分配也很重要。③明确各种活动的方针。明确组织质量保证的基础结构中的目标设定、自我检查评价等问题。

（二）独立行政法人学位和大学改革支援机构（NIAD-QE）

1. 独立行政法人学位和大学改革支援机构的演变历程

日本高等教育环境如全球化和大学多样化发生了重大的变化，确保教育质量、提高国际通用性成为高等教育中越来越重要的问题，2016年4月，日本政府将大学评价与学位授予机构与国立大学财务·经营中心合并，成立学位和大学改革支援机构。在依托两机构成立以来的各项成果的基础上，明确了机构应履行的使命和基本目标，将机构章程作为全体成员的指导方针，以履行职责为己任，回应社会的信任和期望。

2. 独立行政法人学位和大学改革支援机构的使命和作用

NIAD-QE通过大学评价、学位授予、质量保证合作和与此相关的调查研究以及国立大学等设施费用的借贷与支付业务等，促进国家高等教育的发展。其使命是：①实施对国际通用性的评价。作为对日本高等教育科研活动进行评估的核心第三方评估机构，NIAD-QE开展了具有国际先进价值的评估活动，在进行自我评价的同时，促进与国内外评价机构的合作，在评估体系建设中发挥着主导作用。②根据多样的学习成果提供取得学位的机会。NIAD-QE向多元化学者提供学位取得的机会，并有助于向终身学习体系和高等教育的多样化发展过渡，NIAD-QE成为除大学以外唯一能够颁发学位的机构。③与大学和质量保证机构合作。NIAD-QE作为代表日本的高等教育质量保证机构，通过与国内外大学以及质量保证机关等的合作，进行相关信息的收集、整理和公布以及质量保证工程等的开发，并支持大学自身的质量保证体系建设，为国家高等教育质量的发展做出贡献。④推动质量保证调查研究。作为具有高等教育质量保证研究功能的组织，在推进基础研究以及与项目认证相关的实践研究的同时，针对质量保证相关的政策课题进行重点调查研究，为加强日本高等教育质量保证做出贡献。⑤国立大学设施费用的借贷与支付。NIAD-QE 通过维护国立大学等设施所需的贷款和资金，改善教育研究环境以及财政和经营，促进国立大学的教育研究。

3. 独立行政法人学位和大学改革支援机构评价的实施方法和过程

NIAD-QE 的大学评价大致分为两个部分：自我评价和 NIAD-QE 的评价。首先各大学根据《自我评价实施要领》进行自我评价，形成自我评价书。自我评价按照 10 种评价内容和详细要求进行分析评价。NIAD-QE 大学评价的内容是在《学校教育法》第 109 条第 2 项规定的基础上实施的，是针对国立、公立、私立大学的教育研究活动等评价所制定的标准，评价内容包含 10 项内容：大学的目的、教育研究机构、教员和教育志愿者、学生的接收情况、教育内容和方法、学习成果、设备以及学生服务、教育内部质量保证机制、财务及管理、教育信息的公布。

自我评价实施过后，由 NIAD-QE 进行机构评价，评价过程分为两个部分：书面评价和实地考察。书面调查基于单独制定的《评价实施手册》，对各大学自己制定的评价书(包括材料和数据)以及机构独自调查和收集的资料数据进行分析。实地考察基于单独制定的《访问调查实施要领》，对书面调查中不能确认的事项进行实地考察。在书面评价和实地考察的基础上形成评价结果，并提交给评价委员会进行审议。评价结果分为：满足评价标准和未满足评价标准。在评价结果公布之前，会事先将评价结果通知给被评价的大学，如果大学对评价的结果产生异议，可以向评价委员会下设的审议会提出异议，由审议会进行再次评价和追加评价。

评价的日程大致是实施评价前一年的 5—6 月开展评价说明会，9 月末开始接受大学评价的申请。评价实施年度的 6 月份，评委针对评价的目的、内容和方法等进行探讨；6 月末，各大学提交自我评价书；7 月到来年 1 月 NIAD-QE 进行机构评价；1 月末向评价的大学通知评价结果；2 月份接受异议申请；3 月份公布评价结果。

4. 独立行政法人学位和大学改革支援机构评价的特点

(1)评估大学以国立大学为主。NIAD 在 2000 年建立之初是一所仅以国立大学为对象的评价机构，随着认证评价制度的建立，成为以所有大学为对象的评价机构。作为国立的评价机构，NIAD 在资金方面有着独特的优势，人力物力资源比较丰富，在日本的评价机构中仍发挥着主导作用[8]。NIAD 官网公布的 2010—2016 年度参评大学①的评价结果数据显示，2010—2016 年度共对 137 所大学进行了第三方评价，其中国立大学数量为 89 所，占总数的 65%，公立大学数量为 40 所，占总数的 29.2%，国立大学和公立大学数量占据参评大学数量的绝大部分，而私立大学的数量很少，只有 8 所高校参评，占总数的 5.8%(见表 2)。

表 2　**2010—2016 年度 NIAD 参评学校数量**

年度	总数	国立大学	公立大学	私立大学
2016	18	3	14	1
2015	33	25	6	2

① NIAD 的评价对象包括大学、短期大学、高等专门学校、法科大学院等，本数据只统计当年参评大学的数量，不代表 NIAD 机构当年评价的总数。

续表

年度	总数	国立大学	公立大学	私立大学
2014	29	28	0	1
2013	21	18	3	0
2012	4	3	1	0
2011	7	6	0	1
2010	25	6	16	3
总计	137	89(65%)	40(29.2%)	8(5.8%)

数据来源：根据 NIAD 官方网站数据整理，http://www.niad.ac.jp/n_hyouka/.

(2)重视院校的自我评估。NIAD-QE 评估的标准并不在于对所有大学采取同样的教育质量评价标准，更加重视大学通过自主和自律的方式来确保教育质量，主张大学对自身的办学目的等事项进行实现评价，在此基础上通过书面审查和实地调查方式对高校进行评价，以实现大学自主性和能动性的最大化，促进大学建设自身的特色和优势，以此提高高等教育的质量[9]。

(三)公益财团法人日本高等教育评价机构(JIHEE)

JIHEE 是 2004 年在日本私立大学协会的基础上成立的，目前作为对大学、短期大学、时尚、商业专业研究生院进行评价的机构，通过了文部科学大臣的认证。

1. 公益财团法人日本高等教育评价机构的组织机构

JIHEE 下设评议员会、理事会和事务局三个一级机构。理事会是 JIHEE 的主要机构，下设会议机构(二级机构)负责组织计划运营会议；还设立了两个分委员会(二级机构)，一个委员会是自我检查评价实施委员会，负责参评高校的自我检查评价工作，另一个委员会负责评价工作，分为大学评价认定委员会、短期大学评价认定委员会和时尚、商业专业研究生院评价认定委员会分别负责大学、短期大学、时尚、商业专业研究生院的评价工作；此外还设立了异议申请审查会负责异议申诉处理工作。

2. 公益财团法人日本高等教育评价机构的评价标准和方针

2018 年 JIHEE 重新修订评价认证工作的实施大纲，其中规定评价的标准分为三个部分：基本评价标准、独自标准和特记事项。基本评价标准包括使命和目的、学生、教育课程、教员与职员、经营管理和财务、内部质量保障等六个标准，并将内部质量保障作为评价重点。除了基本评价标准以外，JIHEE 还特别重视大学的个性与特色，设立了独自的标准、标准项目和评价视角。在基本标准和独自标准设立的基础上，特设特记事项板块，对大学特色的教育研究活动和事业进行记录。

JIHEE 基于以下方针进行评价工作：①评价要重视内部质量保障；②基于基本的评价标准进行评估；③评价要以教育活动为中心；④评价要考虑到大学的个性和特色；⑤重视评价对大学改革的影响；⑥注重同行评审；⑦注重个性评价；⑧重视与被评估大学的沟通；⑨构建公开透明的评价体系[10]。评价方针重视对院校特色的评估与内部质量保障体系的建设。

3. 公益财团法人日本高等教育评价机构的评价过程与方法

JIHEE 的评价过程大致分为以下几个阶段：第一个阶段是 JIHEE 就评价的机构、方法和《自我检查评价书》的填写方法等事项召开说明会，向参评学校说明评价相关事宜。第二个阶段是各大学根据大学自我检查认证评价的要求开展自我检查和评价工作，并完成《自我检查评价书》。第三个阶段为 JIHEE 的评价，评价机构在《自我检查评价书》的基础上根据相关规则进行评价与判定，针对书面材料中不能考核的问题进行实地考察。对各项基本标准的评价结果分为三种：满足标准、大概满足标准和不满足标准，最终的综合评价结果表示为适合、不适合和保留。评价结果确定后，如大学对评价结果有异议可以申请二次考核，由判定委员会形成最后的评价结果。评价的基本日程大致是从实施评价年度的 7 月份持续到第 3 年的 3 月末[11]。

4. 公益财团法人日本高等教育评价机构评价的特点

(1)重视同行评议。为了恰当地对复杂的大学活动进行评价，JIHEE 重视以大学教职员工为主体的同行评价。将对大学的教育活动有相关见解的有识之士加入“大学评价判定委员会”中，重视听取多方的意见，确保大学评价的客观性。这是内部质量保障体系建设的一个重要体现，同时也体现出多方位、多角度的 JIHEE 独特评价模式。

(2)评价过程注意避嫌原则。JIHEE 在评价的实施体制中指出，评委不得超过 18 人，包括国家公立大学、私立大学的利益相关者，高校官员，学术团体和经济组织的成员，最终由评估机构委员会决定。但是，与目标大学直接相关的以下评估人员和评委不能参与评估目标大学的工作：①目标大学的毕业生；②在目标大学里就职或兼职(包括马上就职)、或者 5 年内在目标大学工作的人；③在目标大学里担任官职(包括马上就职)、或者 5 年内在目标大学担任官职的人；④参加目标大学的教育研究或者管理相关事项的组织(包括计划参加)、或者 5 年内参加组织的人；⑤与目标大学有竞争关系的邻近大学；⑥其他在评估机制中认为不恰当的人。

该规定在一定上保证了大学评价的科学性，避嫌原则的设定符合大学评价的基本要求，也有利于保证大学评价工作的公开透明，能够增加大众对评价结果的信赖。

三、日本高等教育第三方评价机制对我国的借鉴与启示

1. 评价形式应重视院校自我评价

我国长期以来的高等教育评价模式都是政府管理、政府评价，“管办评”分离政策的实施将打破以往的评价形式，将评估的职能交由社会第三方，由第三方对大学进行评价。日本高等教育评价形式上的特色在于实行自我评价与机构评价相结合的方式，高等学校接受第三方机构评价之前要按照相关要求和标准进行自我评估，形成《自我检查评估报告书》。自我评价的优点在于一方面能够更加全面地对学校基本情况进行客观评价，避免机构审查时的疏漏。另一方面能够提高评价结果的可信度，评价机构在高校自我评价的基础上采用书面审查和实地考察方式进行评价，更能够保证评价的客观性，提高评价结果的可信度。

我国传统的评价方式中是缺乏院校自我评价形式的，往往是政府部门直接对高校进行书面审查或者实地考察。在“管办评”分离的进程下，我们也需要创新“评”的形式，更加全面地进行第三方评价。

2. 评价标准应详细，重视院校特色

通过分析日本高等教育三大认证评价机构的评价标准可以发现，其评价标准非常详细，整合了大学发展过程中的很多方面，能够很好地从多角度对大学进行评价，其中 JUAA 设立了 6 个一级评价指标、NIAD 设立了 10 个一级评价指标、JIHEE 设立了 6 个一级评价指标。表 3 对三大机构的一级评价指标进行统计分析，通过表 3 可以发现三个机构的评价标准中都有关于理念和目的、内部质量保障等的评价内容。此外 JUAA 在教育研究环境和社会工作与社会贡献等方面设立了相应的评价标准，NIAD-QE 在教育信息的公布方面设立了评价标准。

表 3　　**一级评价指标共词分布**

一级指标	涉及的机构
理念和目的	JUAA 、NIAD-QE、JIHEE
内部质量保障	JUAA 、NIAD-QE、JIHEE
学生接收情况	JUAA 、NIAD-QE、JIHEE
教育课程和学习成果	JUAA 、NIAD-QE、JIHEE
教员情况	JUAA 、NIAD-QE、JIHEE
大学运营与财务	JUAA 、NIAD-QE、JIHEE
教育研究组织	JUAA 、NIAD-QE
学生服务情况	JUAA 、NIAD-QE
教育研究环境	JUAA
社会工作和社会贡献	JUAA
教育信息的公布	NIAD-QE

除一级指标外，各大机构在对应的一级指标下又设立了二级指标和三级指标，考核内容详尽，将抽象的定性指标转化为多个具体的考察内容，一定程度上降低了定性指标评价的难度，提高了大学评价的效率。2018 年 JIHEE 重新修订评价标准，以使命和目的一级指标下的设立情况为例(见表 4)可以发现，一级指标下又分为使命、目的以及教育目的的设定和反映 2 个二级指标，在此基础上又设立了 9 个三级指标，即用 9 个 3 级指标来综合恒定一级指标的结果。

表 4　　**JIHEE 评价标准摘选**

<table>
<tr><th>一级指标</th><th>二级指标</th><th>三级指标</th></tr>
<tr><td rowspan="2">使命、目的</td><td>使命、目的以及教育目的的设定</td><td>1. 内容的具体性和明确性
2. 语言的简洁程度
3. 个性、特色的展示
4. 对变化的反应</td></tr>
<tr><td>使命、目的以及教育目的的反映</td><td>1. 官员、教职员工的理解与支持
2. 校内外周知情况
3. 对中长期计划的反映
4. 对三大方针的反映
5. 教育研究组织的构成以及整合性</td></tr>
</table>

资料来源：大学機関別認証評価　大学評価基準(平成 30 年度以降)，http：//www. jihee. or. jp/achievement/college/.

JIHEE 与其他两个评价机构不同的地方还表现在它除了设立基础标准以外，还设立了独自标准，对参评大学的特殊之处进行评价，此外还对大学的特色之处进行记录，表现出对院校特色的重视。

我国在高等教育第三方评价的建设过程当中，应该重视评价标准的设立，评价标准的设立事关整个评价结果。评价标准的设立应体现多维度、多角度的原则，多维度即不仅设立评价的一级指标，而且要设立对应的二级指标和三级指标，指标的设立应尽量详细，避免模糊的语言和出现难以衡量的指标；多角度即评价指标的设立不仅只针对教学，应该注重更广泛的角度，包括对财务状况、办学理念、学生和教师等方面的评价内容。此外，还应该设立弹性指标，重视大学的特色建设，评价不能搞“一刀切”，不能忽视各大学的特色和独特之处。这样既可以避免评价过于“标准化”，又能防止大学为提高评价结果而出现的向评价指标靠拢、忽视整体建设的现象。

3. 评价过程应注重内部质量保障体系的建设

高等教育内部质量保障体系是一个拥有多个子系统的宏观系统，是高等学校为实现高等教育的目标，将高等教育中的多个环节进行组织与优化所形成的一个体系化的质量保障系统。高等教育质量保障体系是高等教育质量保障的关键环节，与高等教育质量的提高有着密切的联系。通过表3可以发现，三大评估机构都设立了高等教育质量保障体系的评价标准，重视各大学内部质量保障体系的建设情况。

当前我国高校质量保障体系建设方面存在很多问题，影响着高等教育的发展。由于长期受政府主导方式的影响，我国高校在办学自主性方面仍旧欠缺，高校的发展依托政府的相关政策，政府常常通过各种政策来进行资源分配，政府把握着资源分配的主动权，高校听从政府的指挥进行大学建设，一定程度上限制了大学的自主发展权利，造成强者拥有更多的资源，弱者难以得到资源，高等教育间的差距逐渐加大，造成高等教育更加不平衡的现象，形成“强者更强、弱者更弱”的局面，这无疑是不利于我国高等教育发展的，也违背了我国高等教育的初衷与信念。

目前我国高等教育处于“管办评”分离政策的攻坚状态，如何管、如何办、如何评，如何合理应对“一放就乱、一管就收”的尴尬局面，是我国高等教育发展过程中急需解决的问题。但是追根溯源，我们需要明确的是高等教育发展的目的是什么，政策实施的目的终究是什么。“评”作为我国“管办评”分离政策实施过程中最薄弱的部分，我们需要思考的是从何处入手。对高等教育的评价主要是对高等教育质量的评价，而作为高等教育质量中的支柱——高等教育质量保障体系是高校建设中不可或缺的一部分，日本第三方评价体制建设给我们最大的借鉴意义在于重视内部质量保障体系的建设，因为它起着“牵一发而动全身”的作用，内部质量保障体系的任何一个环节的疏漏，都将会对高等教育质量的发展带来影响。

4. 评价结果应公开透明，申诉机制完善

评价结果作为第三方评估的最终结果，对高等教育的发展和高等教育质量的提高有着重要的影响。日本在评价结果公布以前是同目标院校协商过评价结果的，这一方面有利于帮助问题院校认清自我发展形势，明确自身的不足，并提出改善意见，能够激励促进问题院校高等教育质量的发展，另一方面增加了评价结果的公信力，避免后续问题的出现和发生。以 JIHEE 的评价流程(见图1)为例(只截取申诉片段)，当形成初步的评价结果后允许各高校进行申诉，由判定委员会对高校的申诉事项进行判定，当判定委员会做出判定结果后，允许各高校进行二次申诉，申诉意见审查会进行审查后，通过理事会确定形成最后的结果，最后公布并上报至文部科学大臣。整个评价过程公开透明，主动接受高校和社会的监督，允许高校对评价结果提出异议，有利于权力运行的防控与监督。

此外，JIHEE 设立了专门的申诉意见审查委员会，处理各高校的异议审查工作，并接受高校的二次申诉，保证了评价的真实性和客观性。我国在实施第三方评价的过程中，应设立相应的法律法规，保证评估机构评价的公开透明，坚持避嫌原则，保证评价的真实客观性。同时要加强申诉机制的建设，建立申诉机构处理申诉事宜，申诉过程也应保持公开透明，接受公众的监督。

四、结语

无论是我国还是日本，高等教育政策的实施都必须遵循本国的国情。日本在高等教育第三方评估方面有着先进的经验和做法，我国可以在第三方评估改革试验的过程中借鉴日本成功的经验，同时注意分析第三方评价的潜在不足，防患于未然，做好“评”的工作，以促进我国高等教育事业的发展。

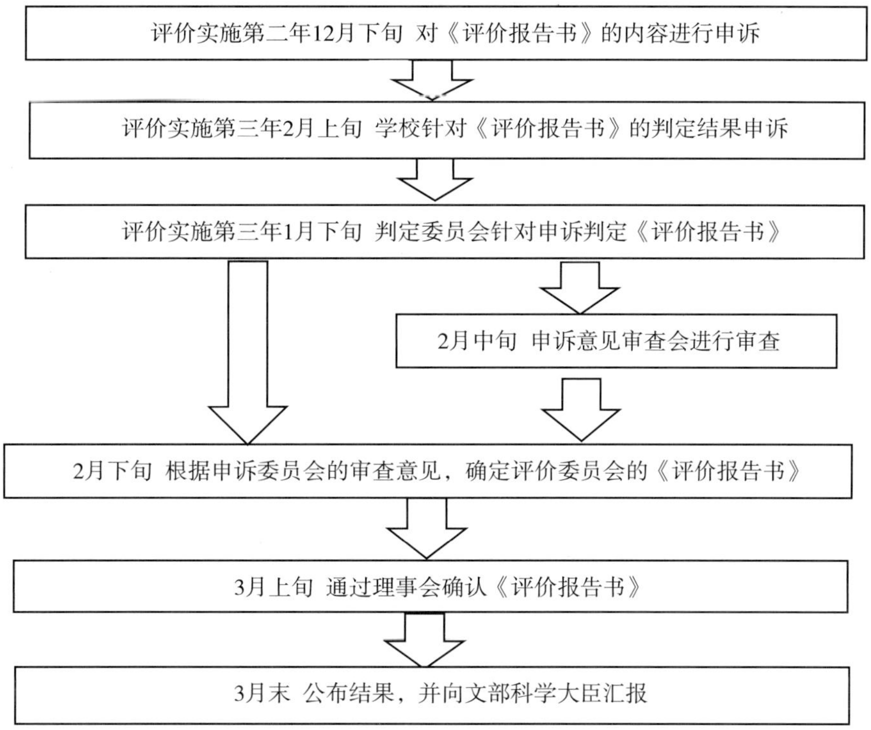

图1 JIHEE 的部分评价流程

资料来源：大学機関別認証評価　基本スケジュール，http：//www. jihee. or. jp/achievement/college/pdf/schedule1704. pdf.

◎ 参考文献

[1] 杨晓江. 国外高等教育评估中介机构发展轨迹试探[J]. 全球教育展望，2000(4)：39-43.

[2] 汪辉，李志永. 日本教育战略研究[M]. 杭州：浙江教育出版社，2014：160-162.

[3] 大学基準協会について[EB/OL]. http://www.juaa.or.jp/outline/about/index.html.

[4] 大学基準協会概要——組織図[EB/OL]. http://www.juaa.or.jp/outline/system/system_01.html.

[5] 大学評価の内容と結果—判定—[EB/OL]. http://www.juaa.or.jp/images/accreditation/pdf/explanation/university/2017/ex_u_17_01.pdf.

[6] 大学評価の内容と結果—プロセス—[EB/OL]. http://www.juaa.or.jp/images/accreditation/pdf/explanation/university/2017/ex_u_17_01.pdf.

[7] 大学基準協会概要—情報公開—事業計画・事業報告[EB/OL]. http://www.juaa.or.jp/outline/disclosure/bussines.html.

[8] 天野郁夫，陈武元. 日本的大学评价[J]. 教育发展研究，2006(21)：60-64.

[9] 汪辉，李志永. 日本教育战略研究[M]. 杭州：浙江教育出版社，2014：165-166.

[10] 大学機関別認証評価実施大綱[EB/OL]. http://www.jihee.or.jp/achievement/college/pdf/jisshitaiko1704.pdf.

[11] 袁益民. 关于深化教育“管办评分离”改革的政策建议[J]. 高教发展与评估，2017(1)：34-49.

[12] 王报平，仇鸿伟. 高等教育第三方评价：美国与日本的启示与借鉴[J]. 科研管理，2015(1)：477-482.

·教育调查·

武汉大学2017年本科通识教育质量报告

冯惠敏　熊　淦

（武汉大学　教育科学研究院，湖北　武汉　430072）

摘　要：随着高等教育改革的深入发展，武汉大学通识教育改革逐渐步入深水区，学校在保障通识教育顶层设计科学合理的同时，开始关注通识课程教学质量的提升。本文首先从通识教育文化建设、通识教育课程建设、通识教育激励机制三个方面分析了武汉大学2017年推进通识教育改革的举措与成效；然后对武汉大学学生态度、通识教育满意度、通识课程"大班授课、小班研讨"试点教学效果进行了全面的调查，系统地分析2017年武汉大学通识教育情况。根据调查结果我们发现武汉大学面临着通识课程教学方法的形式化问题突出、通识课程考核不能全面反映学生学习收获、学生通识课程学习情况堪忧、"大班授课、小班研讨"教学模式尚待改进等四个方面挑战。本文最后提出可以采取改进通识课程的考核方式方法、建立导师制与导生制、改进与推进"大班授课，小班研讨"教学模式等措施进一步改进。

关键词：武汉大学；通识教育；质量报告

Quality Report of Undergraduate General Education in Wuhan University in 2017

Feng Huimin, Xiong Gan

(Research Institute of Educational Science, Wuhan University, Wuhan, Hubei, 430072)

Abstract: With the further development of higher education reform, the reform of general education in Wuhan University has gradually stepped into a new level. While ensuring the general education is scientific and rational, it also starts to pay attention to the improvement of teaching quality of general education courses. First of all, this paper analyzes the measures and achievements of Wuhan University in 2017 to promote general education reform in three aspects: general education culture construction, general education curriculum construction and general education incentive mechanism. Then, a comprehensive survey on the teaching effectiveness of Wuhan University students attitude, general education satisfaction, general education courses "lecture in large class and seminar in small class" to systematically analyze the situation of general education in 2017 in Wuhan University. According to the results of the survey, Wuhan University is confronted with these problems. The formalization of the teaching methods of general education courses, the examination of general education courses can not fully reflect the students' learning experience, the general education courses learning of students is worrying and the teaching mode of "lecture in large class and seminar in small class" needs improvement. Colleges can take measures to further improve, such as improving the general education curriculum assessment methods, establishing mentoring system and derivative system, improving and promoting the teaching mode of "lecture in large class and seminar in small

---

作者简介：冯惠敏（1965—　），女，湖北浠水人，武汉大学教育科学研究院教授、博士生导师、博士，主要研究方向：大学通识教育。熊淦（1992—　），男，湖北黄冈人，武汉大学教育科学研究院博士生，主要研究方向：通识教育。参与本课题调研的还有武汉大学教育科学研究院硕士生郭洪瑞、陆政委、杨易林、殷玥、郭路瑶。

class".
Key words: Wuhan university; General education; Quality report

随着高等教育改革的深入发展，武汉大学通识教育改革逐渐步入深水区，学校在保障通识教育顶层设计科学合理的同时，开始关注通识课程课堂教学质量的提升。2017 年武汉大学通识教育改革取得了一系列突出的成果，也存在一些值得重视的问题，需要我们认真总结和理性分析，以便进一步提升武汉大学通识教育品质。

一、武汉大学 2017 年推进通识教育改革举措

武汉大学 2017 年主要在通识教育文化建设、通识教育课程改革、通识教育激励机制三个方面做了大量工作，本报告将从通识教育文化建设、通识教育课程建设、通识教育激励机制建设三个方面进行总结。

(一)通识教育文化建设

1. 重建特色通识教育文化

周叶中副校长在武汉大学举办的首届通识教育研讨会暨武大通识 3.0 开启仪式上指出，能够培养世界一流人才的大学才是一流的大学，大学应以人才培养为核心，以通识教育培养一流人才。过去认为"通识"即学习不同学科的知识，是"只见知识而未见价值"。真正的通识教育应当承担塑造正确价值观、养成健全人格、拓展科学思维方式、提升学习能力的责任。

武汉大学本科教学文化有两个核心命题，一是"人才培养为本，本科教育是根"，二是"以'成人'教育统领'成才'教育"[1]。其关键词是"成人"即"养成人格"，因此，以教育养成人格，以人格承担文化理想是武汉大学通识教育的宗旨和目标。

周叶中副校长还进一步明确了武大通识教育的十六字理念"博雅弘毅、文明以止、成人成才、四通六识"。"博雅"是通识教育"成人"理念的基本内涵，博而能通，雅而有识；"弘毅"是借武大校训标举通识教育"成人"理念的根本目标，养成有宏大志向和刚毅精神的君子人格；"文明以止"与"成人成才"是在从文化元典之思想隽语到武大人才之培养目标的广阔空间，彰显武大通识教育的人格诉求；"四通六识"是包举"养成人格"的具体内容和各项指标，"四通"是一通古今、二通中外、三通文理和四通知行，"六识"是指渊博的学识、卓越的见识、经典悦读意识、文化批判意识、独立思考意识和团队合作意识。

2. 成立武汉大学通识教育中心

为深入贯彻以"成人"教育统领"成才"本科教育指导思想，加强通识课程建设，进一步落实学校通识教育委员会的决策，从组织上保障通识教育的顺利推行，武汉大学于 2017 年初成立了武汉大学通识教育中心。武汉大学通识教育中心是在学校通识教育委员会领导下的工作组的执行机构，中心设在本科生院质量管理处。武汉大学通识教育中心的主要职责为：深入研讨海内外通识教育的理论和实践问题，创建具有武大特色的通识教育文化和课程体系；组织通识课程(含通识慕课课程)申报、审批、验收等课程建设工作；开展通识教育课程教师培训与交流，负责通识课程助教管理和培训；组织举办通识教育大讲堂；建设通识教育网站；组建模块通识课程团队；完成通识教育委员会及其工作组交办的其他工作。

3. 增进通识教育交流

武汉大学 2017 年积极参与并组织中国通识教育联盟高校交流活动。6 月 12 日至 16 日，武汉大学通

识教育中心全体成员考察了香港中文大学通识教育。此次考察主要包括三项内容：第一，访问通识教育部，与梁美仪主任等座谈通识教育的理念建构、课程设计、课堂教学、质量管理、教学研究等方面建设经验；第二，与敬文书院代表座谈书院通识教育的内容与特色，并参观敬文书院；第三，现场观摩香港中文大学与自然对话课程的导读课与讨论课。

8 月 22 日，第三届大学通识教育联盟年会在北京大学召开，周叶中副校长以及通识教育中心李建中主任等五名专家参加会议。本次年会以“通识教育与‘双一流’建设”为主题，特设“校长论坛”环节，邀请到大学通识教育联盟成员学校六位校长围绕主题开展对话。周叶中副校长应邀参加论坛，就 2003 年至 2012 年的“武大通识 1.0”、2013 年至 2015 年的“武大通识 2.0”和 2016 年至今的“武大通识 3.0”三个阶段介绍了我校通识教育建设成果。在“专题报告”环节，我校通识教育中心主任李建中教授作了题为《大学：通天下之不通》的演讲。演讲借由对“大学”古典本义、近代转义及当下再生义的阐释，以“武大通识 3.0”为范例，探讨大学通识教育如何“通天下之不通”。

2017 年 9 月 28 日，武汉大学举行首届通识教育研讨会暨武大通识 3.0 开启仪式，武汉大学副校长周叶中、香港中文大学通识教育部主任梁美仪、复旦大学通识教育核心课程委员会研究室主任陆一，以及 700 余名师生出席。周叶中副校长以武汉大学通识教育三阶段发展为基础，重点强调了“武大通识 3.0”时期的通识教育理念与目标。梁美仪教授介绍了香港中文大学通识教育经验，着重阐述了香港中文大学如何建立赢得学生尊重的通识教育的体制机制。陆一博士以北京大学和复旦大学为例，介绍了“通识教育如何提质升级”这一具有现实意义的课题。

除此之外，学校还积极组织校内通识课程教师之间的交流与经验分享活动，如开办“博雅沙龙”与“通识教育午餐会”。“博雅沙龙”定期邀请国内外著名学者与武汉大学师生对话，也组织武汉大学师生间的对话。10 月 23 日博雅沙龙即邀请芬兰赫尔辛基大学黄保罗教授介绍芬兰通识教育。“通识教育午餐会”是一种利用午餐时间和近距离交流方式开展研讨的新型会议模式，由教师教学发展中心负责主持。如 9 月 22 日的午餐会由通识教育中心主任李建中教授和副主任彭华教授各自介绍“香港中文大学通识教育”观后感，分享香港中文大学考察的心得与体会。9 月 27 日的午餐会由通识教育中心副主任潘迎春教授和文建东教授作主题发言，潘教授介绍了国内外书院制和通识教育现状，文教授基于个人教学经验，就当前课程内容和教学方式问题提出了看法。

4. 举办“通识教育大讲堂”

2017 年下半年学校邀请一批学术造诣深厚、有广泛社会影响力的海内外知名人士为本科生开设“通识教育大讲堂”系列讲座，采取有效方式引导学生积极参与，帮助学生深入理解文明传承、广泛了解多元文化、开阔学科视野、完善知识结构、丰富人生阅历、提升艺术涵养和综合素质，打造具有武汉大学特色的通识教育讲座品牌。10 月 30 日，原国家图书馆馆长詹福瑞教授以“经典：通识教育的灵魂”为主题作了首讲。

5. 通识教育学术成果突出

2017 年，武汉大学师生对通识教育理念的认识进一步深化，发布了一系列通识教育学术成果。

2017 年 9 月，由武汉大学通识教育中心发布的《武汉大学通识教育研究报告》可谓开启了武汉大学通识教育的新篇章。报告以“成人理念”为宗旨，以“创建武大通识 3.0”为核心，以“四大模块”为框架，在世界一流大学通识教育的语境下，考察武汉大学通识教育的发展历史，分析武汉大学通识教育在教学管理、课程设置、教师和学生的通识理念等方面所存在的问题，提出建设有武大特色的通识文化、通识课程、通识课堂和通识教育管理体制的思路与方略。

还有其他一些公开发表的学术成果如表 1 所示。

表 1　　**2017 年武汉大学师生发表通识教育相关学术成果**

作者	报告与发表期刊(出版社)信息	成果名称
周叶中	武汉大学教育研究 2017 年卷第 1 辑	以"成人教育"统领"成才教育"促进通识教育与专业教育有机融合
	第三届大学通识教育联盟年会校长论坛主题发言	武汉大学"通识教育与'双一流'建设"
武汉大学通识教育中心 李建中等		武汉大学通识教育研究报告
张熠，龚龑，方圣辉	武汉大学教育研究 2017 年卷第 1 辑	"遥感技术应用及发展"通识课创新教学
庄柯，刘金彪，王勇，张永喜	大学教育 2017 年第 5 期	论重大传染病作为大学通识课的教学目的和意义
雷晓婷	文艺生活·下旬刊 2017 年第 4 期	大学生素质教育背景下的高校通识教育研究——以武汉市华中七校为例
刘浩文，李莉	中国教育信息化 2017 年第 9 期	在线导学方法在高校公共课教学改革中的应用研究
冯惠敏，熊淦，沈凌	武汉大学教育研究 2017 年卷第 1 辑	武汉大学 2016 年本科通识教育质量现状调查
	2017 年中国高等教育学会学术年会暨高等教育国际论坛论文集	弘扬教育自信——中国特色通识教育模式探析
	中国高等教育学会院校研究会分会 2017 年年会论文集与分论坛报告	校本研究报告——武汉大学通识教育调查与分析
	科学出版社，2017 年 10 月	中国特色通识教育模式研究

6. 加强通识教育宣传

武汉大学通识教育中心于 2017 年 10 月推出了"武大通识教育"微信公众号与武汉大学通识教育官方网站，目的在于加强通识教育宣传工作，公众号与网站都由专门的团队负责运营与维护。"武大通识教育"微信公众平台设有三大主要栏目：通识文化栏目，发布通识大讲堂、研讨班、午餐会、一周讲座、友校信息、海外信息、研究成果等内容；通识课程栏目，发布课程体系、课程目录、课程介绍、课程招标、课程质量管理等内容；通识课堂栏目，发布教师专访、学生专访、助教专访、小班研讨、学生作业、通识沙龙、网上课堂等内容。"武大通识教育"每天定时更新与推送内容，致力于成为师生了解与查阅武大通识教育信息的重要平台。

（二）通识教育课程建设

2017 年武汉大学在通识教育课程建设方面迈出了实质性的一步，规范了通识课程建设，重构了通识课程体系。

1. 规范通识课程建设

武汉大学通识教育 3.0 阶段，通识课程管理更规范，通识课程建设更科学。学校在 2016 年发布的《武汉大学通识课程建设管理办法》中将通识选修课程领域重新划分为中华文化与世界文明、科学精神与生命关怀、社会科学与现代社会、艺术体验与审美鉴赏等四大模块。通识教育中心副主任潘迎春教授、彭华教授、文建东教授和江柏安教授分别领衔上述四大模块学术团队，四大模块学术团队专门负责各自模块核心通识课程与一般通识课程的设计与遴选。四大模块学术团队于 2017 年 1 月至 3 月多次在各大学院开展校内调研，全面了解各模块通识课程教师、通识课程现状与存在的问题，以此为基础，科学、合理地设计各模块通识课程。

2. 重构通识课程体系

武汉大学对课程进行全方位调整和重构，提出"4-2-660"课程模式，即 4 大模块、2 门基础通识课、60 门核心通识课和 600 门一般通识课。

4 大模块均区分"核心课程"与"一般课程"，其课程数量比例设置为 1∶10，无论是核心课程还是一般课程均由学校通识教育中心统一设计，统一招标，统一审批，但在具体管理上核心课程由学校(通识教育中心)管理，一般课程由主讲教师所在院(系)管理。

新建 2 门基础通识课程人文科学经典导引与自然科学经典导引。两大导引课程从"经典"和"跨学科"两个层面对大一学生进行"启蒙"性质的通识教育，打开学生的视野，为后面的核心通识课程和一般通识课程学习打基础。

武汉大学拟分阶段分批次建设这一通识课程体系，2018 年到 2019 年 2 年时间重点建设人文科学经典导引与自然科学经典导引两门基础课程；2018 到 2020 年 3 年之间建设 60 门核心课程，每年 20 门；2018 年到 2023 年 6 年时间建设 600 门一般通识课程，每年 100 门。

3. 开展"大班授课、小班研讨"教学模式试点

2017 年上半年，武汉大学通识教育中心在"中国文化与世界文明"模块的简明世界史课程中试行了"大班授课，小班研讨"教学模式，全班 180 人分为 9 个小班，每个小班配备一名助教[2]。2017 年下半年，中国文化概论课程也开始试行"大班授课，小班研讨"教学模式，班级一共 40 人，分成 3 个小班，分别由 3 名博士生助教负责。小班讨论的教学效果突出，得到了学生的一致好评。后文将对"大班授课、小班研讨"教学模式的具体教学效果进一步详细说明。

(三)建立通识教育激励机制

1. 增设"351 人才计划"核心通识课程教学岗位

为突出人才培养的中心地位，鼓励教师潜心教学、教研相长，提升教育教学水平，学校设置了"351 人才计划"教学岗位。2017 年学校增设了"351 人才计划"核心通识课程教学岗位。

核心通识课程教学的"351 人才计划"岗位须履行以下职责：(1)聘期内每学期必须承担至少 1 门核心通识课程教学任务。(2)加强本课程团队建设，向学生展示不同学科领域的知识及在这些领域内探索的形式，引导学生获得多种不同分析方法，使学生了解这些方法如何运用，强调对学生能力、学习方法和性情的培养。(3)"珞珈特聘教授" 核心通识课程教学岗位的教师聘任期间必须获得省部级以上教学成果奖；或主持 1 项关于核心通识课程建设和改革的省级或以上重大教学改革项目，以第一作者在教育类重要刊物上每年至少发表 2 篇有影响的核心通识课程建设和改革的教学研究文章，每年至少有 1 篇论文被评为武汉大学优秀教学研究论文一等奖及以上。(4)"珞珈青年学者" 核心通识课程教学岗位的教师聘任期间必须参与获得省部级以上教学成果奖；或参与 1 项关于核心通识课程建设和改革的省级或以上重大教学改革项目，以第一作者在教育类重要刊物上每年至少发表 2 篇有影响的核心通识课程建设和改革的教学研究文章，每年至少有 1 篇论文被评为武汉大学优秀教学研究论文二等奖及以上。

2017 年 11 月，经教师本人申报、各单位初评、学校组织专家复评，武汉大学拟聘 14 位"351 人才计划"教学岗位教师。其中通识教育中心主任、文学院李建中教授被聘为通识课程教学岗位的"351 人才计

划”杰出学者，信息管理学院张敏副教授被聘为通识课程教学岗位的“351 人才计划”“珞珈青年学者”。

2. 设立优秀教学业绩奖通识课程专类

学校本科优秀教学业绩奖用于奖励在本科教学一线工作业绩突出的优秀教师。奖项针对全校承担本科教学任务的教职工，分公共基础理论课程类、通识课程类、专业理论课程类、实验实践类等 4 类进行申报和评选，要求参评教职工具有良好的职业道德，为人师表，长期坚持在教学第一线勤勤恳恳工作，教学质量优良。学校每年会组织一次本科优秀教学业绩奖评选，每次评选不超过 200 人，每人奖励 3 万元。设立优秀教学业绩奖通识课程专类是武汉大学深入开展通识教育改革的重要举措之一，旨在通过重奖来鼓励教师重视通识课程教学工作，让高校回归“教书育人”的本位。

二、2017 年武汉大学通识教育现状调查与分析

为了进一步了解武汉大学 2017 年通识教育质量状况，课题组在全校范围内进行了较大规模的调查，采用问卷调查法、深度访谈等方法收集调查数据。首先，在 2016 年本科通识教育调查问卷基础上设计 2017 年通识教育调查问卷，问卷内容主要是学生对通识课程各方面满意度，包含 15 个指标，此外问卷还设计了学生对推行通识教育的态度、通识课程学习收获、选课与学习指导、博士生助教、课后研习、课程考核等相关问题。面向全校在学通识课程的本科生，共计发放调查问卷 750 份，剔除空白、填答不认真、大一新生①与研究生填写等无效问卷，最终回收有效问卷 630 份。通过对回收的 630 份有效问卷进行基本统计情况分析，问卷调查样本学生分布特征如表 2 所示。

表 2　调查样本学生分布特征

样本分布特征	选项	数量	百分比
性别	男	300	47.6%
	女	330	52.4%
年级	大二	260	41.3%
	大三	289	45.9%
	大四	81	12.9%
学科	人文或艺术学科	117	18.6%
	社会学科	191	30.3%
	理科	106	16.8%
	工科	197	31.3%
	医学	19	3.0%

（一）学生对通识教育的态度

为了解学生对通识教育 3.0 改革的看法，问卷在一开始设计了对“武汉大学实行通识教育的看法”题项。结果显示，72.9%的学生明确表示支持实施通识教育，持反对态度的仅占 1.7%，另外，25.4%的学

① 调查过程中有小部分旁听通识选修课程的大一新生也填写了问卷。大一新生刚入学三个月，学校未要求修习通识选修课程，无法客观反映通识课程整体情况，因此剔除这一部分问卷数据。

生持中立态度，认为通识教育有利于学生发展但实施过程中存在困难，因而需要理性看待。而2003年对武汉大学学生的调查结果显示，学生选择支持、反对与中立的比例分别为53.3%、9.4%与37.3%[3]（见图1）。

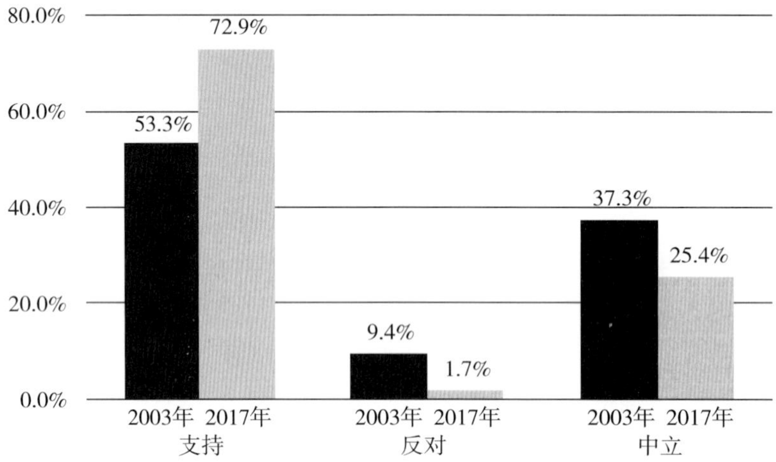

图1 2017年学生对实施通识教育的态度与2003年对比

从两次通识教育改革调查数据对比可以发现，目前学生对于武汉大学通识教育改革的态度相较2003年而言发生极大变化，近3/4的学生对通识教育明确支持，持中立与反对态度的学生比例也大幅减少，说明经过近15年通识教育的推行，武汉大学学生已全面接受并认同通识教育理念，将武汉大学的通识教育视为自己接受四年高等教育过程中不可或缺的一部分，学生对于武汉大学通识教育的关注重点已不仅仅局限于通识教育理念，而是逐渐向通识教育质量转移。

70.4%的学生认为自己经过通识课程的学习有所提升，其中7.1%的学生认为自己进步明显，63.3%的学生感觉有一点进步。仅有5.2%的学生认为自己在通识课程学习中未得到提升，还有24.3%的学生表示很难说。说明绝大多数学生比较认同通识课程学习的收获，也正是因为如此才会更加认可武汉大学通识教育。

（二）2017年通识教育学生满意度评价

2017年通识教育满意度评价包含通识课程体系满意度与通识课程学习体验满意度两个维度，其中通识课程体系满意度包含通识课程数量、通识选修课程学分要求、通识课程领域划分、选课系统、通识教育信息资源等5项指标；通识课程学习体验满意度包含通识课程班级人数、通识课程时间安排、通识课程教师、通识课程难度、通识课程教学方法、通识课程教学内容、通识课程考核方式、通识课程教学效果、MOOC通识课程等9项指标，此外，调查还专门设计了通识课程整体满意度指标，用以评判学生对学校通识课程的整体满意度情况。相比2016年通识教育满意度评价指标，今年新增了通识课程整体满意度、通识选修课程学分要求、通识教育信息资源、通识课程教师等4项指标，其中通识教育信息资源指的是学校提供的与通识教育相关的信息资源情况，如图书馆资源、网络信息资源等。

满意度调查采用李克特五级量表，学生对通识教育各指标满意程度分为“非常满意”、“比较满意”、“一般”、“不太满意”、“非常不满意”。样本数据分析对应采用5分量表的赋值方法，其中5分表示“非常满意”，4份表示“比较满意”，3分表示“一般”，2分表示“不太满意”，1分表示“非常不满意”。每一指标得分越高，代表学生对该指标的满意度越高。

1. 学生对通识教育的满意度评价

2017 年本科生对学校通识教育各指标的满意度评价如表 3 所示。

表 3　**学生对武汉大学 2017 年通识教育的满意度评价**

通识教育指标	满意度平均值	绝对满意指数		相对满意指数	
		数值	排序	数值	排序
通识课程整体满意度	**3.42**	**48.4**		**92.5**	
通识课程教师	3.97	81.2	1	97.2	2
通识课程时间安排	3.89	76.2	2	97.3	1
通识教育信息资源	3.86	69.5	3	94.6	6
通识课程难度	3.78	68.6	4	96.1	3
通识课程班级人数	3.8	68.4	5	95.5	4
通识课程教学内容	3.75	67	6	94.9	5
通识课程考核方式	3.72	65.7	7	94	7
通识课程数量	3.72	65.2	8	90.1	10
通识课程教学方法	3.65	60.4	9	93.6	8
通识课程教学效果	3.51	52.7	10	90.3	9
通识选修课程学分要求	3.36	46.6	11	81.5	11
通识课程领域划分	3.29	46.3	12	76.3	12
MOOC 通识课程	2.92	29.1	13	67.4	13
选课系统	2.6	18.7	14	52.8	14

注：①调查数据分析采用 5 分量表的赋值方法，其中 5 分表示“非常满意”，4 分表示“比较满意”，3 分表示“一般”，2 分表示“不太满意”，1 分表示“非常不满意”；②绝对满意指数是指选择“非常满意”与“比较满意”的人数占调查总人数的百分比数值，相对满意指数是指选择“非常满意”、“比较满意”与“一般”的人数占调查总人数的百分比数值。

从上表中可以发现，武汉大学通识教育 15 项满意度指标中，13 项指标满意度平均得分都超过 3，只有 MOOC 通识课程与选课系统两项指标满意度均值在 3 以下，说明学生对于大部分通识教育指标都比较满意，而对 MOOC 通识课程与选课系统比较不满，表明学校的选课系统与 MOOC 通识课程未充分达到学生期望。

研究进一步对 14 项指标按照绝对满意指数大小排序，评价最高的前三项指标分别是“通识课程教师”、“通识课程时间安排”、“通识教育信息资源”。可见武汉大学通识课程师资条件丰富、教师水平突出，得到了绝大多数学生的认可。时间安排方面，目前武汉大学 80%左右的通识课程安排在周一至周五 11~13 节(18:30—20:55)，10%左右的课程在周一至周五其他时间段开设，10%左右的课程在周六开设，少量课程在周日开设，超过 3/4 的学生对这一课程时间安排感到满意，因为一般本科生的专业类课程都安排在周一至周五的白天，周一至周五晚上恰好可以供学生选修通识课程。“通识教育信息资源”位于第三位，近 70%的学生对于学校提供的信息资源感到满意，说明我校提供给学生的通识教育资源非常丰富，尤其是图书馆中通识教育相关书籍，得到了大部分学生的肯定。

还有 4 项指标绝对满意指数未超过 50，而且排名靠后，这些指标可能存在一些突出的问题，学校需要重点改进这些方面。其中，选课系统、MOOC 通识课程、通识课程领域划分三项指标在 2016 年的调查中同样靠后。第一，选课系统。选课系统存在的问题在2016年通识教育调查中已进行了详细分析，今年这一指标上存在的问题和去年存在的问题并没有明显区别，不再赘述。第二，MOOC通识课程。我们在2016年的调查报告中对MOOC通识课程存在的问题进行分析时指出，MOOC通识课程建设时间不长，课程种类不多，教学形式不成熟，学生观念没有完全转变过来。但今年，我们在MOOC通识课程指标上发现了一些新的问题。由于MOOC课程设计的强制要求，MOOC通识课程每节课的时间都比较短，一般每一小节视频15分钟左右，每周3小节，总时间45分钟左右。很多知识内容在MOOC上都无法展开论述，老师只能快速略过。例如调查过程中部分选修《简明世界史》课程的学生就反映MOOC上视频时间较短，老师很多内容没有展开，没有真实课堂中的分量足。而且在MOOC课程学习过程中，学生难以和授课老师互动，一些需要花时间论述的问题得不到解决。多种原因综合起来，造成学生对MOOC通识课程指标的满意度不高。第三，通识课程领域划分。这一问题在2016年的调查报告中同样进行过详细论述，学生普遍认为当前实施的七大领域通识选修课程划分方式过于繁杂，各领域课程数量分布不太均衡，部分领域课程数量不足，难以选上课，进而导致不满。第四，通识选修课程学分要求。通识选修课程学分要求是2017年调查中新增的一项指标，旨在调查学生对于武汉大学通识教育学分设置的意见。目前，武汉大学本科生通识选修课程学分要求按照2013年版本科人才培养方案执行，通识选修课程要求共计选修20学分，学生需要在交流与写作类、数学与推理类、人文与社会类、自然与工程类、艺术与欣赏类、中国与全球类、研究与领导类等七大领域中的每一领域完成一定的学分。调查结果发现，学生对这一学分安排的满意程度不高，说明通识选修课程学分安排亟待做出一定的调整。

将15项指标的绝对满意指数与相对满意指数进行对比可以发现，各指标的绝对满意指数排名和相对满意指数排名变动不大，只是通识教育信息资源指标相对满意指数排名与通识课程数量相对满意指数排名稍有变动。说明上表中的满意度评价排序有效地反映了武汉大学通识教育各指标的实际情况。

2. 不同群体学生对通识教育的满意度评价

为进一步分析不同年级与不同学科学生对学校通识教育各指标的满意度评价，本报告分别对不同年级学生对通识教育的满意度评价、不同学科学生对通识教育的满意度评价进行交叉统计分析，结果分别如表4和表5所示。

表4　　不同年级学生对通识教育的满意度评价

通识教育指标	大二		大三		大四	
	绝对满意指数	排序	绝对满意指数	排序	绝对满意指数	排序
通识课程整体满意度	**46.9**		**46**		**61.7**	
通识课程教师	80	1	81.3	1	85.2	1
通识课程时间安排	**71.5**	**2**	**78.2**	**2**	**83.9**	**2**
通识课程班级人数	69.6	3	68.8	4	62.9	10
通识教育信息资源	68.9	4	68.5	5	75.3	5
通识课程难度	66.6	5	69.9	3	71.6	7
通识课程数量	64.6	6	63	8	75.3	5
通识课程教学内容	64.2	7	66.8	6	76.5	4
通识课程考核方式	63.5	8	64.7	7	76.6	3
通识课程教学方法	59.6	9	59.5	9	65.4	9

续表

通识教育指标	大二		大三		大四	
	绝对满意指数	排序	绝对满意指数	排序	绝对满意指数	排序
通识课程领域划分	**54.6**	**10**	**36**	**12**	**56.8**	**11**
通识课程教学效果	51.9	11	49.1	10	67.9	8
通识选修课程学分要求	48.1	12	45	11	48.2	12
MOOC 通识课程	26.9	13	26.7	13	44.4	13
选课系统	20.7	14	15.2	14	24.7	14

根据表 4 我们可以看到，首先，大四学生对通识教育 15 项指标的绝对满意指数要明显高于大二学生与大三学生，即大四学生对于武汉大学通识教育更加满意。可能有两方面原因，一方面，通识课程效果滞后性较强，学生在通识课程上培养的通用性能力和思维习惯可能要经过长时间的积淀才能引发质变，大四学生可能在全部学完所有课程以后才逐渐发现通识课程的重要性，注意到自身在通识课程学习中获得的提升；另 ·方面，大四学生普遍面临着就业、读研深造等情况，可能在找工作过程中或者准备读研过程中体会到听说读写能力、沟通能力、批判性思维等通识能力的重要性，从而进一步反思通识课程的学习效果并作出相应评价。

其次，随着年级的增长，学生对通识课程时间安排满意度不断提升。这可能由于大二学生的课程与参加的活动较多，既有通识必修课、专业基础课，又有校内外各类社团活动，时间安排上更容易和拟选修通识选修课程时间冲突，因此大二学生的满意度相对大三与大四学生来说较低。而大三、大四学生基本上是专业课程，专业课程很少安排在晚上，学生选修空间较大。

最后，大三学生对于通识课程领域划分的满意度要明显低于大二学生与大四学生，满意度指数相比大二、大四学生要低 20 左右。这一情况进一步反映了学生对于通识课程开课数量不均衡问题的意见，尤其是大三学生对于这一问题更为关注。经过大二一年的选修，大三学生很可能仅有少数一两个领域的学分还未修够，只能有针对性地选修这些领域课程，而部分领域课程开课数量较少，如“研究与领导类”、“中国与全球类”，选课人数极多，学生难以选上课，因此学生普遍对通识课程领域划分感到非常不满。大四学生对通识课程领域划分满意度相对较高更有可能是由于学校优先照顾要毕业的学生提前一天选课，他们的通识选修课程学分已经修满，无选修学分的担忧。

表 5　　**不同学科学生对通识教育的满意度评价**

通识教育指标	人文或艺术学科		社会学科		理科		工科	
	绝对满意指数	排序	绝对满意指数	排序	绝对满意指数	排序	绝对满意指数	排序
通识课程整体满意度	**44.4**		**43.5**		**52.8**		**52.2**	
通识课程教师	68.4	1	82.2	1	83.9	1	86.3	1
通识教育信息资源	67.6	2	68.6	4	72.6	3	69	6
通识课程时间安排	67.5	3	73.3	2	81.2	2	81.2	2
通识课程数量	63.2	4	62.3	7	69.8	6	67	8
通识课程考核方式	63.2	5	65.4	5	64.1	8	67.5	7

续表

通识教育指标	人文或艺术学科		社会学科		理科		工科	
	绝对满意指数	排序	绝对满意指数	排序	绝对满意指数	排序	绝对满意指数	排序
通识课程班级人数	61.5	6	65	6	72.6	3	74.7	3
通识课程教学内容	61.5	7	60.8	8	72.6	3	72.1	5
通识课程难度	59.8	8	69.1	3	68.9	7	73.1	4
通识课程教学方法	53	9	57.1	9	64.1	8	65.5	9
通识课程教学效果	47.8	10	44.5	10	62.3	10	56.4	10
通识选修课程学分要求	45.3	11	38.2	12	50.9	12	51.8	11
通识课程领域划分	43.6	12	42.4	11	53.8	11	46.7	12
MOOC 通识课程	26.5	13	27.8	13	33	13	27.9	13
选课系统	19.7	14	11.5	14	26.4	14	20.8	14

注：医学学生的调查样本数据较少，交叉数据统计结果随机性较强，因此将医学类学生满意度评价数据删除。

根据表 5 不同学科学生对通识教育的满意度评价，我们可以看到，理工科学生对学校通识课程整体满意度评价要明显高于人文、艺术与社会学科学生，说明理工科类学生对武汉大学通识教育更为满意。进一步分析，人文、艺术、社会、理工科类学生对通识教育各指标的满意度差异还表现在以下几个方面。

第一，理工科学生对通识课程教学过程中的通识课程教学内容、通识课程难度、通识课程教学方法、通识课程教学效果等 4 项指标满意度要明显高于人文、艺术、社会学科的学生，理工科学生对上述 4 项指标的满意指数与人文、社科学生的指标满意指数差值都超过 10。这可能是因为通识课程内容以人文、艺术、社科学科知识内容居多，理工科学生平时接触人文、艺术、社科学科知识较少，对人文、艺术、社科类课程教学形式、教学内容、教学方法等有较强的新鲜感，因此更容易对通识课程教学感到满意。而人文、艺术、社科类学生平时接触了大量的本领域知识，对本领域课程要求更高，很多在理工科学生看来是新鲜的问题，在人文、社科类学生看来可能比较陈旧、通俗、简单，所以人文、艺术、社科类学生对通识课程教学 4 项指标的满意指数要明显低于理工科类学生。这一情况对通识课程教师提出了较高的要求，通识课程班级的学生来自各个学科专业，教师必须全面考虑人文、艺术、社科、理工类学生的差异，选择合适的教学内容与教学方法。

第二，理工、社科类学生对通识课程教师的满意度要明显高于人文、艺术类学生。这一现象与上一点中的现象类似，但不同的是社科类学生对教师的满意度也较高，其原因可能也与上述分析相似。

第三，理工科类学生对通识课程班级人数满意度要明显高于人文、艺术与社科类学生。限于学生人数较多，武汉大学通识课程普遍采用大班授课形式进行教学，每一门课堂班级人数都比较多。理工科类学生更喜欢这一安排，这可能是因为理工科学生的人文社科领域知识基础薄弱，他们更注重大班教学可以在短时间内获取大量人文社科类的知识，而不太在乎师生互动和课堂交流。而人文、社科类学生基础较强，他们可能更愿意在课堂上发表自己的观点与见解，因此人文、社科类学生可能更倾向于班级人数较少的课堂。

第四，社科类学生对通识选修课程学分要求、选课系统的满意度明显低于人文、艺术与理工类学生。通识选修课程学分要求和选课系统看似没有联系，但实际上很多学生在选课系统中无法及时抢到拟选修的课，达不到各领域学分要求，进而产生不满，因此可以说选课系统的满意度很大程度上受通识选修课程学分要求的影响。社科类学生对这 2 项指标的满意度偏低说明学校在通识课程领域划分和学分要求上存在的问题比较突出。对 2013 年版武汉大学本科人才培养方案进行分析我们发现，绝大部分社科类专业的本科生同样被要求在“中国与全球类”、“研究与领导类”课程领域修满一定的学分，而相当一部分社科类专业的学生在专业课程中已学习过类似课程，加上这两个领域课程数量较少、学生难以选上课，因此，社科类专业的本科生对通识课程的学分要求更为不满。

（三）近两年通识教育满意度评价对比

2016 年的报告中同样对 9 项通识课程满意度指标进行了较为全面的调查，因此，本报告将 2017 年的满意度调查情况与 2016 年的调查情况做详细的对比，通过参数检验分析 2017 年调查样本数据中各指标的满意度均值与 2016 年的差异，判断学生对于学校通识教育各指标的满意度动态。

本报告首先对 2016 年与 2017 年相同的 9 项通识教育指标的满意度调查结果进行同步赋值，“非常满意”为 5 分，“比较满意”为 4 分，“一般”为 3 分，“不太满意”为 2 分，“非常不满意”为 1 分。然后对 2017 年与 2016 年的样本调查数据进行两独立样本 t 检验，分析 2017 年与 2016 年两个总体的均值是否存在显著差异，分析结果如表 6 所示。

表 6　**2017 年与 2016 年武汉大学通识教育的满意度评价对比**

通识教育指标	2017 年均值	2016 年均值	独立样本 t 检验结果		2017 年相比 2016 年均值变化
			p 值	差异性	
通识课程领域划分	3.29	3.58	$p=0.000<0.05$	有显著差异	↓0.29
选课系统	2.60	2.84	$p=0.002<0.05$	有显著差异	↓0.24
通识课程班级人数	3.80	3.62	$p=0.002<0.05$	有显著差异	↑0.18
通识课程时间安排	3.89	3.76	$p=0.013<0.05$	有显著差异	↑0.13
通识课程难度	3.78	3.81	$p=0.563>0.05$	无显著差异	—
通识课程教学方法	3.65	3.80	$p=0.006<0.05$	有显著差异	↓0.15
通识课程教学内容	3.75	3.84	$p=0.090>0.05$	无显著差异	—
通识课程考核方式	3.72	3.83	$p=0.023<0.05$	有显著差异	↓0.11
通识课程教学效果	3.51	3.40	$p=0.074>0.05$	无显著差异	—

注：通识选修课程学分要求、通识教育信息资源、通识课程教师等 3 项指标属于新增指标，在 2016 年调查问卷中未设置，无法对比；另外，2016 年也做了一部分 MOOC 通识课程调查，但样本数量不足，也无法对比。

根据上表的分析结果，通识课程难度、通识课程教学内容和通识课程教学效果 3 项指标和 2016 年在平均值上稍有变动，但独立样本 t 检验结果显示无显著差异，因此认为这 3 项指标和 2016 年未发生明显变化。另外，有 6 项指标相较 2016 年而言存在显著差异，我们进一步分析差异原因。

第一，通识课程领域划分满意度显著下降。这里需要说明的是，学校 2016 年发布的《武汉大学通识课程建设管理办法》中提出将通识课程重新划分为四大领域，所以课题组在 2016 年调查过程中设计的通识课程领域划分指标问题为“对学校新调整的通识课程四大领域划分方式的满意度”。而课题组在 2017 年的调查中设计的问题为“对目前实施的通识课程领域划分方式的满意度”，由于新的人才培养方案并未发布，本科生仍沿用 2013 年的七大通识课程领域划分方式，也就相当于 2017 年的通识课程领域划分指标问题是学生对以前的七大领域划分的满意程度。因此，通识课程领域划分指标 2016 年的满意度均值显著高于2017年的满意度均值，进一步说明了学生普遍更加认同四大领域通识课程划分方式（2016年公布的即将实行的通识课程四大领域是“中华文化与世界文明、科学精神与生命关怀、社会科学与现代社会、艺术体验与审美鉴赏”），说明学校有必要加快通识教育3.0改革的步伐，推行新的通识课程体系。

第二，学生对选课系统的满意度显著下降。选课系统问题一直以来都比较突出，2016年的调查报告中已详细分析选课系统存在的问题，并且相应提出了改进对策与建议，今年这一指标满意度明显下降说明学校在这一问题的改进上措施还不够得力，需要引起主管部门重点关注。

第三，学生对通识课程班级人数、通识课程时间安排2项指标的满意度显著提升。今年来武汉大学并未在通识课程班级人数安排与时间安排上进行太大的调整，“大班授课、小班教学”模式还在试点中，未大范围实行，时间安排和去年相比也变动不大，这2项通识课程指标满意度有所提升的原因尚不明朗，可能与调查的学生对象不同有关。

第四，通识课程教学方法满意度显著下降。研究调查发现，学生对通识课程教学方法的要求越来越高，不仅注重老师所采用的多样化的教学方法，还更加注重自己从多样化教学方法中获得怎样的提升。因此，对于日渐重复的传统教学方法，学生逐渐感觉缺乏新鲜感，满意度降低。通识课程教学方法存在的问题将在后面进一步论述。

第五，通识课程考核方式满意度显著下降。从学生对通识课程15项指标满意度来看，通识课程考核方式满意度排名居中，大部分学生对于通识课程考核方式还是比较满意的。通识课程考核方法存在的问题需要进一步分析，也将在后面详细论述。

（四）通识课程“大班授课、小班研讨”试点教学效果调查

《武汉大学通识课程建设管理办法》中提出“通识课程将主要采取有助教参与的‘大班授课、小班研讨’的授课方式”[4]。为准备推行“大班授课、小班研讨”教学模式，武汉大学2017年先在简明世界史与中国文化概论两门通识课程中试行“大班授课、小班研讨”教学模式，本课题组对两门试点通识课程也做了一部分基本调查，以了解通识课程“大班授课，小班研讨”试点教学情况。

1. 通识课程“大班授课、小班研讨”试点基本情况

武汉大学“中国文化与世界文明”模块的简明世界史通识课程最早试点“大班授课、小班研讨”教学模式，于2016—2017学年第二学期开始实行。2017—2018学年第一学期，中国文化概论课程也开始试点实行“大班授课、小班研讨”教学模式，试点基本情况如表7所示。

表7　**2017年武汉大学“大班授课、小班研讨”试点基本情况**

序号	通识课程名称	上课时间	课程时长	上课人数
1	中国文化概论	2017—2018学年第一学期	12周，每周3节	大班40人，3个小班，每个小班13人左右
2	简明世界史	2017—2018学年第一学期	13周，每周3节	大班280人左右，9个小班，每个小班30人左右
3	简明世界史	2016—2017学年第二学期	13周，每周3节	大班228人，9个小班，每个小班25人左右

中国文化概论课程班级总人数较少，3名助教平均每人负责组织13人左右的小组讨论，相比简明世界史课程小班人数要少得多。虽然简明世界史课程安排了9名助教，但由于大班人数过多，每一助教负责的小班人数高达30人。

小班讨论主题安排方面，两门课程各有特色。中国文化概论课程从第一次讨论开始就确定了讨论主

题，学生三次讨论均围绕不同的主题展开讨论，每一主题都需要重新查阅相关文献、搜集与主题有关的资料。简明世界史课程由于大班人数与小班人数均较多，小班讨论组织起来要相对复杂得多，课程安排在第一次讨论中进行小组讨论介绍、分组、学生自我介绍、助教介绍情况等工作，而且考虑到一次讨论课时间较短，不可能让30名学生每一个人都作完整的报告，因此安排一部分学生在第二次讨论中报告，另一部分学生在第三次讨论中报告，两次讨论的主题统一。

简明世界史课程还采用将“大班授课、小班教学”与MOOC相结合的混合教学方式，即要求学生在每周上课以前看完MOOC中对应周数的视频课程。在2016—2017学年第二学期，简明世界史课程未将学生观看MOOC课程纳入最终成绩考核，采用考勤、讨论表现、书面报告占40%、期末考试占60%的折算标准评判学生最终成绩。2017—2018学年第一学期，简明世界史课程增加MOOC通识课程学习强制要求，最终成绩评分折算比例为MOOC课程学习占10%，考勤、讨论表现、书面报告占30%，期末考试占60%。由于本学期刚开始试行“大班授课、小班教学”模式，中国文化概论课程还未确定最终的课程考核折算比例。通识课程试点小班讨论情况见表8。

表8　　**通识课程试点小班讨论情况**

序号	通识课程名称	小班讨论课程时间安排	小班讨论主题与安排	课程考核方式
1	中国文化概论	第4、6、10周小班讨论，其余时间大班授课	第一次讨论：“君子”与“小人” 第二次讨论：自然与人为 第三次讨论：顿悟与渐悟	讨论表现占主要部分
2	简明世界史	第8、10、12周小班讨论，其余时间大班授课	讨论主题：世界历史人物 第一次讨论：分组、学生自我介绍、助教介绍情况 第二次讨论：小组报告与讨论 第三次讨论：小组报告与讨论	MOOC课程学习占10%；考勤、讨论表现、书面报告占30%，期末考试占60%
3	简明世界史	第8、10、12周小班讨论，其余时间大班授课	讨论主题：各国民法典的比较 第一次讨论：分组、学生自我介绍、助教介绍情况 第二次讨论：小组报告与讨论 第三次讨论：小组报告与讨论	考勤、讨论表现、书面报告占40%，期末考试占60%

2. 通识课程“大班授课、小班研讨”教学效果调查

为调查通识课程“大班授课、小班研讨”的教学效果，我们选择了中国文化概论课程试点进行全班学生的问卷调查。课题组于10月底前往中国文化概论课程上课班级对全班学生现场发放“大班授课、小班研讨”教学效果调查问卷，最终收回有效问卷28份①。

整体来看，75%的学生对“大班授课、小班研讨”教学模式感到满意，其中21.4%的学生认为非常满意，53.6%的学生认为比较满意。另外，有21.4%的学生认为这种教学模式一般，3.6%的学生感到比较不满意，没有学生非常不满。由此可见，几乎所有学生都比较认可“大班授课、小班研讨”这一教学模式。

① 虽然简明世界史课程班级人数较多，样本数量更大，但由于问卷调查时间段内简明世界史课程刚上完第一次小班讨论课，学生刚刚进入小班讨论状态，不能真实反映小班讨论效果。而中国文化概论课程在调查时间内已经上完两次小班讨论课，每一班级人数较少，学生对小班讨论体验更深，因此选择中国文化概论课程。

“大班授课、小班研讨”教学模式的绝对满意指数达75，相对满意指数高达96.4。而我们传统教学方式的绝对满意指数为60.4，相对满意指数为93.6。相比传统教学方式，“大班授课、小班研讨”的学生满意度明显更高，尤其是绝对满意指数高，说明“大班授课、小班研讨”教学模式作为一种教学方法、教学形式更能明显提升学生的学习满意度。

（1）“大班授课、小班研讨”教学模式的积极影响。问卷调查了“大班授课、小班研讨”教学模式对学生带来的积极影响，统计分析结果如图2所示。

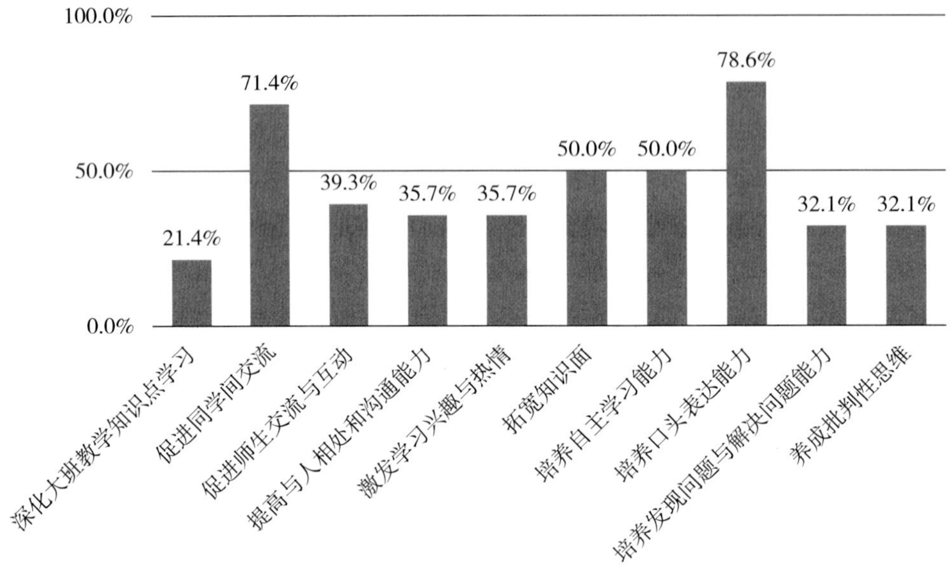

图2 “大班授课、小班研讨”模式的积极影响

可以发现所有的学生都比较认同“大班授课、小班研讨”教学模式的教学效果，“大班授课、小班研讨”教学模式在深化大班教学知识点的学习、促进同学间交流、促进师生交流与互动、提高与人相处和沟通能力、激发学习兴趣与热情、拓宽知识面、培养自主学习能力、培养口头表达能力、培养发现问题与解决问题的能力、养成批判性思维等方面都发挥了重要的作用。

“大班授课、小班研讨”教学模式在促进同学间交流、培养口头表达能力上的影响最为突出，超过70%的学生认为自己在这两方面有所提升。其次，“大班授课、小班研讨”教学模式在拓宽知识面、培养自主学习能力上也起到了突出作用，一半的学生较为认同这两方面的影响作用。

（2）“小班研讨”课程难度。由于中国文化概论课程首次进行“大班授课、小班研讨”试点，在课程难度设置上比较适中。没有学生反映试点的“小班研讨”课程非常困难，也没有学生反映非常容易，一半的学生认为课程难度较为适中，42.9%的学生认为有一点难，还有7.1%的学生认为课程比较容易。这说明在小班讨论课程整体难度设置上为学生增加一点挑战性，给予学生一定的课外阅读压力，一定程度上可以激发学生的学习动力与积极性。总体来看，中国文化概论课程的难度设置比较合适。

（3）“小班研讨”课程考核比例分配。在课程成绩考核方面，学生对于研讨部分占课程考核比重的意见比较分散，17.9%的学生认为研讨部分成绩应占总成绩的30%以下，32.1%的学生认为占30%~50%，35.7%的学生认为应占50%~80%，14.3%的学生认为研讨部分比重应该占80%以上。总体来看，大部分学生认为研讨部分成绩应占30%~80%，但具体折算比值设置为多少，教师可以根据课程实际情况视学生小班讨论效果而定。

三、深化通识教育展望与对策

经过近15年的发展，武汉大学通识教育的影响不断提升，并逐渐得到学生的认可。正如上文分析中提到，武汉大学学生已全面接受并认同通识教育理念，将武汉大学的通识教育视为自己接受4年高等教育过程中不可或缺的一部分。与此同时，我们还需要正视通识教育实施过程中存在的一系列问题，总结经验，进一步深化通识教育改革，以提升武汉大学通识教育质量。

(一)武汉大学通识教育质量提升面临的挑战

综合上文对2017年通识教育学生满意度调查分析、近两年武汉大学通识教育满意度对比分析以及通识课程“大班授课、小班研讨”试点教学效果调查分析结果，目前武汉大学通识教育存在的问题主要表现在MOOC通识课程、选课系统、通识课程领域划分、学分设置不合理等方面，这些顶层设计方面的问题在2016年武汉大学通识教育调查报告中已经做过详细的论述[5]，这里就不再重复。其中，虽然学分设置问题之前没有提到，但综合研究调查结果，学生并非对通识课程总学分设置有意见，而是对于当前实行的七大领域通识课程划分非常不满。因为，七大领域划分过于繁琐，每一领域都要求修满一定的学分，部分领域如“研究与领导类”、“中国与全球类”涵盖课程数量太少，选修人数较多，学生很难选上该领域课程，导致其部分领域课程学分无法修满，进而对学校的通识课程设置产生不满。其根本原因仍在于通识课程领域划分问题上，与通识课程总学分要求并无太大关系。因此，对于通识课程学分设置问题也不再过多分析。

基于前文的满意度调查分析内容，本部分将深入武汉大学通识课程教学与学习环节，分析武汉大学通识教育质量提升面临的挑战。

1. 通识课程教学方法的形式化问题突出

研究调查发现，学生和教师在教学方法的判定上存在分歧，教师认为自己在教学过程中采用的多样化教学方法在学生看来可能是走形式。

对通识课程教师的调查数据显示，仅有不到20%的教师认为自己采用大班讲授的方式进行通识课程教学。大部分教师认为自己在通识课程教学过程中采用教师讲授与师生互动、小组讨论等多种形式相结合的方式。但对本科生的调查数据显示，学生和教师对于教学方法方面的判定有较大出入。68.3%的学生认为自己所选修的大部分通识课程以大班讲授为主，29.4%的学生反映自己选修的通识课程大部分是教师讲授与学生讨论方式并行的方式，仅1.7%的学生认为选修的课程大部分以学生讨论为主。有超1/3的学生并不认可目前大部分通识课程的教学方式。

对比教师和学生的调查数据，我们可以发现一个奇怪的的现象，教师和学生对于通识课程教学方法的理解存在分歧，大部分教师认为自己在教学过程中积极探索并采用创新的教学方式，增加课堂中学生互动的成分，但大部分学生认为教学方法并无太大变化。结合对学生的深度访谈内容，我们进一步分析可能导致这一分歧现象的原因。我国长期以来按照大班讲授的方式培养人才，以至于我们培养出来的教师很少熟练地掌握引导与组织学生讨论的技巧，在教学过程中本身方法单一，因此在教学过程中稍微增加一点为学生答疑、与学生互动的环节或者让学生在课堂上进行短暂的讨论在通识课程教师看来就是多种教学方法的结合。但学生对此并不认同，研究对学生的访谈资料发现，有相当一部分学生非常重视课程的实质性内容，在调查中反复强调“干货”，而讨厌一些形式化的教学方式。在教学过程中，稍微增加一点点讨论环节在大部分学生看来并没有起到明显的效果，而是一种“走形式”，学生评价为“教师和学生之间交差了事为主，大多数没有实效”，不仅没有收获还可能催生了学生的抵抗情绪。因此，相当一部分学生仍然认为通识课程教师主要采用的是传统的大班授课教学方法，对于这一日渐重复的传统教学方法，学生逐渐感觉缺乏新鲜感，从而满意度降低。

由此可见，虽然学生普遍期望教师采用多样化的教学方式讲授通识课程，但更希望看到课程教学方法有实质的改变，而不是增加一些形式化内容。随着武汉大学通识教育的发展，学生对通识课程教学方法的要求越来越高，这对通识课程教师又提出了更高的要求。

2. 通识课程考核不能全面反映学生学习收获

学生对于通识课程考核不满主要因为考核未能全面地反映自己在通识课程学习过程中的收获，不满的原因主要有两个方面，一方面，部分学生认为通识课程考核形式比较单一，仅以考试或者论文的方式考核学生最终学习情况，没有采用多样化的考核形式全面地考察所学内容。另一方面，有少数学生并未以获取学分为目的来看待课程考核，而是将通识课程考核视为检验自己学习成果的一种方式。这一部分学生思考得比较深入，其认为部分通识课程考核的确采用了考勤、课程论文、考试成绩、课堂表现等多种方式综合考查学生学习结果，但是考核质量并没有达到自己的期望，如“太容易”、“缺乏检测能力和效果”，“一篇乱七八糟的论文敷衍了事”等等。这说明我们在重视多样化考核形式的同时，还需要关注通识课程考核的质量，课程考核不仅是给学生一个分数，还应最大程度反映学生的学习收获。

3. 学生通识课程学习情况堪忧

学生通识课程学习包括课堂学习与课外学习两方面。

课堂学习方面，首先，少有学生积极参与通识课程课堂提问与讨论。调查数据显示，近 20%的学生从来不参与课堂互动与讨论，频繁参与课堂提问与班级讨论的学生不到 10%，有 71%的学生偶尔在课堂上参与互动。学生课堂表现不积极，往往会使得通识课程教学成为教师的独角戏，课堂问答难以进行。其次，学生很少作课堂报告。15. 2%的学生表示从未在通识课堂上作过公开 PPT 报告或其他类型的报告，表示频繁作报告的学生仅达到 20%，其他学生则表示偶尔会进行一次报告。最后，虽然课堂讨论与课堂报告情况不太理想，但在通识课程上学生小组合作比较频繁。近一半的学生会频繁地和其他同学合作完成项目、课堂作业或者小组作业，51. 8%的学生偶尔会进行小组合作，少有学生在通识课程上从未参加过小组合作。

课后学习方面，首先，学生较少独立完成高质量课程论文。13. 2%的学生表示从未完成过需要广泛阅读并搜集资料来撰写的论文，经常独立完成高质量论文的学生仅占 27. 1%。其次，学生之间课后学习交流较少，近一半的学生从未指导过同学的通识课程学习，仅 4. 8%的学生表示会频繁指导其他同学的通识课程学习，47. 5%的学生会偶尔指导。再次，学生课后对通识课程相关论著、研究报告等的阅读也极其有限。调查数据显示，近 10%的学生在全部通识选修课程学习过程中，一本课外书都没有阅读过，61. 3%的学生阅读量为 1~5 本，20. 6%的学生阅读量为 6~10 本，全部通识课程学习过程中阅读量超过 10 本的学生比例不超过 10%。绝大部分学生在课外很少阅读通识课程相关论著，部分学生甚至从不阅读，可见课外阅读缺乏是学生通识课程学习的一大突出问题。最后，研究进一步调查了学生在每次上完通识课程以后平均在课后研习上花费的时间，43. 5%的学生几乎没有在通识课程的课后研习上花费时间，48. 3%的学生每次上完课以后会花 1~2 个小时进行课后学习，平均每次花费 3 小时以上的学生仅占 8. 3%。

总体来看，学生通识课程学习情况不容乐观，尤其是学生的课外阅读与课后花费的时间问题非常突出，学生上完通识课程以后缺少压力与监督，导致其课后阅读与课后研习花费的时间极其有限。

4.“大班授课、小班研讨”教学模式尚待改进

在调查了“大班授课、小班研讨”的教学效果后，研究还调查了学生认为“大班授课、小班研讨”教学模式存在的问题，并广泛收集了学生的意见与建议。“大班授课、小班研讨”教学模式存在的问题调查统计分析如图 3 所示。

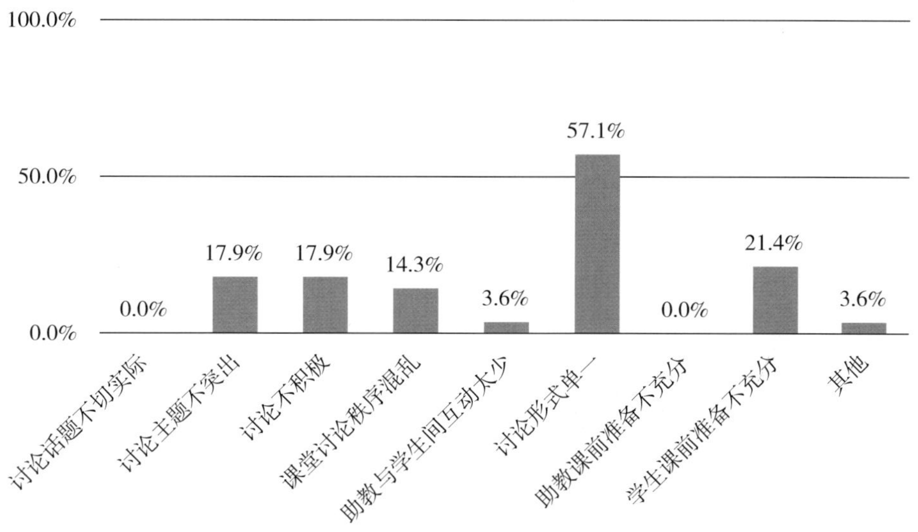

图 3 “大班授课，小班研讨”课程存在的问题

从上图中我们可以发现，首先，从整体来看，学生对于“大班授课，小班研讨”课程的意见不太突出，仅有一项问题的反映率超过 50%，其他问题反映率均在 30%以下，学生满意度相比传统教学模式明显要高得多。这可能是由于“大班授课、小班研讨”教学模式对于学生来讲还是一个新鲜事物，学生对于这一模式普遍比较接受，兴趣较高。其次，没有学生认为存在讨论话题不切实际问题，说明学生对于每次小班讨论的主题都比较满意。调查发现，所有学生都认为小班讨论、学生报告的主题和大班教学主题联系紧密，说明讨论的主题和学生报告选题都是基于大班授课内容制定，小班讨论与大班授课衔接非常紧密。也没有学生反映助教准备不充分，说明学生对于试点课程助教工作非常肯定，助教的责任感强，获得学生一致好评。除此以外，“大班授课、小班研讨”教学模式还暴露出一些亟待改进的问题，我们将结合学生反馈的意见从以下几方面进一步分析。

(1)讨论形式单一。调查数据显示，57. 1%的学生认为讨论形式单一问题在小班讨论课程中比较突出，25%的学生在问卷末尾的意见与建议中也强调讨论比较单一，有待扩展讨论形式。目前小班讨论主要采用“学生发言+同学讨论”的形式，学生更希望每一次的讨论课有所不同，如“采用辩论或者提问的形式更好”、“提高每个学生参与度，丰富讨论形式”等等。

(2)部分学生报告内容重叠。有 15%的同学在意见与建议中反映有学生报告和发言存在问题重叠或观点雷同现象。我校的小班讨论课都是在小班上课之前为学生布置讨论主题，然后学生在大的讨论主题下自由选择分支主题。出现学生观点雷同与重叠现象的原因很可能是学生在选择分支主题时分工不明确，因此有必要在每次讨论课之前让小班学生提前明确自己发言的分支主题，以保证讨论内容多样化。

(3)部分学生课前准备不充分。与大班授课不同，小班讨论课要求每一位学生都要报告与发言，学生必须在上课前完成规定的资料阅读，作充分准备，未按照要求阅读材料的学生将会在讨论过程中暴露得一览无余，因此避免了“蒙混过关”的情况。但仍然有 21. 4%的学生反映部分学生课前准备不充分，结合前文调查发现的学生课后学习过少的现状，学生小班讨论课前准备与课后学习情况值得关注。

(4)部分学生课堂讨论不积极。17. 9%的学生反映课堂讨论不积极，一方面，课前准备不充分很大程度上会导致小班讨论课程不积极，课前准备充分的学生才能在讨论过程中全面地阐述自己的观点；另一方面，还有一部分学生不太愿意过多表达观点，在讨论过程中倾向于沉默或者趋同。

(5)未严格控制时间。20%的学生在建议中提到时间控制问题，在对试点课程助教的访谈过程中，助教也都提到学生发言经常超时的问题。超时原因主要有两方面，一方面部分学生发言不精练，无法清晰地表达自己的观点，发言重复内容较多，占用时间较长；另一方面，部分学生思维太过发散，发言有些偏题，影响了后面同学的发言时间，甚至导致拖堂情况产生。

此外，还有15%的学生在建议中提出小班人数过多，希望进一步减少小班人数。但实际上，相对而言，中国文化概论课程小班人数已经非常精简，讨论课人数比复旦大学、哈佛大学大部分小班讨论课程人数都要少得多，学生认为小班讨论人数过多的原因主要还是源于未严格控制讨论时间，导致部分学生发言和讨论时间不够。

(二)改进武汉大学通识教育的对策

针对上述调查中存在的问题，现提出如下几点改进武汉大学通识教育的策略。

1. 改进通识课程的考核方式方法

首先，通识课程考核形式要多样化。哈佛大学通识课程考核形式比较多样，如哈佛大学的一门自然科学类通识课程生命中的分子通过课堂讨论、(每周)分组讨论、平时作业、考试、课程报告等多种形式综合考核学生学习情况[6]。课堂讨论主要借助课堂应答系统(clickers)进行。除了课堂上的讨论之外，学生还需要每周参与课下的分组讨论，让学生通过课后讨论回顾课中的重要内容，或者解决作业中的难题，分组讨论包括实践活动和角色扮演等活动，每位学生的课后讨论出勤率和讨论表现都将被记录到课程成绩中。此外，教师每周会向学生布置课后作业，作业成绩也计入最终总成绩。课程中一共设计了三次测试，包括两次期中测试和一次期末测试。除此以外，学生还需要在课程结束时提交一份课程报告，课程报告的形式在传统论文的基础上还可以是以社论、杂志、短篇小说、漫画小说、原创歌曲、电视剧剧本、歌剧甚至舞蹈等形式来论述自己的观点。哈佛大学该门通识课程最终考核占比分别为课堂讨论占16.7%、(每周)分组讨论占8.3%、平时作业占8.3%、考试占50%(每次考试成绩占16.7%)、课程报告占16.7%。武汉大学也可以丰富通识课程考核形式，适当增加课堂讨论、学生分组讨论、学生报告等环节分数比重，而不是仅仅局限于课程论文、开卷考试成绩。同时，借鉴哈佛大学的通识课程考核经验，创新课程报告的形式。再者，本研究调查发现，67.1%的学生最倾向于课程论文或作品的考核形式，16%的学生倾向于考试或测验，12.1%的学生倾向于根据平时作业成绩来评判。因此，在通识课程考核过程中，我们可以相应增加课程研究论文或者研究报告的分数比重，考试、测验、平时成绩等作为辅助考核方式，相应减少分数比重。

其次，保证通识课程考核质量。不仅关注通识课程考核形式，还应整体提升考核质量。如哈佛大学的另一门历史文化领域通识课程中国日常文化与生活课堂讨论部分考核专门设置了一个教室面聊环节，即学生不得带任何资料和书本，凭个人见解和之前阅读过内容的记忆，以口头的方式，就有关疑难或不明之处向教师咨询或讨论[7]。另外，课程规定学生的研究论文以课程中的知识概念为主题，运用科学研究方法完成，更注重考核学生的研究能力而不是所学的知识内容。武汉大学通识课程考核也可以采用这些方式提升考核质量。本研究调查发现，大部分学生学习通识课程并不是局限于获得基本的学科知识，而是希望自己有全面的提升。41.9%的学生希望通过通识课程学习提升自身的综合能力，34.8%的学生希望通过学习通识课程来熏陶自己的情感态度与价值观，而希望掌握课程基本知识、掌握研究过程与方法的学生比例分别仅占12.4%与11%。学生在通识课程学习过程中综合能力等通常会有一定程度的提升，但目前没有较完善的考核方式来检测。因此，通识课程考核的重点应逐渐由知识考核转移到综合能力考核上来。

2. 建立导师制与导生制

根据前文分析我们可以看到，学生的学习情况非常不乐观，尤其是课外学习现状堪忧，亟待建立某种学生管理制度督促学生的通识课程课后学习。本研究对学生所受学习指导的调查发现，28.1%的学生在通识课程选课和学习中受同学指导，20.8%的学生受到课程教师的指导，近一半的人表示没有受到过指导，都是自己学习、自己选课，还有极少数同学受到过辅导员、助教或管理人员的辅导。由此可见，学生在通识课程选课与学习过程中主要受到同学与课程教师的指导，可以相应建立导师制与导生制来指导与督促学生的通识课程学习。

建议对大二及以上的学生安排本科生指导教师，由课程教师担任，平均每位教师负责8~10名学生。指导教师主要负责指导学生建立大学课程学习计划，定期检查学生阶段性学习成果，督促学生课外学习。指导教师还可以通过为学生布置通识课程阅读任务，定期检查学生读书笔记，组织读书报告等形式促进本科生的课外学习。

除导师制外，学校还可以建立导生制，由课程教师选择一些年龄较大或较优秀的学生作为“导生”，负责一些具体的工作，检查和监督学生的课外学习情况。如果说导师是在学习计划、学习习惯上指导学生，那么导生就是在具体的学习计划执行和课外生活方面为学生答疑解惑，保证学习计划的正常进行。

3. 改进与推进“大班授课，小班研讨”教学模式

综合上述调查结果可以发现，不论学生满意度还是学习收获方面，“大班授课，小班研讨”教学效果都比较突出，有必要在通识课程教学中进一步推广。但为保证“大班授课，小班研讨”教学秩序与教学质量，在进一步推广前需要从几个方面做好充足的准备。

第一，增加助教数量。武汉大学本科生对于学生助教并不陌生，一半以上的学生在上过的课程中都遇到过学生助教，高达77%的学生对助教有一定的好感，认为助教对他们的学习有一定的指导作用，比较有必要设置通识课程助教。从通识课程“大班授课，小班研讨”试点调查可以看到，中国文化概论课程助教数量充足，每个小班13人左右，小班讨论易于开展，每名学生都可以有充分的发言与讨论机会；简明世界史课程总人数庞大，虽然有9名课程助教，但每一小班人数都超过30人，助教压力较大，很难保证每名学生都有充分的发言与交流机会。建议学校在进一步推行过程中增加“大班授课、小班研讨”课程助教人数，不仅安排博士生担任助教，还可以安排部分优秀的硕士生加入助教的行列，使每个小班人数稳定在20人左右，保证每名学生都能有机会作口头报告并参与讨论。

第二，建立助教管理制度。在扩大助教数量的同时，本科生院也应建立完善的通识课程助教管理制度，并对助教进行专门的培训。从小班讨论效果与存在的问题来看，助教在小班讨论过程中发挥着不可或缺的作用。如学生反映强烈的讨论形式单一、讨论主题重叠、未严格控制时间、学生讨论不积极等问题，课程助教都有很大的指导空间。因此，在“大班授课、小班研讨”课程上课前，本科生院有必要对助教组织专门的培训，向助教说明助教工作的责任与要求，传授控制讨论时间、活跃课堂氛围的实用方法，并对助教进行通识教育相关理论培训。课程教师也可以对本班的所有助教进一步进行指导，说明课程基本情况、布置课程任务。

◎ 参考文献

[1] 周叶中．人才培养为本 本科教育是根——关于研究型大学本科教育改革的思考[J]．中国大学教学，2015(7)：4-8.

[2] 武汉大学本科生院．小班研讨：通识课堂新模式[EB/OL]．[2017-10-19]．http：//news.whu.edu.cn/info/1002/48753.htm.

[3] 冯惠敏，曾德军．武汉大学通识教育调查与分析报告[J]．武汉大学学报(社会科学版)，2003(4)：522-527.

[4] 武汉大学本科生院．武汉大学通识课程建设管理办法[EB/OL].(2016-07-14)[2017-09-15]. http://ugs.whu.edu.cn/info/1202/4916.htm.
[5] 武汉大学本科生院．武汉大学2015—2016学年本科教学质量报告[EB/OL].[2017-11-03]. http://info.whu.edu.cn/info/1879/166930.htm.
[6] 冯惠敏，李姗霖．中美高校自然科学类相关通识课程教学设计比较及启示[J]. 通识教育评论，2016(2)：145-157.
[7] 冯惠敏，成照敏，黄明东．中美两校"历史文化领域"相关通识课程教学设计比较及启示[J]. 高校教育管理，2014，8(5)：92-98.

· 教育调查 ·

对计算机辅助英语教学的认知及使用情况调查
——以武汉地区七所高校为例

张明尧　金　红

(武汉大学　外语学院，湖北　武汉　430072)

摘　要：教师作为英语教学的指导者与促进者，在计算机辅助英语教学环境中扮演着不可或缺的角色，他们对计算机辅助英语教学的认知及使用情况直接影响着大学英语课堂教学的有效性。为了了解目前大学英语教师对计算机辅助英语教学的认知及使用情况，为进一步提高我国大学英语课堂教学的有效性提供决策依据，文章采用问卷调查的方法，调查了武汉地区七所高校大学英语教师对计算机辅助英语教学的认知及使用情况，并同国内学者过去对武汉地区做的调查结果进行对比分析，根据调查及对比分析结果提出了相关的建议。

关键词：计算机辅助英语教学；大学英语教师；课堂教学有效性；对比分析；问卷调查

A Survey on the Cognition and Application Level of CALL in College English Teaching
—Taking 7 Key Universities in Wuhan as Sample

Zhang Mingyao, Jin Hong

(College of Foreign Languages and Literature, Wuhan University, Wuhan, Hubei, 430072)

Abstract: College English teacher, as the director and facilitator of learning process, plays an essential part in the teaching environment of Computer Assisted English Learning. Their attitudes towards Computer Assisted English Learning and the actual application of the technologies would have a direct effect on the effectiveness of college English teaching. In order to obtain information concerning college English teachers' attitudes towards Computer Assisted English Learning and the actual application of technologies at present, and making basis to further improve the effectiveness of classroom teaching English in Universities, this paper adopts a questionnaire survey, investigating college English teachers of seven universities in Wuhan about their attitudes towards Computer Assisted English Learning and how they apply information technologies in language teaching, analyzing the results and making a diachronic contrast with the previous research results, and finally proposes some suggestions according to the survey and comparison results.

Key words: Computer assisted English learning; College English teacher; Effectiveness of college English teaching; Contrast analysis; Questionnaire survey

收稿日期：2018-01-02

作者简介：张明尧(1970—　)，男，湖北随州人，武汉大学英语部副主任，副教授，博士，研究方向为计算机辅助外语教学、应用语言学。金红(1990—　)，女，湖南张家界人，武汉大学外语学院硕士研究生，研究方向为计算机辅助外语教学。

一、引言

计算机辅助英语教学作为一种教学工具和辅助手段，指的是利用计算机及互联网相关技术和设备辅助英语教学(Levy, 1997; Davies, 2008)。其在外语教学中的应用，既顺应了现代外语教育改革的形式，也是外语教学发展的新趋势(冯辉，2007)。

国外研究(Chapelle，2005；Egbert & Hanson Smith，1999)论述了计算机辅助英语教学在优化外语学习环境方面具有巨大潜力。贾国栋(2007)指出，将计算机用于语言教学具有极大优势。其学习手段非常丰富，信息量大并可以进行交互式教学(冯辉，2007)。能在语言学习环境中支持有效学习的四个条件：①学习者有机会与真实交际对象进行交流和讨论；②学习者参与有利于接触真实语言和提高语言表达能力的真实交际任务；③学习者有机会形成和表述自己的观点和思想，提高主动学习的效果；④学习者有一个宽松的学习氛围以及以学生为中心的课堂环境(Egbert，1993)。为大学英语课堂教学提供情境化的教学设计及与现实生活相结合的教学活动，优化语言学习环境(顾佩娅，2007)，能使课堂教学生活化、真实化，从而影响课堂教学的效果(束定芳，2010)。

计算机辅助语言教学在中国经历了视听电教、计算机工具辅助、多媒体网络整合三个发展阶段(曹超，2009)。视听电教阶段即以传统多媒体为主，辅以视听媒体，以教师为中心组织教学。计算机工具辅助阶段即多媒体计算机作为辅助工具参与教学，教学结构以学生为中心。多媒体网络整合阶段广泛使用CD-ROM，VCD，DVD等，计算机与网络成为组织与设计教学活动最重要的媒体，此阶段教学结构以学生为中心，教师为主导。教师在这样的课堂教学模式中，定位于计算机辅助英语教学的指导者和学生学习的促进者，即根据计算机辅助英语教学环境中的学习者的需要为他们提供指导和帮助。因此，教师在计算机辅助英语教学环境中起着至关重要的作用，其对计算机辅助英语教学的认知及使用情况会直接影响计算机辅助英语教学效能的发挥(马俊波，2003)。

在信息化时代，计算机辅助英语教学已成为外语教学不可或缺的现代化教学手段，其是否得到合理使用会直接影响外语教学效果和教学质量。教师对现代化教学手段的科学合理利用，是信息化教育的要求，是信息化环境下大学英语教学发展的需要，是大学英语课程改革的新要求，也是提高教育教学质量，进一步提升大学英语课堂教学有效性的需要。鉴于此，有必要了解大学英语教师对计算机辅助英语教学的认知及使用情况，以反映目前计算机辅助英语教学在大学英语教学领域的现状，并为从整体上提高我国大学英语课堂教学的有效性提供决策依据。

二、研究设计

1. 研究目的

本研究的主要目的是通过调查大学英语教师对计算机辅助英语教学的认知及使用情况，并通过与国内学者曾对武汉地区的调查结果进行对比，以此了解目前大学英语教师对计算机辅助英语教学的态度及计算机辅助英语教学在大学英语课堂教学中的应用情况，从而了解从过去到现在计算机辅助英语教学所发生的变化，为进一步促进计算机辅助英语教学在大学英语课堂教学中的应用研究提供相关参考，并为从整体上提高我国大学英语课堂教学的有效性提供重要依据。

2. 研究内容

根据研究的目的，本文的研究内容主要包括两个部分：(1)大学英语教师对计算机辅助英语教学的认知情况，包括大学英语教师对计算机辅助英语教学的了解程度，操作难易度，妨碍计算机辅助英语教学的主要因素，对计算机辅助英语教学的前景认识及对新型计算机辅助英语教学模式的了解。(2)大学英语教师对计算机辅助英语教学的使用情况，包括大学英语教师了解何种计算机辅助英语教学软件或程序，在哪些教学活动中会利用计算机辅助英语教学，计算机辅助英语教学在课堂教学中的作用与效果。

3. 研究对象

研究对象是武汉地区七所高校的大学英语教师。这七所高校分别为武汉大学、华中科技大学、华中师范大学、中南财经政法大学、中国地质大学(武汉)、武汉理工大学、华中农业大学。之所以选择这七所高校，主要考虑到这七所高校均是国内重点大学，无论是其教学资源与设备，师资力量还是教育质量、学术水平都相对发达，在很大程度上代表中部地区乃至全国大学英语课堂教学情况及计算机辅助英语教学的使用情况。同时，国内学者(马俊波，2003)曾对武汉地区高校做过类似的调查，通过对比分析，有助于我们从历史的角度观察大学英语教师对计算机辅助英语教学的认知情况和使用情况，为大学英语教学改革提出具有建设性意义的建议。

4. 研究方法

本研究采用网络问卷调查方法了解当前形势下大学英语教师对计算机辅助英语教学的认知及使用情况。调查问卷以随机发放的形式面向武汉地区七所高校的大学英语教师发出网址链接。教师在收到问卷链接网址 15 天内作答都视为有效答卷。本问卷的收集规则是每台电脑或手机只能作答一次。调查共收回 294 份问卷，其中有效答卷 290 份。4 份问卷视为无效的原因是答题者并非大学英语任课教师。数据收集后，我们借助问卷网(http：//www. wenjuan. com)提供的相关图表并采用 Microsoft Office 办公软件进行处理和分析。

三、研究结果及分析

1. 大学英语教师对计算机辅助英语教学的认知情况

本部分针对大学英语教师对计算机辅助英语教学的认知情况进行调查，具体内容包括大学英语教师对计算机辅助英语教学的了解程度，信息技术的操作难易度，妨碍计算机辅助英语教学的主要因素，对计算机辅助英语教学的前景认识及对新型计算机辅助英语教学模式的了解。具体信息如表 1 所示。

表 1　　**大学英语教师对计算机辅助英语教学的认知情况**

项　　目	选择答案	人数	比例(%)
您对计算机辅助英语教学的了解程度	非常了解	25	8. 62
	比较了解	151	52. 07
	了解	98	33. 79
	不了解	13	4. 48
	非常不了解	3	1. 03

续表

项　　目	选择答案	人数	比例(%)
您认为计算机辅助英语教学的操作难易度	非常简单	22	7.59
	简单	95	32.76
	一般	151	52.07
	困难	22	7.59
	非常困难	0	0
您认为妨碍计算机辅助教学的主要因素(多选)	缺少必要的软件	117	40.34
	缺少必要的硬件	142	48.97
	缺少相应的教学方法指导	139	47.93
	自身的计算机水平不够	101	34.83
	其他	19	6.55
您所了解的新型计算机辅助英语教学模式(多选)	慕课	186	64.14
	微课	214	73.79
	翻转课堂	123	42.41
	其他	9	3.10
您认为是否有必要推广计算机辅助英语教学	非常必要	73	25.17
	必要	183	63.10
	无所谓	31	10.69
	不必要	3	1.03
	非常不必要	0	0
您认为计算机辅助英语教学的前景	非常好	85	29.31
	好	167	57.59
	一般	35	12.07
	不好	3	1.03
	非常不好	0	0

从表1可知，94.48%的大学英语教师了解或者比较了解计算机辅助英语教学，同时，他们对新型计算机辅助英语教学模式如慕课、微课及翻转课堂等也有所了解。由此看来，绝大多数的大学英语教师比较关注计算机辅助英语教学。92.41%的大学英语教师认为计算机辅助英语教学的操作难度一般或比较简单，与12年前60%的大学外语教师认为计算机辅助外语教学操作困难或者很困难的调查结果相比(马俊波，2003)，如今大学英语教师对计算机辅助英语教学的畏难情绪已大大降低。他们认为妨碍计算机辅助英语教学的因素主要有缺少必要的软件(40.34%)，缺少必要的硬件(48.97%)，缺少相应的教学方法指导(47.93%)及自身的计算机水平不够(34.83%)，与12年前的调查结果(分别为23%，27%，25%，22%)基本相似(马俊波，2003)，由此可见，从过去到现在的十多年间，尽管教育信息技术日新月异，但计算机辅助英语教学的发展一直受硬件、软件等资源及相关技术方面的影响，这一难题仍没有得到有效的解决。88.27%的大学英语教师认为有必要或非常有必要推广计算机辅助英语教学，10.69%的人持中立态度，同时86.90%的大学英语教师认为计算机辅助英语教学的前景很好或非常好。由此可见，目前大多

数大学英语教师对计算机辅助英语教学持积极态度，说明随着现代信息技术不断应用于大学英语教学，教师的教学理念也在不断更新，现代教学手段的使用逐渐得到了大多数教师的认可。

2. 大学英语教师对计算机辅助英语教学的使用情况

本部分旨在对大学英语教师对计算机辅助英语教学的使用情况进行调查，具体内容包括大学英语教师了解何种计算机辅助英语教学软件或程序，在哪些教学活动中会利用计算机辅助英语教学，计算机辅助英语教学在课堂教学中的作用与效果。具体信息如表 2 所示。

表 2　　大学英语教师对计算机辅助英语教学的使用情况

项　　目	选择答案	人数	比例(%)
您所了解的计算机辅助英语教学的应用(多选)	微软办公软件	246	84. 83
	光盘驱动器及光碟	227	78. 28
	图像编辑软件	132	45. 52
	音频录制及编辑软件	202	69. 66
	交互式白板	104	35. 86
	索引软件	76	26. 21
	其他	6	2. 07
您在哪些活动中会利用计算机辅助英语教学(多选)	语法教学	126	43. 45
	词汇教学	158	54. 48
	听力教学	265	91. 38
	口语教学	230	79. 31
	写作教学	189	65. 17
	阅读教学	158	54. 48
	翻译教学	117	40. 34
	其他	0	0
您认为计算机在辅助英语教学中的作用	非常重要	91	31. 38
	比较重要	126	43. 45
	重要	60	20. 69
	不重要	13	4. 48
	非常不重要	0	0
您认为计算机辅助英语教学可以帮助学生(多选)	促进积极思维	148	51. 03
	集中注意力加强记忆	110	37. 93
	更好地理解课文	101	34. 83
	提高学习兴趣	243	83. 79
	培养自学能力	192	66. 23
	其他	9	3. 10
您认为学生对计算机辅助英语教学课件中感兴趣的是(多选)	视频部分	262	90. 34
	音频部分	151	52. 07
	文档部分	41	14. 14
	幻灯片部分	107	36. 90
	其他	3	1. 03

由表2可知，大学英语教师对计算机辅助英语教学的应用依次主要包括微软办公软件、光盘驱动器及光碟、图像编辑软件、音频录制及编辑软件、交互式白板、索引软件等，这正好符合多媒体网络整合阶段的特征，即广泛使用CD-ROM，VCD，DVD等，计算机与网络成为组织与设计教学活动最重要的媒体。但由大学英语教师对交互式白板和索引软件等教学软件或程序的了解与应用可知，直接适合于计算机辅助英语教学的资源还有待进一步开发和整理。在具体的教学活动中，计算机辅助英语教学主要应用于听力、口语、写作、阅读、词汇、语法、翻译等方面，其中在听力和口语教学方面使用得尤为频繁，而在语法、词汇和翻译等教学活动中的应用相对较少。总体而言，计算机辅助英语教学还没有在大学英语课堂教学活动中得到充分利用，教学改革还有待进一步完善。绝大多数大学英语教师(95.52%)认识到了计算机在辅助英语教学中的重要性，并认为计算机辅助英语教学主要可以帮助学生提高学习兴趣，培养其自学能力，促进学生的积极思维，使其集中注意力加强记忆，更好地理解课文等。

在调查中，接受调查的教师还为计算机辅助英语教学的进一步发展提供了很多具有建设性的建议，归纳起来主要包括：管理部门应加强软件、硬件方面的资源建设，对教师加强相关培训，使其合理使用计算机辅助英语教学，加强师生互动以及加强计算机辅助英语教学方法的探讨等。

总体而言，目前计算机辅助英语教学在我国大学英语课堂教学环境下取得了很多成绩，也顺应了大学英语课程改革的要求和发展趋势，但计算机辅助英语教学在发展过程中仍存在一些不足，如妨碍计算机辅助英语教学发展的四大因素还没有得到有效解决，现代化教学手段在语法、词汇和翻译教学活动中的应用相对较少，学生对计算机辅助英语教学中的幻灯片及文档部分兴趣索然，计算机辅助英语教学的其他功能和应用没有得到师生的高度利用，说明目前还没有充分发挥计算机辅助英语教学的效能，如何利用计算机辅助英语教学进一步提高大学英语课堂教学有效性的问题依然值得我们深思。

四、建议

1. 培养大学英语教师充分利用计算机辅助英语教学的意识

绝大多数的大学英语教师了解或比较了解计算机辅助英语教学，但他们对计算机辅助英语教学的应用仅限于微软办公软件、光盘驱动器及光碟、音频录制及编辑软件等几款常见的程序，涉及的教学活动也主要限于听力和口语教学，在词汇、语法、翻译等教学活动中较少应用。由此看来，大学英语教师还没有充分地将计算机辅助英语教学应用于大学英语课堂教学中，他们对计算机辅助英语教学的应用意识和技能有待进一步提高。因此，应加强对大学英语教师进行信息技术与课程整合的培训，培养其充分利用计算机辅助英语教学的意识和能力。

2. 加大对计算机辅助英语教学的技术支持和资源开发

在技术支持方面，一方面应大力推进最新信息技术与课程教学的融合，继续发挥现代教育技术，特别是信息技术在外语教学中的重要作用，另一方面应加大对计算机辅助英语教学新型应用技能和方法的指导，如指导大学英语教师如何将微课、慕课、翻转课堂等新型计算机辅助英语教学模式应用于课堂教学。

资源开发方面，应根据课程和教师及学生的需求，加强对计算机辅助英语教学软硬件方面的开发力度，为大学英语教师提供强有力的应用资源后盾。

3. 加强师生在应用计算机辅助英语教学方面的合作

在计算机辅助英语教学中最主要的三个因素是学习者、教师和计算机。尽管学习者、教师和计算机各自有所分工，但他们应该是作为一个团队才能发挥最佳作用。因此，在以教师为主导，学生为主体的多媒体整合阶段，我们必须认真权衡计算机、学习者及教师这三者的关系，真正实现其有效协作。

五、结语

随着现代教育技术的迅速发展，计算机辅助英语教学会更广泛地应用于现代外语教育，其在语言教学中所起的作用也会越来越重要。通过了解大学英语教师对计算机辅助英语教学的认知及使用情况，并将其与过去的调查结果相比，我们发现近年来大学英语教师对计算机辅助英语教学的畏难情绪已大大降低，并开始积极参与到计算机辅助英语教学的发展与建设中。同时，过去困扰计算机辅助英语教学发展的四大影响因素，即缺少必要的软件，缺失必要的硬件，缺少相应的教学方法指导及自身的计算机水平不够如今仍阻碍计算机辅助英语教学的发展，这启示我们目前对计算机辅助英语教学的建设仍任重而道远，各高校必须加强对计算机辅助英语教学的资源开发和技术支持，建立并完善教师的培训体系，培养其应用计算机辅助英语教学的意识，使其与时俱进，跟上新技术发展，不断提高使用信息技术的意识、知识和能力，在具体的课堂教学设计与实施过程中，融入并合理使用信息技术元素，强化师生互动、学生网上交流等，从而充分发挥计算机辅助英语教学的效能，切实提高大学英语课堂教学的效果。

◎ 参考文献

[1] Chapelle C. Hints about CALL use from research [J]. Pac CALL Journal, 2005(1/1): 1-8.

[2] Davies G. How effective is the use of ICT in language learning and teaching? Available in Word DOC format at the ICT4LT website, 2008.

[3] Egbert J. Learner perceptions of computer supported language learning environments analytic and systemic analyses [D]. Unpublished doctoral dissertation. Tucson University of Arizona, 1993.

[4] Egbert J & Hanson-Smith E. CALL environments research practice and critical issues [C]. A Lex and ria VA: TESOL Publications, 1999.

[5] Levy M. CALL: context and conceptualization. Oxford: Oxford University Press, 1997.

[6] 曹超. 中国计算机辅助语言教学 30 年回顾与展望. 外语与外语教学, 2009(8): 39-42.

[7] 冯辉. 计算机辅助外语教学中教师角色之探讨. 外语电化教学, 2007(2): 34-38.

[8] 顾佩娅. 多媒体项目教学法的理论与实践. 外语界, 2007(2): 2-8+31.

[9] 归樱. 从 SLN 看网络课程中互动对学习效果的影响. 外语电化教学, 2004(1): 50-54.

[10] 贾国栋. 计算机辅助语言教学——理论与实践[M]. 北京: 高等教育出版社, 2007.

[11] 马俊波. 大学英语教师计算机水平及使用计算机辅助英语教学现状的问卷调查. 外语电化教学, 2003(1): 56-60.

[12] 彭伟强, 何家驹. 外语教师技术与课程整合培训: 问题与对策. 外语界, 2007(2): 18-25.

[13] 邵红万, 陈新仁. 信息技术与外语课程: 从辅助到常态化的学科性融合. 外语电化教学, 2012(6): 34-41.

[14] 束定芳. 大学英语课堂教学, 我们教什么, 怎么教? ——写在首届"外教社杯"全国大学英语教学大赛闭幕之际. 外语界, 2010(6): 26-32.

·教育调查·

武汉大学就业指导工作的现状与建议

——基于1095个样本的调研

王 丹[1] 杨祖才[2] 李 焓[2]

(1. 武汉大学 大学生就业指导与服务中心，湖北 武汉 430072；
2. 武汉大学 政治与公共管理学院，湖北 武汉 430072)

摘 要：提高学校就业水平需要加强对学生的就业指导，提高学生的就业竞争力。首先需要了解目前学校就业指导的基本情况，但目前专门针对武汉大学就业指导的全盘研究较少，本文通过运用SPSS软件对武汉大学1095名学生对就业指导工作的认知、对就业指导工作满意度、对就业指导的需求进行调研的问卷进行分析，发现学生对就业中心的认知程度不够；就业指导信息化提升空间还较大；就业指导专业化程度不够高；学生需求更多转化为技能。因此就业指导部门需积极作为，更主动地走到学生中去；提升信息化程度，提高信息质量；联动就业指导中心与各学院，更好地服务学生就业；关注学生需求，切实行动；课程需要具体操作，转化为实际技能。

关键词：就业指导；调研；高校；求职

Current Situation and Suggestions of Employment Guidance in Universities

—Based on the Investigation of 1095 Samples

Wang Dan[1], Yang Zucai[2], Li Han[2]

(1. Employment Guidance and Service Center for Students of Wuhan University, Wuhan, Hubei, 430072;
2. Wuhan University School of Politics and Public Administration Wuhan, Hubei, 430072)

Abstract: Improving the level of employment in schools requires strengthening employment guidance for students and improving the employment competitiveness of students. First of all, it is necessary to understand the basic situation of current employment guidance in schools, but currently there is less comprehensive research on employment guidance for Wuhan University. This article analyzes the questionnaires of 1095 students of Wuhan University who are aware of employment guidance, satisfaction of employment guidance, and needs of employment guidance by using SPSS software. This article finds that: Students do not have enough awareness of employment centers; employment guidance still has more room for informatization; Employment guidance is not professional enough; Students need more to become skills. Therefore, the employment guidance department needs to take an active role and take the initiative to go to the students, to improve the degree of information and improve the quality of information, to link employment guidance centers and schools to better serve student employment, to focus on student needs and take concrete actions, and to translated courses into actual skill.

收稿日期：2017-11-07

作者简介：王丹(1970—)，女，湖北武汉人，硕士，武汉大学学生就业指导与服务中心就业指导与咨询办公室主任，高级职业指导师，研究方向为就业指导及生涯规划。杨祖才(1992—)，男，湖北巴东人，武汉大学政治与公共管理学院硕士研究生，研究方向为人力资源管理与组织战略。李焓(1992—)，女，河北保定人，武汉大学政治与公共管理学院硕士研究生，研究方向为地方政府管理、非营利组织管理。

Key words: Employment guidance; Research; Universities; Job hunting

一、研究概述

本研究旨在讨论武汉大学就业指导的基本情况，包括学生对就业指导的认知、对就业指导工作满意度、对就业指导的需求等，以发现问题并提出建议。本研究采用便利抽样，向武汉大学35个学院(系)的本科生研究生共发放问卷1127份，最终收回问卷1120份，其中有效问卷1095份，问卷有效率为97.18%。1095份问卷描述性统计显示：男生605人，占总人数的55.3%，女生490人，占总人数的44.7%；年级上，大一的115人，占总人数的10.5%，大二的131人，占总人数的12.0%，大三的47人，占总人数的4.3%，大四的138人，占总人数的12.6%，研一的235人，占总人数的21.5%，研二的199人，占总人数的18.2%，研三的230人，占总人数的21.0%；在专业类别方面，文科类262人，占总人数的23.9%，理科类240人，占总人数的21.9%，工科类407人，占总人数的37.2%，医科176人，占总人数的16.1%，其他学科类别10人，占总人数的0.9%；对所学专业感兴趣程度方面，222人很有兴趣，占总人数的20.3%，712人有兴趣，占总人数的65.0%，153人没兴趣，占总人数的14.0%，8人很没兴趣，占总人数的0.7%；1095人中286人来自城市，占总人数的26.1%，316人来自城镇，占总人数的28.9%，493人来自农村，占总人数的45.0%；另外，1095人中，632人有学生干部经历，占总人数57.7%。

二、统计结果分析

(一)对武汉大学就业指导的参与情况和满意度

对于就业指导活动的参与情况和满意度情况，反映学生对于就业指导的需求程度，根据调研结果，发现70.2%的学生表示需要(见表1)，这说明就业指导工作非常重要，需要长期倾注心血做好就业指导工作。

表1　**对专门就业指导或帮助的需求程度**

您认为自己需要专门的就业指导或帮助吗					
选项		频数	百分比	有效百分比	累积百分比
	非常需要	276	25.2	25.2	25.2
	比较需要	493	45.0	45.0	70.2
	一般	230	21.0	21.0	91.2
	不太需要	84	7.7	7.7	98.9
	完全不需要	12	1.1	1.1	100.0
	合计	1095	100.0	100.0	

有了需要，那么学生对于学校专门的就业指导部门是否了解？调查显示，只有57.2%的学生了解武汉大学有专门的就业指导部门，这表明应该加大就业指导部门的宣传力度，扩大其在学生中的知晓度，这样当学生遇到求职困难，有就业指导需求时，才会想到就业指导部门，并寻求帮助。

每年武汉大学学生就业指导与服务中心会组织大量求职就业指导活动，大家的参与意愿如何呢？

40.2%被调研者表示只要不是枯燥无味的就会参加(见表2)，这表明学生除了看重就业指导的内容，也更加看重就业指导的形式与趣味性，学校就业指导部门要积极探索适合大学生接受形式的就业指导活动。

表2　**您是否愿意参加学校提供的就业指导**

您是否愿意参加学校提供的就业指导				
选项	频数	百分比	有效百分比	累积百分比
非常愿意参加任何指导活动	210	19.2	19.2	19.2
只要不是枯燥无味的就会参加	440	40.2	40.2	59.4
看时间，一般会参加	267	24.4	24.4	83.7
选择性参加	163	14.9	14.9	98.6
不愿意参加	15	1.4	1.4	100.0
合计	1095	100.0	100.0	

就业信息、就业指导的一个重要信息渠道就是学校就业中心的网站，根据调研，对于武汉大学学生就业指导与服务中心网站，经常访问的占9.5%，只在求职或者找实习时才访问的占30.3%，很少访问的占27.7%，从来没有访问过的占32.5%。这表明学校就业指导中心网站的利用率比较低，需要从网站推广力度和网站自身内容吸引力上做出提升。

对于学校就业指导中心的职业咨询服务，曾经咨询过的才占14.25%，这个数据表明武汉大学就业指导中心的就业咨询服务宣传推广力度严重不够，另外也可能存在学生观念上没有转变过来，很多学生认为寻求职业咨询是自我能力不足的表现，学校需要加强引导教育。

关于“您认为目前学校开设的就业指导课程是否满足求职需要”，7.03%的学生表示能够很好满足就业需求，43.84%的学生表示基本上可以满足就业需要，10.68%的学生表示严重脱节，根本无法满足就业需要，另外还有38.45%的学生表示不关注，这是一个比较危险的信号，说明不少学生的就业意识和对就业课程的重要性认识不足。

就业指导活动中比较常见的是就业指导讲座，当被问及“您希望就业指导的讲座由谁来讲授”时，59.73%的学生表示希望企业人力资源专员来讲解，可能企业招聘的人员与学生接触最多，比较了解学生，也明确企业的招聘要求。今后学校的就业指导讲座可多邀请企业的人力资资源专员来讲解。

目前很多学校开设就业指导课程是在大三或者大四，但是就业意识培养与职业生涯规划应该尽早，大部分同学认为大二、大三开设就业指导课程最佳，大一可能更多地是适应大学生活。其实，大二就可以开设就业指导课程，大三可以结合就业指导去实践，大四就需要真正地求职就业。研究生则是研一就需要开设就业指导课程，研二结合实践锻炼自己的求职能力，研三真正求职就业。

武汉大学每年开展多种多样的就业指导工作，那么学生对于学校就业指导工作的看法是怎样的？仅仅15.16%的学生表示很实用，35.35%的学生表示没有太大作用或者没有吸引力，因此就业指导工作要从形式和内容上真正得到学生的认可，需要就业指导部门积极探索。

就业指导的培训形式多种多样，到底哪种是学生乐于接受的呢？调查显示绝大多数是愿意接受就业指导的，但是72.89%的学生喜欢丰富创新的就业活动和专业就业指导公司的培训，因此学校可以丰富创新就业培训，以及借鉴专业就业指导公司的培训方法与风格。

(二)对于就业指导的需求

就业指导需求主要分为信息需求、求职专业知识与技能需求等，首先是在调研了解学生获取就业指导活动（如讲座、招聘会等）的渠道上，排在前三的是辅导员、周围同学、宣传栏海报，接着依次是学校就业信息网、就业中心公众号、学院毕业委员会。其中被调研的1095个样本中，只有74人从学院毕业委员会获取信息，说明需要加强学院毕业委员会的建设，另外从就业中心微信公众号获取信息的只有274人，也有较大提升空间。

在目前已经开设的就业课程中，参与人数最多的三门课程是大学生职业规划与就业、大学生生涯规划、大学生就业指导，这些课程更多地是理论和求职专业知识课程。

对于样本调研的结果显示，浏览学校就业信息网的主要目的排在前三位的依次是，查看招聘信息（73.9%）、关注学校就业指导活动信息（46.8%）、自己进行网上个人职业测评（24.8%），这表明招聘信息是大家最关心的，因此要着力做好招聘信息的发布与查阅等，提供高质量及时的招聘信息。另外还有24.8%的学生是进行网上个人职业测评，这需要学校加强职业测评系统的科学性建设，为同学们提供更加科学可靠的职业测评。

目前大家的就业信息渠道有哪些？需要重点建设的是那些？如何优化就业信息，为同学们提供及时有效高质量的就业信息？1095个调研样本中，关于就业信息获取渠道如图1所示。图1表明就业信息渠道还是传统的就业信息网、学校就业指导部门、QQ群和微信群等渠道，学院毕业委员会渠道不明显。

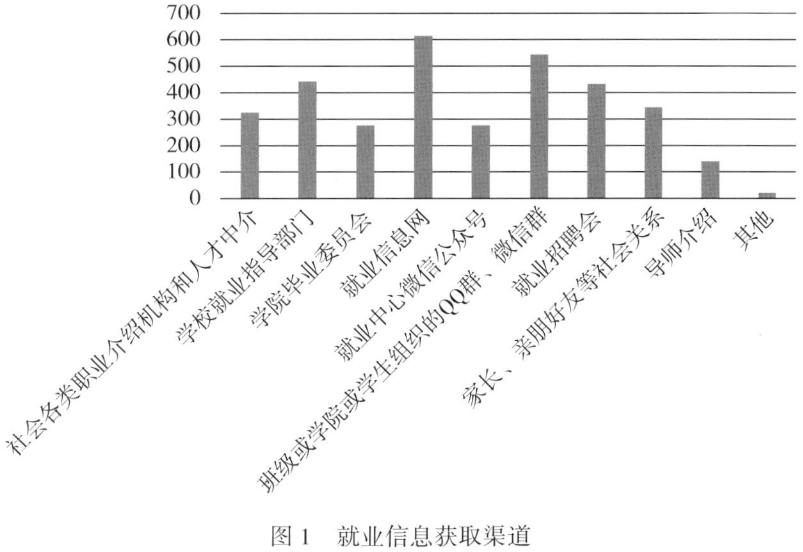

图1　就业信息获取渠道

在调研同学们希望得到哪些就业指导时，得到如图2所示的结果。可以看出，面试技巧和确定自己的求职方向是大家比较关心的，制作简历这一需求反而排在第四了。在求职期间大家对于职场礼仪则关心

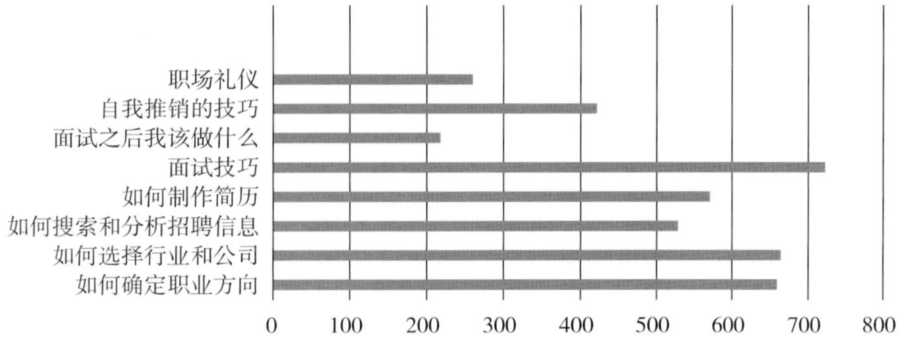

图2　就业指导需求

得比较少。

除了就业指导需求，指导的形式和方式也会对就业指导效果产生重要影响，关于就业指导形式的调研结果如图 3 所示，大家比较倾向的是经验分享，真实案例和现身说法更有体会效果和指导意义。其次是案例分析和职业测评。所以在就业指导形式上，学校就业指导部门应该注重多组织一些已经找到工作的学长学姐分享经验。

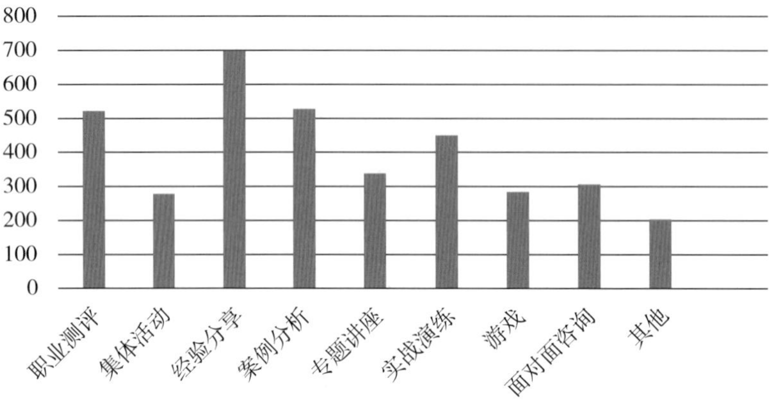

图 3　就业指导形式

求职过程中，学生遇到的最大困难是学校就业指导部门最应该关注和解决的问题，相关调研结果如图 4 所示。可以看出，排在前五的困难依次是，沟通交流能力不足、对自身素质和能力缺乏信心、不了解企业的用人标准、不知道怎样收集就业信息和不明白就业的流程和手续。

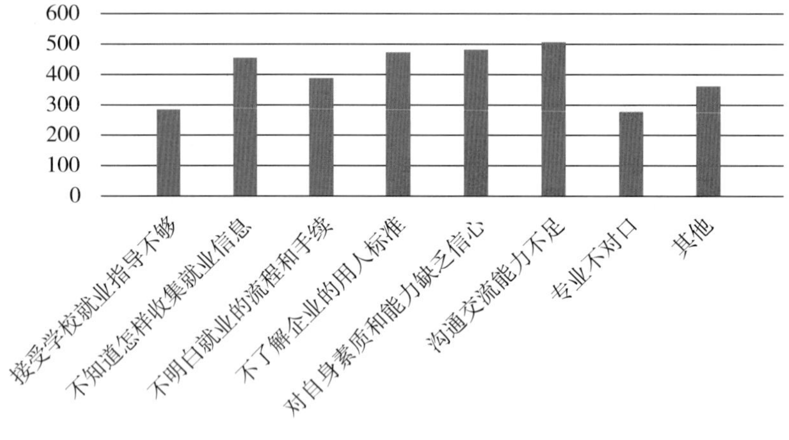

图 4　求职遇到困难情况

只有发现问题、面对问题，才能更好地改进问题。我们对 1095 个样本的调研发现，对于学校就业指导工作可以从图 5 所示的方面进行改进。首先还是简历制作与求职面试指导，这是求职重点环节。其次是就业形势分析与判断、就业实习与实践、职业生涯规划指导、相关职业道德与择业观的教育引导。

曾经参加过的就业指导活动情况如图 6 所示，可以看出参加过最多的还是传统的就业指导课，其次是网上职业测评和社会实践。

在实际帮助比较大的就业指导形式上，最多的是社会实践(如图 7 所示)，这说明同学们更愿意亲自体会，参与到实际的工作中。

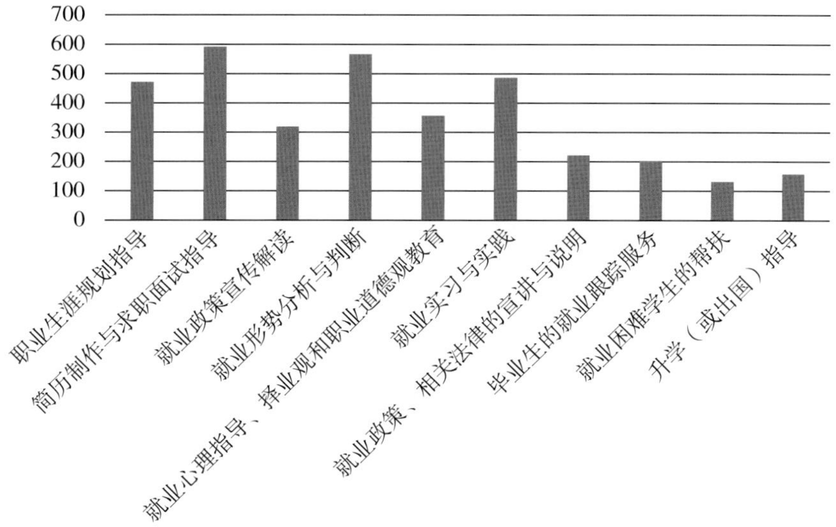

图 5　就业指导改进方面

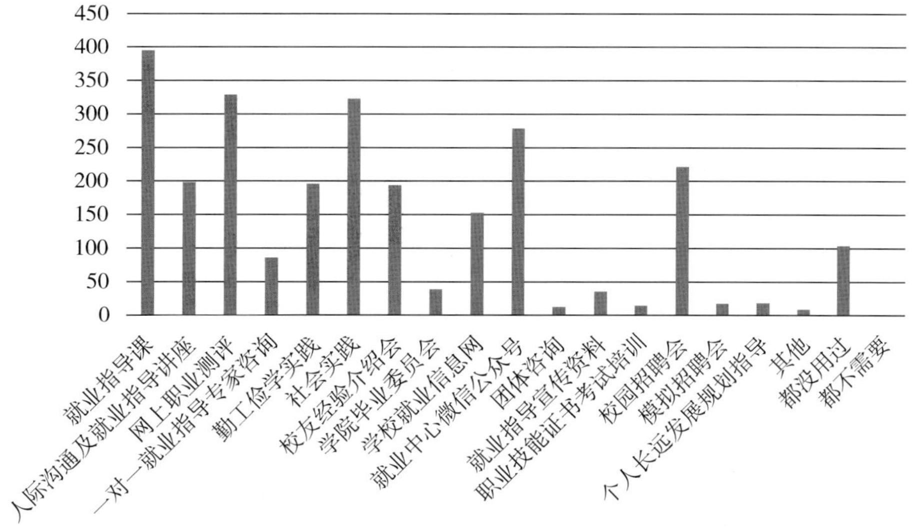

图 6　参加过的就业指导活动情况

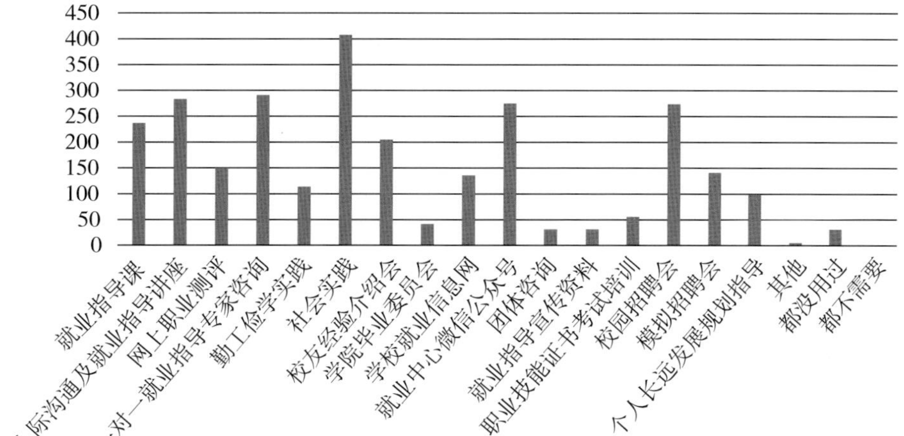

图 7　实际帮助比较大的就业指导形式

最需要的就业指导也是社会实践，其次是一对一就业指导专家咨询和人际沟通及就业指导讲座（如图8所示）。因此需要进一步加强社会实践机会和岗位的提供，加大固定实践基地的建设。

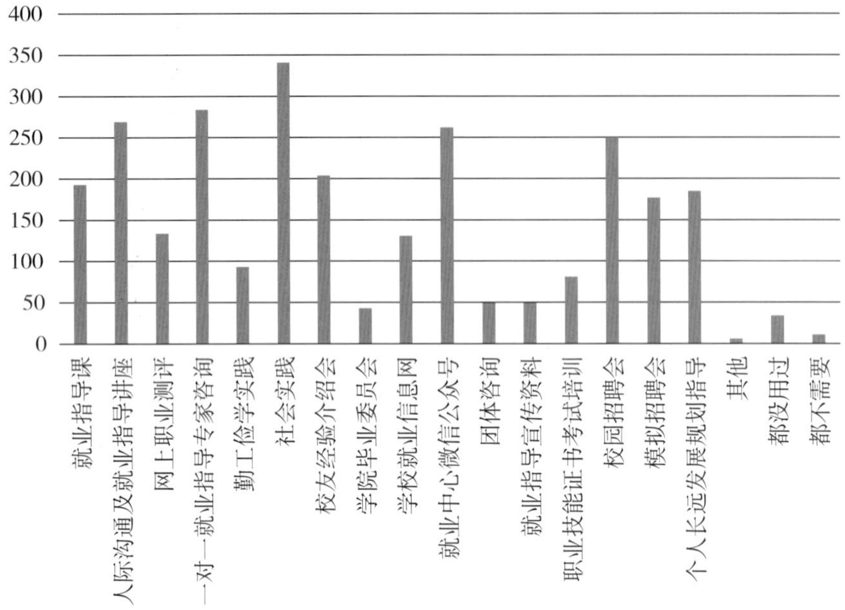

图8　最需要的就业指导活动

三、研究结果分析

（一）专业类别

关于专业类别是否影响个人对于职业生涯规划重要性认知的假设，经过SPSS20.0检验，其P值大于0.05（见表3），表明两者并无显著相关性。

表3　**专业类别与个人职业生涯规划认知相关性分析表**

相关系数				
			专业类别	您认为制订个人职业生涯规划的重要性
Kendall 的 tau_b	专业类别	相关系数	1.000	0.020
		Sig.（双侧）	0.000	0.449
		N	1095	1095
	您认为制订个人职业生涯规划的重要性	相关系数	0.020	1.000
		Sig.（双侧）	0.449	0.000
		N	1095	1095
Spearman 的 rho	专业类别	相关系数	1.000	0.023
		Sig.（双侧）	0.000	0.443
		N	1095	1095
	您认为制订个人职业生涯规划的重要性	相关系数	0.023	1.000
		Sig.（双侧）	0.443	0.000
		N	1095	1095

专业类别是否影响个人对学校就业指导工作的满意度评价，经过分析发现两者显著相关，具体是文科评价最高，其次是理科、医科、工科(见表4)。

表4 **专业类别与对学校就业指导工作满意度相关性分析表**

相关系数				
			专业类别	您对学校就业指导工作的看法
Kendall 的 tau_b	专业类别	相关系数	1.000	0.006
		Sig.(双侧)	0.000	0.806
		N	1095	1095
	您对学校就业指导工作的看法	相关系数	0.006	1.000
		Sig.(双侧)	0.806	0.000
		N	1095	1095
Spearman 的 rho	专业类别	相关系数	1.000	0.007
		Sig.(双侧)	0.000	0.807
		N	1095	1095
	您对学校就业指导工作的看法	相关系数	0.007	1.000
		Sig.(双侧)	0.807	0.000
		N	1095	1095

(二)生源类别

生源类别分为城市(省会城市或者地级市)、城镇(家住县城或者乡镇集镇)、农村三个类别，分析发现 sig 值为0.071，大于0.05，因此生源类别与个人职业生涯规划认知并无显著相关性(见表5)。

表5 **生源类别与个人职业生涯规划认知相关性分析表**

相关系数				
			您来自于	您认为制订个人职业生涯规划的重要性
Kendall 的 tau_b	您来自于	相关系数	1.000	0.050
		Sig.(双侧)	0.000	0.071
		N	1095	1095
	您认为制订个人职业生涯规划的重要性	相关系数	0.050	1.000
		Sig.(双侧)	0.071	0.000
		N	1095	1095
Spearman 的 rho	您来自于	相关系数	1.000	0.055
		Sig.(双侧)	0.000	0.071
		N	1095	1095
	您认为制订个人职业生涯规划的重要性	相关系数	0.055	1.000
		Sig.(双侧)	0.071	0.000
		N	1095	1095

(三)学生干部

调研的样本中，57.7%的学生有过学生干部经历，那么学生干部经历是否会影响个人对于职业生涯规划和就业指导的满意度？结果发现并无显著的相关性(见表6)。

表6　　学生干部经历与个人职业生涯规划认知相关性分析表

相关系数				
			您是否曾经担任过学生干部(学校/院系学生会、社团部长及以上)	您对职业生涯规划和就业指导的看法
Kendall 的 tau_b	您是否曾经担任过学生干部(学校/院系学生会、社团部长及以上)	相关系数	1.000	0.142**
		Sig.(双侧)	0.000	0.000
		N	1095	1095
	您对职业生涯规划和就业指导的看法	相关系数	0.142**	1.000
		Sig.(双侧)	0.000	0.000
		N	1095	1095
Spearman 的 rho	您是否曾经担任过学生干部(学校/院系学生会、社团部长及以上)	相关系数	1.000	0.147**
		Sig.(双侧)	0.000	0.000
		N	1095	1095
	您对职业生涯规划和就业指导的看法	相关系数	0.147**	1.000
		Sig.(双侧)	0.000	0.000
		N	1095	1095

注：**表示在置信度(双侧)为0.01时，相关性是显著的。

四、问题与建议

(一)就业指导部门需积极作为，更主动地走到学生中

根据调研结果来看，70.2%的学生需要专门的就业指导或帮助，但是42.8%的学生不知道学校有专门机构提供就业指导服务。此外，32.4%的学生没听说过学校职业咨询服务，53.3%的学生知道但没有使用过。因此，学校就业指导部门应该扩大影响力，提升学生的了解程度。例如收集整理就业指导、求职的资料，形成专题网站页面，如各种简历模板、面试经验、专业岗位的知识、各种相关求职的视频等等，打造自己的品牌和认知标志。同时也可以举办各种活动，不仅仅局限于目前的活动形式，可以邀请名人名家做演讲，通过大型品牌特色活动扩大影响力。

(二)提升信息化程度，提高信息质量

在了解学校就业指导活动(如讲座、招聘会等)的途径方面，有48.1%的学生是通过辅导员或者同学了解的，表明信息化程度不够，在发布各种就业指导活动信息上需要加强建设。此外，武汉大学学生就

业指导与服务中心的网站访问情况方面，32.5%的调研样本表示从来没有访问过，27.7%的学生很少访问，这也说明网站吸引力不够，宣传力度不足等。可以通过入学教育、日常活动、高质量信息等吸引同学们尽早关注学校就业中心网站。另外，关注和访问学校就业中心网站的学生中40.9%是查看招聘信息或实习信息，所以应该重点提供高质量及时的相关信息。

（三）联动就业指导中心与各学院，更好地服务学生就业

武汉大学各个学院设有学院毕业委员会，但是只有6.8%的同学从学院毕业委员会了解就业信息，说明学院毕业委员会在建设上有欠缺。学院联系学生较为密切，就业指导中心应该联动各个学院，组织各类就业指导活动、传递各类就业指导信息，在具体活动中以就业中心统筹为主，各个学院结合自身特点灵活组织，以提高就业指导活动的针对性。

（四）关注学生需求，切实行动

在就业指导培训上，同学们比较喜欢的是丰富创新的就业活动、专业就业指导公司的培训，分别占42.5%、30.4%。在就业指导讲座方面，调研结果显示最受欢迎的主讲老师是企业人力资源专员，占59.7%。今后的就业指导讲座可重点邀请校外企业人力资源的人来主讲，也可尝试邀请专业的就业指导公司为同学们进行培训指导，或者选派老师前往这些公司学习，以提升专业性。

调研结果显示，求职中遇到的最大困难是求职方法与求职技巧掌握不够、不了解企业的用人标准、不知道怎样收集就业信息，这暴露出来的是学生求职技能、职业岗位认识、求职信息搜集能力等不足。在最感兴趣的就业指导方式上，最受欢迎的是经验分享、案例分析，表明同学们更希望学长学姐的亲身经历分享，因此学校就业指导部门可尝试邀请已经成功求职的大四学长学姐为学弟学妹们分享经验，并扩大范围，重点组织。在最希望得到的就业指导方面，最受关注的是面试技巧与如何选择行业和公司，可以看出需要在就业认识上面做更多的工作，并给予更多的具体指导，另外信息检索能力上面也需要对同学们加强培养。

（五）课程需要具体操作，并转化为实际技能

调研结果显示，27.5%的学生上过大学生职业规划与就业课程，19.8%的学生上过大学生生涯规划课程，但是59.5%的学生认为职业规划很重要，但不知道如何操作。这说明，学校就业指导中心的课程不能仅仅停留在课程和书本上，应该具体转化为实际技能的学习。同样，很多学生表示学习过SWOT分析方法，但是应用到对个人的分析时，只有61.4%的学生表示清楚自己的优势、劣势、机遇和挑战。

◎ 参考文献

[1] 王德勋．校本培训的特点及主要模式探析[J]．成人教育，2008(5).
[2] 严立，赵吉鹏．大学生全程就业指导探析[J]．中国电力教育，2009，128(1).
[3] 郭玲霞．大学生就业难的原因及对策[J]．教育理论与实践，2010(5).
[4] 徐和昆．大学生“村官”创业研究[J]．高等农业教育，2010(9).
[5] 刘世勇，杨阳．我国高校就业指导专业化的现状与发展趋势[J]．中国大学生就业，2008(4)：59-60.
[6] 刘科荣，邱瑞玲．高校大学生就业指导的发展趋势[J]．高教探索，2006(3)：82-83.

·教育调查·

武汉某高校本科生性知识及需求状况分析

扆运杰　陈美君　李青群　闫淼佳　谢银玉　季永超　王　凯　杨银梅　燕　虹

(武汉大学　健康学院流行病与卫生统计学系，湖北　武汉　430071)

摘　要：目的：了解武汉某高校本科生的性知识、性教育需求状况，为高校开展有针对性的性教育提供依据。方法：在武汉某高校本科生中通过同伴推动抽样募集研究对象，采用自行设计的匿名自填式电子问卷进行调查。结果：共调查463名学生，其中28.9%的学生自认为性知识比较丰富，16.5%的学生认为比较欠缺。获取性知识的主要途径为互联网(87.3%)、同学交流(58.1%)、书刊(33.3%)和学校教育(29.6%)。60%以上的学生对性心理、避孕及自我保护、恋爱心理、性生理方面的知识均有需求。女生在避孕及自我保护知识需求上高于男生($\chi^2=7.975$，$P<0.05$)。61.3%和59.0%的学生希望通过性教育讲座及有关性教育的电影获取性知识，51.4%和51.0%的学生希望通过教材讲解和科普展览获取性知识。结论：相当一部分学生性知识缺乏，对性教育需求较大；目前学生主要依靠互联网和同学交流获取性知识，学校教育及家庭教育较缺乏。学校应主动了解学生需求，加强有针对性的大学生性教育。

关键词：性知识；性教育；性需求

Demand of Sexual Knowledge and Sexual Education Situation among Undergraduate Students in a Specific University in Wuhan

Yi Yunjie, Chen Meijun, Li Qingqun, Yan Miaojia, Xie Yinyu, Ji Yongchao, Wang Kai, Yang Yinmei, Yan Hong

(Department of Epidemiology and Health Statistics, School of Health of Wuhan University, Wuhan, Hubei, 430071)

Abstract: The objective of this study is to explore the demand of sexual knowledge and sexual education among undergraduate students of a specific university in Wuhan as well as to provide evidence for college conducting targeted sexual education. In methods, the subjects were recruited through peer recommendation among undergraduate students of the university. Self-designed electronic

收稿日期：2018-03-03

作者简介：扆运杰(1997—)，男，山西运城人，武汉大学健康学院预防医学系本科在读，研究方向：行为流行病学。陈美君(1996—)，女，湖北荆州人，武汉大学健康学院预防医学系本科在读，研究方向：行为流行病学。李青群(1997—)，女，云南昭通人，武汉大学健康学院预防医学系本科在读，研究方向：行为流行病学。闫淼佳(1996—)，女，陕西榆林人，武汉大学健康学院预防医学系本科在读，研究方向：行为流行病学。谢银玉(1996—)，女，江西吉安人，武汉大学健康学院预防医学系本科在读，研究方向：行为流行病学。季永超(1995—)，男，河南信阳人，武汉大学健康学院预防医学系本科在读，研究方向：行为流行病学。王凯(1997—)，男，湖北潜江人，武汉大学健康学院预防医学系本科在读，研究方向：行为流行病学。杨银梅(1990—)，女，河南商丘人，武汉大学健康学院预防医学系研究生，研究方向：行为流行病学。燕虹(1971—)，女，湖北天门人，武汉大学健康学院预防医学系教授，研究方向：行为流行病学。

questionnaire was used to investigate by an anonymous way. The results show that in the 463 participants, 28.9% of the subjects reckoned that they had abundant sexual knowledge while 16.5% reckoned they had poor sexual knowledge. The approaches of obtaining sexual knowledge mainly include surfing the Internet (87.3%), communicating with classmates (58.1%), reading books and magazines (33.3%) and receiving school education (29.6%). More than 60% of the recruited students had demands on knowledge of sexual psychology, contraception, love psychology and sexual physiology. Females had significantly higher demands on contraception and self-protection than males ($\chi^2=7.975$, $P<0.05$). 61.3% and 59.0% of the recruited students wanted to get sexual knowledge via relevant lectures and movies, respectively, while 51.4% and 51.0% of the recruited students hoped to obtain sexual knowledge through books and scientific exhibition, respectively. This article draws the following conclusion: A large proportion of students had poor sexual knowledge and their demand on sexual education were urgent. The main channel students used to get sexual knowledge were surfing the Internet and communicating with classmates. The school education and family education were insufficient. Therefore, it is necessary and critical for school to take the initiative to understand the sexual demands of students as well as carry out sexual health education on the targeted populations.
Key words: Sexual knowledge; Sexual education; Sexual demand

随着年龄的增长，学校学生的性生理与性心理逐渐成熟，性教育需求也不断增高[1]。但由于传统思想的禁锢以及不完善的性教育体制，大学生们接受的性教育严重不足[2]。研究表明，我国大学生性观念开放、性行为发生率较高[3,4]。学生因相关性知识缺乏而产生高危性行为的情况也较多[5]，其可能导致的HIV传播、意外怀孕等严重不良后果[6]既严重影响了大学生的身心健康，又耽误了学业。因此，加强对高校学生的性教育显得十分重要[7]。为了解武汉某高校本科生的性知识、性教育需求等相关状况，为学校开展进一步的性教育工作提供科学依据，我们于2017年5月对463名本科生进行问卷调查。现将结果报告如下。

1. 调查对象与方法

1.1 对象

武汉某综合性大学本科生，共调查463人。

1.2 方法

1.2.1 抽样方法

采用同伴推动抽样。在四个学部大一至大四年级中各选1名种子。利用QQ、微信、微博等网络通信平台进行问卷调查。

1.2.2 调查内容和方法

自行设计问卷，问卷内容包括：①基本信息(包括年龄、性别、学部、年级等)；②性知识状况及获取途径；③性教育需求(包括性知识需求和性教育途径需求)。调查方式为线上发放由问卷星平台制作而成的匿名电子问卷。

1.2.3 质量控制

制作电子问卷时进行同一IP限制、同一电脑限制、同一手机限制三项设置，我们较好地解决了同一调查对象在同一终端多次填写问卷的问题。此外，该研究选择了合适的种子人选进行问卷扩散，以增加样本的代表性。

1.3 统计分析

采用 SPSS19.0 软件进行统计描述、卡方检验等。检验水准 α=0.05。

2. 结果

2.1 一般情况

共调查 463 名学生，其中，男生 233 人(50.3%)，女生 230 人(49.7%)。大一学生 76 人，占 16.4%；大二学生 124 人，占 26.8%；大三学生 211 人，占 45.6%；大四学生 52 人，占 11.2%。工学部 100 人，文理学部 154 人，信息学部 109 人，医学部 100 人，分别占 21.6%、33.3%、23.5%、21.6%。调查的学生年龄为 16~27 岁，平均年龄(20.35±1.44)岁。

2.2 性知识状况

研究对象自我评价了目前其性知识状况(见表 1)。28.9%的学生自认为性知识比较丰富，16.5%的学生认为比较欠缺，约 52%的学生认为一般。不同学部的学生自我评价性知识状况差异无统计学意义(χ^2=13.097，P>0.05)。32.6%的男生认为自己的性知识比较丰富，女生为 25.2%，但两者差异无统计学意义(χ^2=4.974，P>0.05)。

表 1　**不同性别和学部的学生自我评价性知识状况 *n*(%)**

	比较丰富	一般	比较欠缺	不知道
学部				
工学部	25(25.0)	50(50.0)	23(23.0)	2(2.0)
文理学部	40(26.0)	78(50.6)	31(20.1)	5(3.2)
信息学部	33(30.3)	62(56.9)	12(11.0)	2(1.8)
医学部	36(36.0)	50(50.0)	10(10.0)	4(4.0)
性别				
男	76(32.6)	114(48.9)	39(16.7)	4(1.7)
女	58(25.2)	126(54.8)	37(16.1)	9(3.9)
合计	134(28.9)	240(51.8)	76(16.5)	13(2.8)

2.3 性知识获取途径

学生既往获取性知识的途径主要为互联网(87.3%)，其次为同学交流(58.1%)，另有 30%左右的学生分别选择书刊和学校教育，也有约 3%的学生选择无渠道获取相关性知识(见表 2)。女生报告通过学校教育和家庭教育获取性知识的比例高于男生。不同学部学生报告通过学校教育和家庭教育获取性知识途径的比例差异具有统计学意义且均以医学部学生报告比例较高，工学部学生报告比例较低。

表 2　　**不同性别和学部的学生性知识获取途径 *n*(%)**

	统计值	学校教育	家庭教育	互联网	同学交流	书刊	其他	无渠道
合计		135(29.6)	56(12.1)	404(87.3)	269(58.1)	154(33.3)	94(20.3)	12(2.6)
学部								
工学部		13(13.0)	5(5.0)	84(84.0)	51(51.0)	26(26.0)	20(20.0)	6(6.0)
文理学部		50(32.5)	21(13.6)	139(90.3)	90(58.4)	53(34.4)	28(18.2)	2(1.3)
信息学部		30(27.5)	12(11.0)	100(91.7)	65(59.6)	34(31.2)	16(14.7)	1(0.9)
医学部		42(42.0)	18(18.0)	81(81.0)	63(63.0)	41(41.0)	30(30.0)	3(3.0)
	χ^2值	21.581	8.479	7.697	3.170	5.376	8.376	6.897
	P 值	<0.001	0.037	0.053	0.366	0.146	0.039	0.075
性别								
男生		57(24.5)	17(7.3)	208(89.3)	130(55.8)	74(31.8)	50(21.5)	9(3.9)
女生		78(33.9)	39(17.0)	196(85.2)	139(60.4)	80(34.8)	44(19.1)	3(1.3)
	χ^2值	5.004	10.159	1.710	1.024	0.476	0.388	3.001
	P 值	0.025	0.001	0.191	0.312	0.490	0.533	0.083

2.4　性教育需求状况

在性知识需求方面，超过50%的男生和女生均报告对各方面的性知识有需求。女生在避孕及自我保护方面的需求高于男生（$\chi^2=7.98$，$P<0.05$）。达60%的学生希望通过性教育讲座及有关性教育的电影获取性知识，约50%的学生希望通过教材讲解和科普展览获取性知识(见表3)。不同性别和不同学部学生对性教育途径的需求差异均无统计学意义。

表 3　　**不同性别和学部的学生性教育需求状况 *n*(%)**

	性别		学部				合计
	男生 (*n*=233)	女生 (*n*=230)	工学部 (*n*=100)	文理学部 (*n*=154)	信息学部 (*n*=109)	医学部 (*n*=100)	(*n*=463)
性教育知识需求							
性生理	145(62.2)	156(67.8)	60(60.0)	107(69.5)	77(70.6)	60(60.0)	301(65.0)
恋爱交往心理	165(70.8)	173(75.2)	67(67.0)	109(70.8)	89(81.7)	67(67.0)	338(73.0)
性行为	176(75.5)	186(80.9)	70(70.0)	125(81.2)	86(78.9)	70(70.0)	362(78.2)
避孕及自我保护	147(63.1)	176(76.5)*	60(60.0)	117(76.0)	73(67.0)	60(60.0)	323(69.8)
性传播疾病	137(58.8)	153(66.5)	51(51.0)	103(66.9)	74(67.9)	51(51.0)*	290(62.6)
性伦理道德	123(52.8)	128(55.7)	52(52.0)	89(57.8)	54(49.5)	52(52.0)	251(54.2)
其他	15(6.4)	11(4.8)	7(7.0)	6(3.9)	5(4.6)	7(7.0)	26(5.6)

续表

	性别		学部				合计
	男生（n=233）	女生（n=230）	工学部（n=100）	文理学部（n=154）	信息学部（n=109）	医学部（n=100）	（n=463）
性教育途径需求							
性教育讲座	133(57.1)	140(60.9)	57(57.0)	94(61)	64(58.7)	57(57.0)	273(59.0)
性教育电影	138(59.2)	146(63.5)	58(58.0)	99(64.3)	68(62.4)	58(58.0)	284(61.3)
教材讲解	122(52.4)	116(50.4)	49(49.0)	82(53.2)	57(52.3)	49(49.0)	238(51.4)
科普展览	121(51.9)	115(50.0)	46(46.0)	79(51.3)	65(59.6)	46(46.0)	236(51.0)
个别谈话	42(18.0)	27(11.7)	12(12.0)	20(13.0)	21(19.3)	12(12.0)	69(14.9)
其他	15(6.4)	12(5.2)	7(7.0)	6(3.9)	8(7.3)	7(7.0)	27(5.8)

注：* 表示 $P<0.05$。

3. 讨论

调查表明，28.9%的学生自认为性知识较丰富，51.8%的学生认为一般，19.3%的学生认为自己的性知识比较欠缺或不知道。认为性知识欠缺的学生比例低于相关研究结果[8-10]，这可能与不同学校的学生特点以及不同学校开展性教育的程度不同有关。学生获取性知识的途径多为互联网，其次是同学交流。通过互联网获取的性信息往往鱼龙混杂，极易对学生产生误导，使其建立错误的性观念[11]。调查显示通过学校教育和家庭教育获取性知识的比例较低，仅为29.6%和12.1%。这与余峰彬等[12]的报道相似。因此，学校对学生的性教育应予以一定的重视，有必要主动了解学生的性教育需求，促进学校性教育[13]。

性教育需求调查结果表明，学生对性知识需求较大，各有60%以上的学生表示需要性生理、性行为、恋爱交往心理、避孕及自我保护等方面的知识。女生在避孕及自我保护方面的需求高于男生，这是由于意外怀孕对女生的影响更大，所以有更多的女生关注如何避免意外怀孕。学生对性教育途径的需求也多样，近60%的学生希望通过性教育讲座和电影获取性知识，50%左右的学生希望通过教材讲解和科普展览获取性知识，因此，学校可以围绕这些方式开展性电影周、性主题月等相关性教育活动，帮助学生树立健康的性观念，使他们在遇到问题时能适时寻求帮助并通过有效的途径解决[14]。

尽管医学部的学生由于专业特点，报告通过学校教育获取性知识的学生比例较高，但不同学部的学生在性知识状况自我评价上，性知识及性教育途径需求上并没有显示出明显的差别，这说明医学专业知识可以使医学生获取一些性知识，但并不能满足学生的需求，同样需要对他们有针对性地形式多样地开展相关性教育课程和活动。

◎ 参考文献

[1] 加徐华，杨文娴，刘人瑞．大学生性教育需求的调查与分析——以琼州学院为例[J]．中国性科学，2016，25(2)：130-135.

[2] 夏卉芳．在校大学生性教育现状调研与对策[J]. 中国性科学，2016，25(7)：143-145.
[3] 严燚，严敏，栾荣生，等．深圳市大学生性行为及其影响因素分析[J]. 中国学校卫生，2016，37(12)：1784-1786.
[4] 杨义，叶运莉，杨艳芳，等．四川省5所高校大学生性行为调查[J]. 中国学校卫生，2015，36(3)：357-359.
[5] 马世伟，李谊，杨小丽．大学生性行为及安全套使用情况调查[J]. 中国学校卫生，2010，31(7)：795-796，798.
[6] 刘伟佳，刘伟，林蓉，等．广州市青少年性相关行为发生情况分析[J]. 中国学校卫生，2012，33(7)：772-774.
[7] 贺英勤．对青少年开展性道德教育刻不容缓[J]. 中国性科学，2015，24(11)：3.
[8] 周清，邱鹏芳，张俊，等．龙岩市中等职业学校学生性知识态度行为现状[J]. 中国学校卫生，2014，35(1)：37-39.
[9] 陈敏，叶运莉，刘娅．某医学院大学生性知识、性观念、性行为的调查研究[J]. 中华疾病控制杂志，2011，15(6)：546-548.
[10] 霍建勋，关明杰，杨翠英．包头市部分大学生性知识态度行为[J]. 中国学校卫生，2006，(11)：976-977.
[11] 刘德风，姜辉，洪锴，等．中国人性健康知识认知情况调查[J]. 中国性科学，2017，26(7)：143-146.
[12] 余峰彬，杨静，魏小庆，等．攀枝花市大学生性教育、性行为、性观念调查分析[J]. 中国性科学，2011，20(7)：25-27.
[13] 江剑平．学校性教育是提升社会性文明的根本保证[J]. 中国性科学，2016，25(11)：3.
[14] 罗刚，罗立顺，黄显刚．大学生性健康教育现状调查分析与教育对策[J]. 中国性科学，2014，23(2)：97-99.

《武汉大学教育研究》征稿启事

《武汉大学教育研究》是探究研究教育理论与教育实践的一方学术园地。《武汉大学教育研究》由武汉大学主办，秉承求是创新的方针，致力于探索研究教育规律，及时反映教育教学研究的成果，倡导先进的教育理念和科学的教育理论与方法，促进教育学术的繁荣创新和教育事业的不断发展。

本研究以中国特色社会主义理论为指导，坚持四项基本原则和“双百方针”，以追求学术真知和服务教育教学实践为己任，鼓励创新，勇于探索，热忱欢迎海内外学者赐稿。

本研究鼓励和发表原创性的规范和实证研究学术论文、案例、综述和评论性文章。倡导科学严谨的教育研究方法，追求理论联系实际的学术作风，尊重学者及其学术成果，对所有来稿均在规定时间内给予回应。所有刊发文稿一律不收版面费，其中组稿、特定约稿以及优秀文稿一经刊发，即付薄酬，另赠当期刊物二册。

《武汉大学教育研究》于 2015 年创办，由武汉大学出版社出版，公开发行。出版周期暂定为每学期一辑。每辑将侧重若干专题，长期栏目设有：高端论坛(校长论坛)、教育理论前沿、教育政策与管理、教育改革与创新、课程与教学、大学与评价、国际与比较、实证案例等。

作者投稿须知：

1. 文稿应资料可靠、数据准确，具有创造性、科学性、实用性。应立论新颖、论据充分、数据可靠，文责自负(严禁抄袭)，文句精练。

2. 姓名在文题下按序排列，排列顺序应在投稿时确定。作者姓名、单位、详细地址及邮政编码务必写清楚，多作者稿署名时须征得其他作者同意，排好先后次序，接录稿通知后不再改动。

3. 论文格式一般包括：题目(中英对照)、作者及单位、邮编、内容摘要(中英对照)、关键词、正文、注释、参考文献等。

4. 投稿一般采用 word 文档，作者通过电子邮件发送到本研究专设的投稿邮箱(wdjyyj@ whu. edu. cn)。文稿尾处请注明作者的详细通信地址以及有效联系方式。

5. 编辑部对来稿有删修权，不同意删修的稿件请在来稿中声明。

《武汉大学教育研究》编辑部

2018 年 6 月